곰과 동정녀

곰과 동정녀

초판 1쇄 인쇄일 2020년 02월 21일
초판 1쇄 발행일 2020년 02월 28일

지은이 양재오
펴낸이 양옥매
디자인 임진형
교 정 임수연

펴낸곳 도서출판 책과나무
출판등록 제2012-000376
주소 서울특별시 마포구 방울내로 79 이노빌딩 302호
대표전화 02.372.1537 **팩스** 02.372.1538
이메일 booknamu2007@naver.com
홈페이지 www.booknamu.com
ISBN 979-11-5776-855-4(03200)

이 도서의 국립중앙도서관 출판시도서목록(CIP)은 서지정보유통지원 시스템
홈페이지(http://seoji.nl.go.kr)와 국가자료공동목록시스템
(http://www.nl.go.kr/kolisnet)에서 이용하실 수 있습니다.
(CIP제어번호 : CIP2020007362)

곰과 동정녀

양재오 지음

처녀가 잉태하여 아들을 낳고
그 이름을 임마누엘이라 하리라

⋯→ 일러두기 ←⋯

1. 성서의 구절을 인용할 때는 겹낫표(「 」)를 썼습니다.
   성서는 '대한성서공회'의 '공동번역 개정판'을 사용했습니다.
   단, 예외적인 경우는 별도로 번역본을 표시하였습니다.

2. 사람 이름에는 고딕체(고딕체)를 썼고, 인용한 글에는 낫표(「 」)를
   사용했습니다.
   아울러 인용한 책의 이름은 홑꺾쇠(《 》)로 표시했습니다.

3. 각 페이지마다 각주를 표시했고, 각주에 표시된 책들은 모두 책 뒤
   편의 참고문헌에 저자 이름을 기준으로 하여 가나다 순으로 실었습
   니다.

4. 이 책은 소제목별로 연관성이 별로 없습니다.
   따라서 반드시 앞부분부터 읽으실 필요는 없습니다.

차례

기독교 울타리를 허물라

.
.
.

〈곰과 동정녀〉를 읽었다. 간혹 저자가 '겨자씨공동체'에서 하늘에 올리는 기도를 통해, 예배 사회에서 전하는 멘트를 접하면서 사유가 깊고 영혼이 맑은 사람이라 생각했으나 이렇듯 주옥 같은 글을 묶어 한 권의 책으로 만들 줄은 예상치 못했다. 21개 주제를 갖고 엮은 300여 쪽의 책에서 독자들은 저자의 신앙적 고민과 그를 풀어가는 일관된 사상적 흐름을 엿볼 수 있다. 많은 책을 읽었고 사유했으며, 달리 살고자 애썼던 흔적이 이 책 속에 고스란히 담겼다. 고민만 하고 방황하거나, 공부하되 생각지 않는 사람들로 가득 찬 현실에서 저자는 배워 생각했고 스스로 물음을 풀어냈다. 나름 지난한 시간을 보냈을 것을 생각하니 책의 소중함이 다시 느껴진다.

물음을 풀고자 저자가 읽었던 책들의 경향을 참고문헌을 통해 알 수 있었다. 역사적 예수 연구물들, 기독교 신비주의 저서, 종교학적 배경, 종교다원주의 관련 저서들이 저자 사유의 배경이 되었다. 종교학자 길희성, 배철현의 입장과 김기석의 목회적 시각이 저자의 글 속에 많이 녹아 있다. 시대를 옳게 성찰하는 학자들과 씨름했기에 이 책 〈곰과 동정녀〉 또한 기독교가 지향할 길을 옳게 제시했다. 21편의 글들 모두가 한 편의 설교로서 신앙의 세계에 입문하려는 사람에게 귀한 안내서가 될 법하다. 사유하는 시민, 고민하는 평신도의 글이 이처럼 감동적이고 신학적이기에 인습에 젖은 목회자들에게도 큰 자극을 줄 것이다. 설교와 신학을 성직자가 독점할 수 없다는 실상을 여실히 보여주었다. 이 책을 통해 탈(脫)성직의 과제가 불가능하지 않다는 사실을 확인했으니 큰 수확이다. 기왕지사 이 책 속에 예수에 대한 한국인의 자각, 서구와 다른 한국적 예수 이해의 면모도 담겼으면 좋았을 것이다. 혹시 이후 세 번째 책에서 이 점을 기대해 볼 수 있을 것 같다.

이 책 〈곰과 동정녀〉가 종교적 심성을 지닌 독자들에게 주는 가르침, 혹은 나누고자하는 바는 다음 몇 가지로 정리될 수 있겠다. 우선 저자는 종교의 언어, 성서의 언어는 사실의 언어가 아니라 의미의 언어임을 각인시켰다. 성서언어를 화석화하여 교리(신조)화, 절대화하는 교회의 실상을 고발했다. 책 제목을 〈곰과 동정녀〉로 정한 것도 이런 연유에서이다. 단군을 탄생시킨 곰 이야기가 그렇듯이 성령으로 예수를 잉태한 마리아 기사를 사실의 언어로 읽는 누(累)를 범치

말 것을 호소했다. 저자의 글 곳곳에서 이런 호소가 반복된다.

둘째로 저자는 신앙생활이 아니라 생활신앙을 강조했다. 주일날 교회예배만이 전부가 아니라 일상의 삶이 예배인 것을 자신의 경험으로 증거했다. 이를 위해 예수의 죽음에 초점을 둔 대속신앙 이상으로 예수 삶을 강조하고 하나님 의(義)에 복종한 예수의 삶을 중시했다. 예수의 죽음은 그의 삶의 결과란 것이다.

셋째로 저자는 신(神)에 대한 대상화를 거부했다. 인간 관점(체험)의 다양성 탓에 사람은 신의 일리(一理)를 전리(全理)로 파악할 여지가 농후하기 때문이다. 신이 대상화될 경우 특정인에게 독점되어 배타적 존재로 갈등과 혐오를 양산할 수밖에 없다.

넷째로 저자는 평신도의 삶을 살면서 믿음의 완성이 사랑에 있음을 절감했다. 세상 기준으로 불행했던 친구와 그 가족들에 대한 이야기는 어느 글보다 훌륭한 한 편의 설교로 우리에게 읽힌다. 헌신적 사랑으로 이들 가족은 이미 믿음의 사람이 된 것이다.

다섯째로 저자는 기독교인들이 인습적으로 사용하는 말들, 감사, 기쁨, 구원, 부활 등에 대해 달리 생각했다. 타자의 불행을 잊은 감사, 예수 삶과 무관한 구원, 현생 삶의 연장을 꿈꾸는 이기적 부활 등을 체화시킨 신학언어를 통해 예리하게 비판했다. '다른' 기독교를 꿈꾸고 있는 바, 이것을 처음 기독교 모습이라 확신한 것이다. 영화 '밀양'을 말하지 않았으나 피해자에 대한 참회 없는 용서는 허구이자 무가치하다 생각했다.

여섯째로 저자는 기독교에게 여타 종교처럼 거짓 자아를 부수는 일에 공헌할 것을 제안하였다. 자신이 비워지지 않으면 공평하신 하나님을 만날 수 없으니 말이다. 그렇기에 마음이 가난한 자가 하나님을 볼 것이란 말을 제대로 믿고 알자고 제안하였다.

마지막으로 저자가 꿈꾼 것은 기독교(교회)의 울타리를 부수는 일이었다. 종교가 성/속을 나누고 신자/비신자를 분리하고 자신과 이웃 종교를 이원화하는 것이야말로 비성서적이고 하느님 신앙에 반(反)하는 것이라 역설했다. 이것은 평신도의 삶을 살면서 일상에서 너무도 여실히 깨달은 진리였다. 요즘 많이 사용되는 말 '확증편향' 즉 자기 종교에 대한 기독교인들의 배타성을 버려야 기독교의 미래가 오히려 열릴 것을 주창한 것이다.

이 책의 의미와 가치는 이미 저자 서문 속에 너무도 확연히 쓰여 있다. 오랜 역사를 거치면서 기독교의 생명력이 고갈, 고사되었다. 교권을 지닌 자들의 입맛대로 가지치고 뿌리 뽑혀 아주 낯선 종교가 되어 버렸다는 것이다. 정작 그 정신은 실종된 채 온갖 교리와 이념으로 예수를 묶어 화석화한 오늘의 교회를 향해 이제 '예수를 놓아주자'고, 예수를 '다시 살려내자'고 호소했다. 저자가 인용한 어떤 책 제목은 심지어 〈예수를 교회에서 구출하자〉고 표현했다. 기막힌 이야기지만 이것이 우리 기독교 현실이다. 이런 상황임에도 교회에 몸담고 평생 이곳에서 삶의 뜻을 찾고자 애썼던 저자의 수고에 진심으로 감사하다. 필자가 알기로 저자는 긴 세월 여러 교회를 기웃거리며 마음 둘 곳을 찾았다. 하지만 이제 그의 글에서 우리들 마음 둘 곳을 얻고 보게 되었으니 진실로 기쁘다.

많은 독자들이 이 책을 읽는 중에 스스로 묻고, 불려서 푸는 삶을 살아냈으면 좋겠다. 교회와 교리, 그것에 안주치 말고 더 많이 방황해도 좋다. 도마복음서가 말하듯 '차라리 한 마리 잃은 양이 되는' 것도 나쁘지 않을 것이다. 이 책의 저자처럼 언젠가는 스스로 생수를 얻는 샘물을 팔 수 있을 터이니 말이다.

2020년 2월

顯藏 아카데미에서

이정배 두 손 모음

(전 감리교신학대학교 교수, 조직신학)

하나님의 세상

.
.
.

산에는 다양한 종류의 나무들과 풀들이 모여서 숲을 이룹니다. 그런데 숲속에서만 살아온 사람들은 숲도 산도 알 수가 없습니다. 숲속에 사는 사람들은 자신들이 살아가는 숲만이 세상 전체라고 생각하게 마련입니다.

숲의 지도자들은 사람들이 숲 밖의 세상에 대하여 모르는 것이 자신들에게 유익하기 때문에 숲 밖에 대한 생각은 잘못된 것이라고 말해 왔습니다. 이렇게 숲속에 길들여진 사람들은 숲 밖의 세상에 대하여는 받아들이거나 생각조차 하지 않게 되었고 자신들은 세상의 모든 것을 다 알고 있다고 단정 지어 버렸습니다. 가끔 숲 밖의 세상을 말하는 사람들이 있었는데 그럴 때마다 사람들은 이상한 눈으로 바라보며 경계하였습니다.

평생 목회 해온 노목사(老牧師)로서 숲속에 길들여진 한국 교회와 성도들이 언제나 안타까웠습니다. 너무 오랫동안 숲속에 길들여진 한국 교회는 외형으로는 크게 성장한 것처럼 보이지만 사실 숲 밖에서 보면 하나님의 교회로 위장된 사람들의 교회가 되어버리고 있고, 심한 경우는 왕국(왕의 권력과 왕위 세습)이나 기업(조직력을 통한 외적 성장과 재물 축적의 괴물)처럼 되어버리고 있는 것을 보게 됩니다. 숲속 사람들의 교회가 대형에서 초대형으로 되고 있는 동안 대부분의 작은 교회들은 도태를 지나 소멸에 이르고 있습니다.

점점 더 교회 안의 성도들은 물론 교회 밖 사람들에게 납득되지 않는 한국 교회가 되어가고 있으며, 더 나아가서 교회에 대하여 비판하는 사람들도 늘어나고 있음을 볼 때 한국 교회는 지금 암흑기를 지나고 있는 것으로 생각합니다.

한국 교회가 이렇게 되어 버린 것은 첫 단추는 물론 중간 단추들마저도 잘못 끼워진 까닭에 성경에 대한 많은 편견이나 다양한 오해가 있었기 때문이며 기득권을 위한 조작들이 이어져 왔기 때문일 것입니다. 자신들의 숲만이 하나님의 유일한 숲이라는 성경 이해는 다른 숲들과 산에 대하여는 인식을 닫아버리게 하기 마련입니다.

늦었지만 이제는 우리 모두가 성경에 대한 편견이나 왜곡들을 바로 잡아야만 하는 때입니다. 이 책은 자신도 모르는 채 길들여진 성경에 대한 편견들과 왜곡들이 있음을 깨닫게 하여 주는 좋은 안내자가 될 것입니다. 지금까지의 성경과 신앙생활에 대한 선입견을 잠시 접어두고 깊게 정독한다면 평생 믿어온 성경과 신앙생활에 대하여 돌아다보는 계기가 될 것입니다.

자신들만의 숲에서 벗어나 다른 숲들과 숲 밖의 산을 보게 될 것이고 산들 또한 수없이 많다는 사실을 알게 될 것입니다. 그래서 진정한 하나님의 세상을 보게 될 것입니다. 성경과 신앙 그리고 생활 전반에 대한 돌아봄으로써 새로운 출발이 될 것으로 확신합니다.

저자는 이 책을 통하여 잘못을 지적하는 비판보다는 성경과 신앙에 대하여 새롭게 돌아보면 좋겠다는 따스한 제안을 하고 있습니다. 누군가가 말해주어야 할 성경과 신앙의 숲 그리고 산에 대하여, 아직도 이런 글이 쉽지 않은 시기에 은퇴를 앞둔 노목사를 대신하는 듯 심혈을 기울여 집필하여 준 저자에게 깊은 고마움을 보냅니다.

2020년 2월

김민우 목사 (강변교회)

서문

· · ·

　광야에 아름답고 싱싱한 나무 한 그루가 있었습니다. 매우 아름다워서 욕심 많은 한 사람이 그 나무를 파내어 자기 집 마당에 옮겨 심었습니다. 그런대로 나무는 싱싱함을 잃지 않았습니다. 그러나 여러 사람의 사랑을 받지 못하고 울타리 안쪽에 있는 사람들의 눈길만 받으며 자랐습니다.

　나무는 늙어가며 씨앗을 맺었습니다. 그리고 씨앗이 싹을 틔워 어린 나무가 자라기 시작했습니다. 나무 주인은 어린 나무로 분재를 만들기로 했습니다. 나무는 어느 날 작은 화분으로 옮겨졌고, 화분 주인의 판단에 따라 사정없이 가지치기도 당하며, 굵은 철사 줄에 묶여 가지와 줄기가 여기저기 비틀어지기도 했습니다. 몸은 조금 굵어지기는 했지만 작은 화분의 흙만으로는 크게 자랄 수 없었습니다. 화분의 주인은 비싼 값에 팔 수 있겠다고 좋아했지만, 나무는 몹시 괴로웠습니다.

　이천 년 전, 이스라엘 광야에 **예수**라는 싱싱한 나무 한 그루가 자라고 있었습니다. 이 나무는 **빌라도**에 의해 죽은 줄 알았으나, 죽음에서 부활하여 더 싱싱하게 자라났습니다. 잘 자라던 이 나무는 어느새 성(聖)과 속(俗)을 구분하는 담장 안쪽으로 자리매김되었고, 이후 정치적 요청에 의해 담장 안쪽에서 화분으로 다시 옮겨집니다. 로마의 국교(國敎)라는 화분이었지요. 모든 사람이 그 아름다움과 그늘을 누릴 수 있었던 나무는 어느새 울타리 안쪽의 '교회'라는 화분으로 들어가 그들만의 것이 되어버렸습니다.

　그 후 로마교회는 정치, 사회, 문화적인 요청에 의해 가지치기를 했습니다. 도마복음이나 **마리아복음** 등 여러 복음들과 유사 복음들을 모두 폐기처분했고, 그 후 '교리'라는 굵은 철사 줄로 **예수**라는 나무를 사정없이 옥죄었습니다. 그 결과, 그들이 보기에는 아름다운 나무일지 몰라도 대부분의 교회 밖의 사람들이 보기에는, 아직 생명은 붙어있으나 창백해지고 기형적으로 변해버린 모습일 뿐이었습니다. 싱싱함을 잃은 지는 오래고, 분재가 되어버린 **예수**라는 나무는 이제 오히려 애처로워졌습니다. 그 나무는 이미 자연이 아니기 때문입니다.

　하비 콕스의 이야기입니다.

「처음 출발할 때에는 '신앙'은 역동적인 생활양식을 의미했다. 그러나 그리스도교가 성직계급이 단속하는 규정된 믿음 조항들과 제의적 의무조항들의 정교한 법전으로 팽창하게 되었을 때에 신앙의 의미는 거의 식별 불가능할 정도로 비틀어졌다. 원래 '신앙'은 기본적인 삶의 길잡이를 의미했다. 그러나 비대해진 성직계급이 이제는 '신앙'을 어떤 특수화된 교리와 권위의 형태들을 '믿는 믿음'과 등식화했다.」[1]

이제, 이 가련한 분재를 '역동적인 생활양식'인 자연으로 돌려주어야 하지 않을까요. 분재가 이미 자생력을 잃었다면, 분재의 씨앗이라도 광야에 뿌려야 하지 않을까요. 언젠가 무럭무럭 자라나서 많은 사람들이 그 아름다운 나무 그늘에 앉아 더위를 피하고 나무의 향기를 맡으며 무거운 짐을 잠시 내려놓고 쉬어갈 수 있게 되면 누구보다도 **예수**가 가장 좋아하지 않을까요.

살아가면서 가끔씩 '하나님' 하고 하나님을 불러보지만, 사실은 내가 외면하는 순간 하나님은 내게 존재하지 않을 것 같습니다. 내가 바라보는 순간 비로소 존재가 인식되기 때문입니다. 제가 하나님을 바라보는 이유는 무의미 때문입니다. 그 깊고 깊은 심연 때문에 바라보지 않을 수 없습니다.

내 삶에 이용할 수 있는 도구로 하나님을 바라보면 더할 나위 없이 편리한 도구로 다가서는 분이 하나님이시고, 내 삶의 중심으로 대할 때, 삶의 원심력과 구심력의 중심축이 되는 하나님을 느낄 수 있을

1) 하비 콕스, 김창락 옮김, 〈종교의 미래〉, 문예출판사, 2011, p.257

것입니다. 그럴 때 하나님은 그만큼 크고 위대하고 깊게 내 중심으로 다가서시겠지요. 예수님 또한 마찬가지입니다. 나의 죄를 위해, 나를 구원하기 위해 십자가에 매달렸다는 관점으로만 바라보면 고마운 구세주에 불과하지만, 삶의 표본으로 다가서면 이 땅에 하나님 나라를 건설하기 위한 결단을 요구하는 **예수님**이 되십니다.

제가 알고 느끼기에, 유럽에서는 '교리'라는 철사 줄이 많이 느슨해지고, 기독교적인 삶이 생활 속에서 비교적 구체화되어 있는 것 같습니다. 한국 기독교는 어떨까요. 아마도 인구에 비례하여 세계에서 교회는 가장 많겠지만, 그리고 교리라는 이름의 철사 줄도 세계에서 가장 강하겠지만, 기독교적인 삶이 생활화되어 있다고 말할 수 있을까요.

초대형 교회를 자랑하지만, 그리고 그 교회에서 **예수**를 높이 받들고 그 아득히 높은 **예수**를 믿으라고 목소리를 높이지만, **예수**가 그런 교회를 흡족해 하실까요. 교인들의 삶에 아무런 영향도 끼치지 못하는 교회와 신앙은 겉으로는 그럴듯해 보이지만, 자세히 보면 이미 박제가 되어 움직이지도 못하고 호흡도 못하는 종이호랑이에 불과한 것은 아닐까요.

친한 교인들끼리 서로 흉허물 없이 터놓고 이야기해보면 박제된 신앙을 얼마든지 확인할 수 있습니다.

사도신경 말씀대로 "**예수**가 정말 하나님 우편에 앉아계시다가 이리 저리하여 우리가 죽은 후 우리를 심판하러 오실까? 몸이 다시 사는 것과 영원히 사는 것이 사실일까? 요나가 정말 고래 뱃속에서 삼일간 살다가 튀어나온 것이 사실일까?" 등등 기본 교리적이고 신화적인 이야기를 물어보면 대부분의 신자들은 웃으며 고개를 가로저을 것입니다. 물론, 교회에서는 "믿습니다!"라고 엄숙하게 말하겠지만 말입니다.

이런 믿음은 자신을 속이면서까지 위장해야 하는 믿음, 허위의식이 가득 찬 믿음입니다. "믿습니다, 믿습니다!"를 반복하며 자기암시를 통해 만드는 믿음입니다. 그래도 그런 믿음이 필요한 까닭은 미지의 세계에 대한 두려움과 개인적인 소망을 빌 수 있는 통로가 그들에게 필요하기 때문일 것입니다.

교회생활을 하며 그동안의 갈등과 느낌을 선무당같이 거칠고 서툰 솜씨로 펼치다 보니, 교회에 대한 안타까움이 이 책에 많이 실렸습니다. 교회에 대한 사랑 때문이라고 생각합니다. 그리고 정통 보수라 칭하는 근본주의에 대한 아쉬움과 비판의 글이 여러 글 꼭지에서 중복되었습니다. 분재화(盆栽化)하지 않은 **예수님**과 박제화(剝製化)하지 않은 신앙을 바라보고 싶은 마음 때문이었다고 이해하여 주시면 고맙겠습니다.

평생 직장생활을 하다 은퇴하고 나니, 시간적 여유가 조금 생겼고, 그동안 미뤄두었던 일을 해야겠다고 생각했습니다. 그 중의 하나가 신앙과 기독교에 대해 조금 더 알고 이해하는 일이었습니다. 그래서 2015년도에 책 한 권을 묶었습니다. 〈신앙, 그 넓고 깊은 바다〉라는 제목의 책이었지만 너무 치졸해서 한동안 무척 부끄러웠습니다. 내용적으로 많이 초라한 책이어서 엮어 내기에는 부담감이 있었지만, 그래도 그 책에서 제가 공감할 수 있는 신앙, 지향해야 하는 신앙을 어렴풋하게나마 정리했다고 생각합니다.

제 신앙적 관점은 〈신앙, 그 넓고 깊은 바다〉를 낼 때와 같습니다. 그 책의 '저자 서문'이 그나마 제가 바라보는 신앙의 모습을 어느 정도 그려내고 있다고 생각되어서, 이 책에 다시 실었습니다.

고맙습니다.

2020년 2월

양재오

(졸저) 〈신앙, 그 넓고 깊은 바다〉의 서문

이 책을 쓴 저는 종교학 전공자도 아니고 더군다나 학자도 아닙니다. 또한 아무런 종교적 직분도 없고, 한국적 종교 전통으로 보면 신실한 신자도 아닙니다. 이렇게 종교 쪽에서 보면 아무것도 아닌 제가 이 글을 쓰게 된 이유는, 종교적 목마름 때문이기도 하지만, 무엇보다도 제 자신이 신앙생활을 하며 겪어 온 내면적 혼란과 갈등을 제 나름대로 정리해 보고 싶었기 때문이었습니다.

이 글을 쓰기 전에 저는 신앙이 무엇인지, 믿음이나 구원이나 사랑이라는 종교적 명제가 무엇을 의미하는지 깊이 있게 알고 싶어서 몇 권의 책을 읽었습니다. 책을 읽으며 공감 가는 부분과 새로운 깨달음을 주는 보석 같은 글들을 담아내며, 종교의 깊이에 조금씩 빠져 들었습니다.

당초 제 마음 속에만 담아두려 했던 그것들을 주제별로 분류하고 정리해나가다 보니 문득 책으로 묶어, 가까운 지인들과 나누어보면 어떨까 싶었습니다. 그리고 그 결과물로 나온 것이 이 책입니다. 따라서 이 책에는 제 고유한 학설이나 논지나 주장은 없습니다.

모르기는 해도, 아마 종교학이나 신학만큼 다양한 견해와 해석이 공존하는 학문도 없을 것 같습니다. 이 책은 그렇게 많은 훌륭한 학자들의 견해와 학설 중에서 제게 '울림'을 준 것들을 모자이크한 것입니다.

'울림'은 공감입니다. 제 아무리 심원한 이론도, 위대한 설교도 공

곰과 동정녀

감이 없으면 '울리는 꽹과리'에 불과할 것입니다. 이 책은 비록 모자이크지만 저에게는 '신앙'을 보는 하나의 창문입니다. 앞으로 점점 커지고 밝아져야 할 창문입니다. 물론 이 책을 읽는 분들 중에는 저보다 훨씬 크고 맑은 창문을 가지고 계신 분들도 있을 것입니다. 그러나 저와 비슷한 크기의 창문을 지니고 계신 분이라면, 함께 '같은 창문'으로 바라보는 경험을 이 책을 통해 하셨으면 합니다. 또한 이 책이 여러분의 시야를 넓히고 맑게 하는 데 작은 도움이라도 되었으면 합니다. 만일 그렇게 된다면 참 기쁠 것입니다.

이솝 우화 중에 '여우의 신포도 이야기'가 있습니다. 가장 잘 알려진 이야기는, 여우가 높이 달린 포도를 따려다 안 되자 '에잇, 저 포도는 분명 시다.'라며 자신의 포기를 합리화하고 지나갔다는 일화입니다. 또 다른 이야기도 있습니다. 여우가 포도를 먹어보니, 그 맛이 몹시 시어 못 먹을 정도지만, 보는 눈들을 의식해서 '아 참 맛있는 포도일세.'라며 계속 먹었다는 우화입니다. 결국 여우는 배탈이 났다던가요.

저는 이 우화를 들으면 왜 한국 교회 생각이 나는지 모르겠습니다. 아마도 많은 사람들이 '믿으라.'라는 말 때문에 '믿는다.' 하고 다니지만, 실제로 그들이 얼마나, 무엇을 믿는 것인지 의심스럽기 때문일 겁니다. '믿음'은 자기 내면의 신앙적 결단인 만큼 그 '믿음'으로 인해 삶이 완전히 변화되거나 아니면 조금씩이라도 변화되어야 비로소 '교인'이나 '신자'라고 말할 수 있는 것이 아닐까요.

2천 년이나 3천 년 전의 신앙고백과 그 당시의 신앙적 수사와 비유며 신화를 문자적으로 받아들이라고, 그래야만 믿는 것이며 그것이 '믿음'이라고 강조하는 교회가 엄연히 존재하고 있습니다. 그러나 이 말은 인간에게 이성을 포기하고 교리에 세뇌당해야 한다는 말과 다르지 않습니다. 이는 하나님의 무궁하신 깊이와 넓이를 교리나 성서에 제한시켜버리는 일입니다. 언어 너머에 있는 상징과 비유를 문자의 제한된 의미로 가둔다면, 이를 통하여 얻을 수 있는 것은 교인의 '우민화'뿐일 것입니다.

하나님을 문자로 규정하는 사람들은 '하나님을 다 안다.'라고 자신 있게 말합니다. 이들은 하나님을 문자적으로, 산문(散文)으로 알고 있기에 해설에 능합니다. 그래서 이들은 마음 놓고 교인을 가르칩니다. 그러나 하나님은 유한이 아니라 무한이라는 점에서, 시간이 아니라 영원이라는 점에서, 인간의 언어를 벗어나 있는 신비이고 감성이라는 점에서 비유와 상징으로밖에는 설명할 수 없습니다. 이러한 이유로 하나님은 시(詩)에 가깝다고 생각합니다. 시(詩)를 산문(散文)으로 읽으면, 자칫 영적(靈的) 치매를 불러올 수 있지 않겠습니까.

짧은 식견으로 보기에, '신앙'은 '절대자와 연애하는 것'과 매우 비슷하다고 생각해 왔습니다. 하나님을 '연모'하는 것이니까요. 닮고 싶어 하는 것이고 함께 있고 싶은 것이니까요.

신앙은 관점이 아닌가 싶습니다. 한국 교회의 일부 신자들과 목회자들은 자신의 관점만 절대적으로 옳고, 다른 사람의 관점은 들어볼 필요도 없다는 듯이 비판하고 단죄부터 하려는 경향이 있습니다. 한없이 좁아진 시선으로 행하는 이 같은 행위는 그 자체가 종교적 폭력입니다. 신앙을 대하는 관점은 항상 겸손하게 열려있어야 하는 것입니다.

그런 의미에서 저는 하나님을 '바다'와 비슷하다고 생각합니다. 머릿속으로 생각하는 한없이 넓고 푸르며 깊디깊은 바다라 해도, 실제 바닷가에서 느끼는 그 심원한 바다와 같을 수는 없습니다. 물론 과학적 수치로야 바다의 넓이와 깊이와 성분이 규명될 수 있겠지만, 우리 가슴 속에 울리는 원시의 파도소리와 광막한 수평선, 그리고 그 수평선을 넘어오는 바다 바람은 신비일 수밖에 없지 않겠습니까.

그렇게 보면 어떤 의미에서 사람은 한 컵의 바닷물일지도 모릅니다. 한 컵의 바닷물이 바다 전체를 서술하기엔 어처구니없을 만큼 작고 좁아서 바다를 파악한다는 것이 당초 불가능한 것이 아닌가 생각되기도 합니다. 한 컵의 바닷물은 무한에 가까운 바다에 비해 너무나 보잘 것 없는 존재이기 때문입니다. 그러나 한 컵의 바닷물도 엄연히 바닷물입니다. 바닷물의 단면입니다. 전체 바다를 대표할 수는 없어도 분명히 바닷물의 성분과 성질은 공유하고 있기에 바다의 일부분입니다. 그리고 지금은 떠올려져 바다와 분리되었지만 언젠가는 증발하여 수증기로 떠올랐다가 비가 되어 내리거나 물을 흘려버린 강물을 통해서 궁극적으로는 바다로 돌아올 수밖에 없는 존재입니다. 그렇게 하나님과 신앙의 의미를 생각하다가 떠올린 이 책의 제목이 '신앙, 그 넓고 깊은 바다'입니다.

하나의 책으로 엮기 위해 구슬을 꿰는 심정으로 소제목을 달아서 나름대로는 주제별로 분류하고자 했습니다만, 여러 면에서 공통부분이 있는 비슷한 개념들이기에 중복되는 서술을 피하기 어려웠습니다. 양해 바랍니다.

 그리고 저와 전혀 다른 관점에서 종교와 신앙을 보는 분들께도 양해를 구해야 할 것 같습니다. 종교적 관점이라는 것은 사람 숫자만큼 다양해서 모든 사람들에게 공감받기를 기대한다는 것은 참으로 어리석은 일일 것입니다. 그렇다 해도 이 책의 관점과 극단적 대칭점에 있는 분들께는 이 책의 일부 내용이 불온하게(?) 느껴질 수도 있습니다. 그러나 누구나 자신의 의견이나 견해를 자유롭게 말할 수 있는 최소한의 권리는 있지 않을까요. 너그럽게 양해해 주시기 바랍니다.

 끝으로, 정채봉 작품집 '스무 살 어머니'에 실려 있는 짧은 글 한 편으로 인사를 대신합니다.

2015년 8월
양재오

곰과 동정녀

꽃과 침묵

정채봉

제비꽃은 제비꽃으로 만족하되
민들레꽃을 부러워하지도,
닮으려고 하지도 않는다.

어디 손톱만 한 냉이꽃이
함박꽃이 크다고 하여
기죽어서 피어나지 않는 일이 있는가

싸리꽃은 싸리꽃대로
모여서 피어 아름답고
산유화는 산유화대로 저만큼
떨어져 피어 있어 아름답다.

사람 각자 품성대로
자기 능력을 피우며 사는 것.
이것도 한 송이의 꽃이라고
나는 생각한다.

1. 신앙과 인간성

　주일 예배시간 중에, 그것도 하필이면 설교시간 중에 누군가의 휴대전화 벨 소리가 울렸습니다. 한 차례, 두 차례, 세 차례가 울리자 어느 할머니가 황급하게 핸드백을 뒤지는 모습이 보였습니다. 잠시 벨 소리가 멈추더니 1, 2분 후 다시 울리기 시작했습니다. 할머니의 다급한 몸짓이 보였고 아주 작은 목소리로 간단한 통화가 있은 후 다시 조용해졌습니다. 한참 설교가 진행되는데, 또 벨소리가 울리기 시작했습니다. 할머니는 자리에서 일어나 밖으로 나가셨고, 그 후 들어오지 않으셨습니다.

　대부분의 교인들은 '참 매너 없는 양반이구나. 예배시간에 전화를 받다니, 벨소리는 또 뭐람. 전원을 끄든지 묵음으로 해놓아야 당연한데, 저런 매너로 예배를 드리다니' 하며 속으로 혀를 찼을 것입니다. 아마 내심 더 심한 비난도 있었을 것입니다.

예배 후, 몇 몇 교인들끼리 차를 마시며 그 할머니가 화제로 올랐습니다. 극장에서 영화가 상영 중일 때, 통화하는 사람의 예까지 들어가며 비난과 비판 일색일 때, 한 사람이 조용히 말했습니다. "나는 그 할머니가 안타까워 혼났습니다. 그분은 휴대전화를 끌 줄 모르는 것이 틀림없고, 묵음처리도 할 줄 몰랐을 테니까요. 얼마나 당황하셨으면 예배 도중에 일어나 가셨겠습니까."

동네 조그만 구멍가게에서의 일입니다. 한 할아버지가 우유를 사시며 유심히 유통기한을 살피고 계셨습니다. 작은 글자가 잘 보이지 않는지, 이것저것 들고 비교하고 있었습니다. 그때, 젊은 아주머니가 할아버지를 도와주기 위하여 각각의 우유팩에 쓰여 있는 유통기한 날짜를 읽어 드렸습니다. 그러면서 이것이 가장 신선한 것이고, 저것은 좀 시간이 지난 것이라고 친절하게 말씀드렸습니다. 할아버지는 시간이 가장 많이 지난 우유를 집어 계산대로 가셨습니다. 아주머니는 의아했습니다. "아니 할아버지 이것이 가장 신선한 것이에요."라고 다시 일렀을 때, 할아버지가 말씀하셨습니다. "나는 집에 가서 지금 우유를 마실 테니 유통기한이 거의 다 된 우유도 상관없습니다. 내가 이 우유를 사지 않으면 자칫 이 우유는 반품될 테고, 누군가 손해를 보지 않겠습니까."

신앙은 생활로 드러나야 합니다. 아무리 교회에서 능숙한 언변으로 기도를 잘한다 해도, 제아무리 성경을 수십 번 수백 번 통독한다 해도, 생활로 드러나지 않는 신앙은 기껏해야 '전시용'이거나 자기 위안적 신앙일 수밖에 없습니다. 아니면 교회 울타리 안에서만 존재하는 신앙쯤 되겠지요.

서공석은 다음과 같이 말합니다.

「신앙은 성전 안에서 영적으로 혹은 초자연적으로 이루어지는 하나님과의 관계를 말하지 않는다. 예수가 사람들에게 촉구한 것은 하나님이 하시는 연민, 사랑, 보살핌, 용서를 배워 일상생활에서 실천하라는 것이었다. 복음서들이 전하는 이야기들도 모두, 신앙이 종교 고유의 영역, 곧 경전을 읽고 예배에 참여하고, 공동체의 높은 사람들에게 순종하고 그들이 만든 법을 지키는 데 있지 않다고 말한다. 신앙은 삶의 현장에서 하나님으로 말미암은 인간의 실천이 달라지는 데 있다. 배려, 사랑, 용서, 보살핌이 삶의 현장에서 발생하는 신앙이다.」2

길희성의 단언입니다.

「종교적 진리는 결코 그것을 믿고 실천하는 인격을 떠나서 그 자체의 진위를 논할 수 없다. 종교에 있어서 진리란 다만 어떤 특정한 인격과의 관계 속에서 진리가 '되기'도 하고 '안 되기'도 한다.」3

---

2)   서공석, 〈하느님과 인간〉, 서강대출판부, 2014, p.176
3)   길희성, 〈포스트모던사회와 열린 종교〉, 민음사, 1994, p.70

원시신앙의 기원은 '토테미즘(totemism)'이 아닐까 생각합니다. 토테미즘의 근간은 특정 자연물에 대한 외경과 숭배라 할 수 있습니다. 이 경우 어떤 대상을 향한 숭배는, 숭배로 인한 반사이익이 기대되는 경우에 이루어집니다. 따라서 숭배신앙은 원시적이기는 하지만 인류의 신앙 형태에 가장 근원적인 모습으로 기능해왔으리라 생각합니다. 어쩌면 이러한 숭배신앙이 아직 한국 교회에 뿌리내리고 있는 것이 아닌지 의심스러울 때가 있습니다. 하나님이나 **예수님**은 어디까지나 숭배의 대상이고, 그를 숭배하는 것이 믿음이라는 단순 소박한 신앙관을 가진 사람들이 우리 주위에 있습니다. 그들은 숭배의 반대급부를 노골적으로나 은연중 바랍니다. 그것이 현실 속에서의 '은총'이든지, '형통'이든지, 혹은 죽음 이후의 '천국'일지 몰라도, 숭배의 반대급부가 그들에게 어떤 형태로든 일종의 이익으로 돌아올 것이라는 믿음이, 의식적이건 무의식적이건 잠재되어 있다고 생각합니다. 아니면 최소한, 알 수 없는 미래에 대한 공포라도 덜어주어야 하겠지요. 그래서 숭배신앙은 숭배 대상과의 암묵적 거래입니다. 어떤 희생도 요구하지 않고 오히려 이익을 추구합니다. 이 땅 위의 현실과는 차원이 다른 초월적 존재에 대한 숭배지만, 그들은 그들이 그 초월적 존재를 얼마나 작고 초라하게 만드는지 알지 못합니다.

또 하나, 그들에게 '숭배' 못지않게 중요한 것이 '감사'가 아닐까 생각합니다. 감사는 모든 신앙인에게 절대적 가치를 지니는 것이고, 아무도 감사하는 자세나 마음가짐에 대하여 시비를 말할 수 없을 것입니다. 우리가 무상으로 받고, 누리고 있는 자연환경과 생명에 대하여 감사하는 것은 너무나 당연하기 때문입니다. 그러나 숭배도 그

곰과 동정녀

단어가 함축하고 있는 수많은 경우와 사례가 있을 수 있듯이, 감사도 어떤 대상에 대한 어떤 종류의 감사냐에 따라 다양하게 분류될 수 있을 것 같습니다. 만약 감사에도 두께가 있다면, 얼마나 표피적인 감사인가, 심층적인 감사인가로 나눌 수 있지 않을까요.

감사의 위험성에 대한 지적입니다.

「참 역설적인 것은 삶의 소용돌이 속에서, 하나님께 대한 감사가 구체적이고 진실하면 할수록 우리는 자칫 하나님을 내가 필요한 잘디잔 일들을 이루어주시는 심부름꾼쯤으로 여기게 되고, 내 주변의 모든 사람들은 내 그러한 필요를 충족시켜주는 도구가 되어버리게 한다는 사실입니다. 이 역설을 벗어나기란 그리 쉽지 않습니다. 소박한 감동을 어떤 논리나 사유가 잠재울 수는 없기 때문입니다. 그렇지만 그 소박한 감동이 뜻밖의 상처를 사람들에게 주게 되고 결과적으로 하나님조차 나의 필요를 충족시켜주기 위해 기다리고 있는 그러한 왜소한 존재이게 한다면 이러한 경험은 단단히 되살펴 다듬지 않으면 안 될 심각한 일이 아닐 수 없습니다.」[4]

이러한 지적은, 숭배나 감사가 즉흥적이고 피상적이며 어떤 조건에 따라 이루어지는 것이라면, 하나님을 왜소하게 만드는 일이고 게다가 타인을 도구화할 위험까지 갖고 있다는 이야기일 것입니다. 절대자에 대한 심층적 숭배와 인간 내면의 깊은 감사는 사람을 변화시

---

4) 정진홍, 〈잃어버린 언어들〉, 당대, 2004, p.251

킵니다. 그것이 신앙이기 때문입니다. 신앙은 우리를 모든 생명체와 자연에 대한 경건함과 연민으로 초대합니다. 연민이 없는 신앙인은 상상할 수 없습니다. 할머니의 휴대전화 벨 소리를 연민으로 보는 눈길, 우유를 사는 할아버지의 심성에 깔린 이웃에 대한 연민이 참된 신앙인의 모습이 아닐까요.

이러한 심성이 자연적으로 생기는 사람이라면 그보다 더한 축복은 없을 것입니다. 저는 교화에서 담당해야 할 일들이 바로 이런 심성을 키우는 일이라고 생각합니다. 하나님을 숭배하고 범사에 감사하는 것도 신앙인을 키우는 중요한 일이겠지만, 일상생활에서의 인간적 배려와 연민의 심성을 훈련시키는 교회, 그런 것들을 실생활에 구체적으로 접목시키는 교회, 그런 교회를 하나님과 **예수님**이 기뻐하지 않으실까요.

좀 과격한 듯 보이기는 하지만, 아래의 이야기는 핵심을 지적하고 있습니다.

「예배나 선교나 종교적인 사업들은 모름지기 '그리스도와의 인격적 동일화'를 향한 성숙의 과정에 긴밀히 연관되어 있어야 합니다. 그리스도를 향한 무한한 신뢰, 나날이 그 인격을 닮아가는 삶의 수고로움이 없다면, 나는 그것들이 단지 종교적인 흉내 내기에 지나지 않는 원숭이들의 놀음판이라고 단언하겠습니다.」[5]

5] 이우근, 〈불신앙 고백〉, 오픈하우스, 2010, p.168

'원숭이 놀음판'이 한국 교회의 실상이라면 무척 가슴 아픈 일입니다. 누구나 심각하게 돌아보고 경계해야 할 일입니다. 사람이나 세상이 종교적 덕목이나 신앙의 숭고함을 배워가는 것이 바람직하지만, 오늘의 종교와 종교인들은 오히려 세상을 배우고 있지 않은지 돌아보아야 합니다.

시인 **이승우**가 슬픈 눈으로 종교와 교회를 이야기합니다.

「타락한 세상을 향해 구원을 선포하고, 잃어버린 길을 찾아 인도해야 할 종교마저 세상의 기류를 따라가는 현상은 우리를 슬프게 만든다. 경쟁적으로 교회 건물 평수를 늘리려 하고, 이런 저런 명목과 요령으로 헌금을 거두어들이려 안달하는 종교집단에서 우리는 아무런 구원의 그림자도 발견하지 못한다. 심지어 전도를 향한 열심조차 신도 수를 늘리려는 수단으로 순수하지 않게 보일 때가 있다. 외판원 다루듯 교인을 자극하고, 지극히 세속적이고 유치한 방법을 동원해 신자들을 확보하려는 경쟁에서, 영혼에 대한 진지한 관심이 아니라 물량주의적인 세(勢) 과시라는 음침한 동기를 발견하는 나의 눈이 비뚤어진 것이기를 바라는 마음이다. 하지만 총동원 주일을 만들어 한번 출석하기만 하면 값비싼 선물을 안겨주는 일부 교회들의 행태가, 선거철이면 필사적으로 수건이며 돈 봉투 따위를 돌려대는 정치인들의 이기적인 속셈과 무엇이 다른지 잘 구별되지 않을 때가 있다.」[6]

---

6)   이승우, 〈사막은 샘을 품고 있다〉, 도서출판 복있는 사람, 2017, p.175

영혼이 아니라 물질을 중시하는 교회, 땅이 아니라 하늘 위만 지향하는 교회, 삶보다는 죽음 이후를 예비하는 교회는 예수가 '독사의 자식들'이라고 일갈한 이천 년 전 유대 땅에 있던 제사장 교회와 무엇이 다른지 알 수 없습니다. 죽음 이후의 지옥이나 천당으로 위협하는 교회도 더이상 없으면 좋겠습니다.

제 개인적인 생각으로는 그런 교회의 교세는 좀 꺾였으면 합니다. 삶을 가르치는 교회, 구체적인 생활 속에서 이익이 아니라 손해 보는 일이 거룩한 일일 수 있다는 가르침을 전하는 교회가 있다면 얼마나 좋을까요. 사후의 일에 관하여 교회에서 다음과 같이 말할 수는 없는 것일까요.

「사후에 우리의 삶을 심판하는 기준은 우리의 사상이나 신학이나 내세관이 아니라 우리가 얼마나 하나님의 뜻에 따라 선한 삶을 살았는가에 달려있다고 생각한다. (중략) 한 가지 내가 확실하게 믿는 것은 우리의 사후 운명을 결정하는 것이 있다면, 그것은 우리의 사상이나 종교나 신앙 따위가 아니라 우리가 얼마나 인간답게 살았는가가 기준이 될 것이라는 점이다. 내가 믿는 하나님은 내가 어떤 사상을 가지고 살았느냐, 어떤 교리를 믿었고 어떤 종교를 따랐느냐를 묻지 않고, 내가 너에게 준 소중한 인생을 어떻게 살았느냐고 묻는 분이라고 나는 생각한다.」[7]

---

7) 길희성, 〈아직도 교회에 다니십니까〉, 대한기독교서회, 2015, p.286

곰과 동정녀

길희성 교수는 우리의 사후 운명에 대하여 '교회에 얼마나 열심히 다녔느냐, 예배에 얼마나 충실했느냐'가 기준이 아니라 '얼마나 인간답게 살았는가가 기준이 될 것'이라고 말하고 있습니다. 이 말은 인간다움이나 인간답게 살기를 지나치게 강조한 것이 아닐까 싶을 정도로 인간성을 높은 위치에 놓고 있다는 느낌을 지우기 어렵습니다. 인간성보다 신성(神性)을 강조하는 교인이라면 더욱 그러한 느낌일 것입니다. 그러나 원로 철학자 김형석 교수도 그의 책 〈인생의 길, 믿음이 있어 행복했습니다〉에서 '사람의 아들로 오신 예수를 배우고 따르려 했습니다. 가장 인간다운 인간이 하나님의 자녀가 된다고 생각했습니다.'라고 인간성의 가치를 고백하고 있습니다. 이렇게 두 학자 모두 인간의 인간됨을 매우 높이 평가하고 있습니다. 신앙의 궁극적 가치로 높여지는 느낌입니다.

성경도 우리 사후에 운명의 기준이 되고, 하나님의 자녀가 되는 조건은 신앙인의 인간다움에 달려있다고 말합니다.

마태복음 25장 31절에서 46절은 '최후의 심판'에 관한 이야기입니다. 여기에서 하나님의 복을 받아 영생을 누리는 사람들은 '지극히 작은 자'들에게 자비와 사랑을 베푸는 사람들이라고 강조합니다. 인간다움이란 말은, 자비와 사랑을 베푸는 일의 또 다른 이름이겠지요. '지극히 작은 자'들을 외면한 사람들은 저주받은 사람들이고 영원한 불 속으로 들어갈 사람들이라고 예수는 말합니다.

하나님으로부터 예비된 나라를 상속받고, 하나님으로부터 복을 받을 사람들은 주린 사람들, 목마른 사람들에게 먹을 것과 마실 것을 준 사람들이고, 나그네와 헐벗은 사람들에게 잠자리와 입을 것을 준 사람들입니다. 그리고 감옥에 갇힌 사람들을 찾아주는 사람들입니다. 하나님의 심판의 기준은 자비와 사랑일 뿐입니다. 교회에 열심히 다니는 일도 아니고 예배의 진실성이나 기도생활도 아닙니다. 신앙이나 예배나 기도는 사랑과 자비라는 본질에 가까이 다가가기 위한 수양이고 길 안내일 뿐입니다. 이런 점에서 우리들의 신앙과 가치기준은 전도(顚倒)된 것이 아닌가 자문하게 됩니다.

개인적으로 저는 '인간다운 인간'이나 '인간답게 살기'에 대하여 교회에서 가르치는 것을 들은 기억이 별로 없습니다. 사랑과 자비를 구체적으로 실천해야 한다는 말도 별로 듣지 못했습니다. 아니, 남들에게 권하기는커녕 스스로 실천하는 모습도 거의 본 일이 없습니다.

현실과 동떨어진 하늘 위의 이야기나 속죄와 보혈 이야기, 구약성서의 동화나 신화 같은 야훼 이야기는 많이 들어보았지만, 인간다움에 대한 이야기는 거의 들어본 적이 없는 것 같습니다.

교회가 세상에 사는 사람들의 이야기를 하고, 현실의 삶에 관한 이야기를 좀 더 많이 하는, 이 땅 위를 지향하는 교회가 되었으면 좋겠습니다. 신앙으로 내가 이만큼 축복 받았다는 의미가, 내가 이만큼 이익을 보았고 형통할 수 있었고 병 고침을 받았다는 의미가 아니라, 내가 이만큼 타인을 위해 배려할 수 있었고 손해를 볼 수 있었다는 의미로 번역될 수 있기를 바랍니다. 그런 의미에서 교회는 솔선수범해야 할 의무가 있습니다.

타인을 배려하는 방법에서 차이를 보이는 사례가 있습니다. 두 교회에서 실제로 있었던 일을 예로 들어봅니다.

곰과 동정녀

A 교회

다음 주 예배 때에 우리 교회가 선발한 장학생들에게 장학금을 직접 전달하겠습니다. 장학생들은 예배 시작 전에 미리 와서 준비해주시기 바랍니다. (일주일 지난 다음, 연단에서 장학금 대상자들을 일일이 호명하여 장학금을 전달한 후) 오늘 장학금을 받은 학생들은 모두 교인들을 향하여 돌아서 주십시오. 자, 인사하겠습니다. 차렷, 경례! 자리로 돌아가시기 바랍니다.

B 교회

지난 주 우리 교회 장학생들에게 장학금을 개별적으로 전달하였습니다. 장학생 명단은 그들의 프라이버시를 위하여 공개하지 않겠습니다. 다만 궁금하신 분들이 개인적으로 사무실에 문의할 경우, 성실하게 답해 드리겠습니다.

어느 교회의 장학생이 더 많은 배려를 받고 있고, 또 앞으로도 받을 것인지 설명할 필요가 없습니다.

2. 언어와 침묵

A : 내 여자 친구는 세상에서 제일 예뻐.

B : 야, 네 여자 친구가 무슨 '미스 코리아'쯤 되냐?

이런 대화라면 누구나 B의 사고 능력을 의심해야 마땅할 것입니다. 일부러 어깃장 놓는 것이 아니라면, A가 하는 말의 의미를 모르기 때문입니다. 조금 더 황당한 경우입니다. B가 C에게 전하는 이야기입니다.

B : 내 친구 A는 진실한 사람인데, 자기 여자 친구가 세상에서 제일 예쁘다고 하더라. 그러니 믿지 않을 수 없는 일이지.

C : 아, 나도 세상에서 제일 예쁜 그 여자를 보고 싶다.

여기서 A의 언어는 사실이나 논증의 언어가 아닙니다. 그의 마음 속에 있는 이미지를 고백하는 고백의 언어입니다. 학자들에 따라서는 '고백의 언어'와 '사실의 언어'를 '의미적 진실'과 '사실적 진실'이라고 약간 달리 표현하기도 하지만 대동소이한 말이라고 생각합니다. 일반적으로 대부분의 언어는 '사실의 언어'일 것이라고 생각하기 쉽지만, 뜻밖에 우리는 여러 가지 언어를 사용합니다. '은유와 상징의 언어', '고백의 언어'나 '희망의 언어'도 흔하게 사용됩니다. 대부분의 시어(詩語)들도 이러한 계열에 속할 것입니다. 애국가에 '하느님이 보우하사'라는 가사가 있습니다. 여기서 보우(保佑)는 보호하고 도와준다는 의미의 명사입니다. 이는 하나님이 우리나라를 보호하실 것이라는 희망의 언어입니다.

위에서 A는 '고백적 언어'로 '의미적 진실'을 B에게 이야기했는데, B는 이를 '사실적 언어', '사실적 진실'로 받아들인 것입니다. 거기에 그치면 그나마 다행인데, B는 이를 '사실적 진실'로 확정하여 C에게 전달한 것입니다.

비슷한 예를 조금 더 들겠습니다.

6.25전쟁 때, 빗줄기처럼 쏟아지는 총탄 속에서 부대원이 모두 죽고 한 사람이 살아났습니다. 그는 주위 사람들에게 "하나님의 도움으로 내가 살았지."라고 이야기하였습니다. 전형적인 고백의 언어입니다. 그런데 그 말을 들은 한 사람이 그에게 권합니다. 우리 교회에 와서 그때 일을 간증하시면 좋겠다라고. 만약 그렇게 하면 졸지에 총탄에 죽은 많은 사람들이 하나님의 버리심으로 고인이 되어버렸다는 뜻이나 다름없는데도 말입니다.

또 다른 사례입니다. 어떤 사람이 폐암 말기 판정을 받고 살 수 있는 기간이 몇 달 남지 않았다는 의사의 말을 듣게 되었습니다. 그런데 그 후 암세포가 모두 사라져 지금까지 살아있다고 자랑하며 모두 하나님 덕분이라고 말합니다. 그 말을 들은 사람도 교회에 가서 간증을 하면 많은 사람들이 희망을 갖게 될 것이라며 교회로 초대합니다. 여기서 '간증'이라는 절차를 통하여 고백의 언어가 사실의 언어로 바뀝니다. A의 언어가 B를 통하여 C에게 전달되는 것과 같은 이치입니다. A와 B와 C의 어처구니없는 대화 패턴이 아무렇지도 않게 교회에서 간증이라는 이름으로 이루어집니다. 많은 사람들이 이러한 간증을 사실적 진실로 받아들여 '아멘'을 소리 높여 외칩니다.

이들은 전장에서 죽어간 다른 부대원들에 대하여는 눈을 감습니다. 암으로 죽은 사람들, 그리고 암으로 죽어가는 수많은 사람들도 보이지 않습니다. 오직 간증하는 사람의 입장에만 자기를 동일화하여 나름대로 위안을 얻습니다. 자기 확신이 강한 사람일수록 귀한 간증에 감동하지 않는 사람들을 이해하지 못합니다. 그들에게는 '아멘'과 '할렐루야'를 외치지 않는 사람들은 믿음이 약한 사람일 뿐입니다. 어쩌면 이들은 '의미적 진실'을 '사실적 진실'로 오해한 자신들을 돌아볼 용기가 없는 것인지도 모릅니다.

교회 강단 위의 사람은 이러한 간증을 '사실적 진실'이라고 확신시키기 위해 '하나님의 능력'이라고 포장하여 교인들에게 선포합니다. 교인들은 그러한 간증이 '사실적 진실'이라는 자기 확신에 가득 차서, 이를 사실로 받아들이지 않는 사람들을 용납하지 못합니다.

〈삶이 메시지다〉라는 책에서 **김기석** 목사는,

「자기 확신에 가득 차서 자기와 다른 이들을 용납하지 못하는 정신의 파시즘은 우리 생활 곳곳에 깊이 뿌리를 내리고 있다. 어떤 대상에 대한 탐욕적 집착, 질서에 대한 과도한 욕구, 이념에 대한 맹목적인 충성, 종교적인 독선과 오만 등 가장 집요하면서도 선명해 보이는 이런 것들이 세상을 얼마나 음산하게 만들었던가. 그 속에서 생명은 질식할 뿐이다.」

그래서 교회는 어두워집니다. '하나님의 은혜'라는 요행에 매달리게 됩니다. 일부 목회자들은 요행을 바겐세일하기도 합니다.

이러한 일부 목회자들 때문에 「직업적 종교인들은 세속화되기 쉬우며, 모든 종교의식과 제도는 경직성과 위선 그리고 허영으로 이어지곤 한다.」[8]라는 비판이 나오게 됩니다.

종교적 언어에 대한 자세한 설명입니다.

「대부분의 종교적 언어는 계시적 사건을 지시하는 신화와 상징의 언어이며, 거기에 참여하는 자의 실존적 고백의 언어이며 희망의 언어이다. 성서의 고백적 언어는 수학적 진리처럼 무시간적 진리의 표현이 아니고 객관적 사실에 대한 논증이나 설명이 아니다. 특수한 내

---

8)　에릭 H. 에릭슨, 송제훈 옮김, 〈간디의 진리〉, 연암서가, 2015, p.252

언어와 침묵

적·외적 상황과 결부된 신앙의 자기 이해의 표현이다.」[9]

한마디로, 자기의 개인적 체험 고백을 일반화하는 것은 대단히 위험한 일입니다. 전장에서 죽은 사람들, 암으로 죽어가는 수많은 사람들에게는 하나님의 은총이 없었다는 이야기나 다름없는데도, 사람들은 그쪽으로는 일반화하지 않습니다. 마치 하나님은 '내 편'인데, 죽어가는 그들은 '네 편' 아니냐 하는 식입니다. 하나님을 편 가르기에 이용하는 사람들의 신앙은 하나님을 아주 작게 만듭니다. 그런 하나님은 공평한 하나님도 아니고 우주의 창조자도 아닙니다. 오직 자기들의 울타리 안쪽에만 빛을 비추고 비를 내리는 편파적인 하나님일 뿐입니다.

데스몬드 투투 주교의 말입니다.

「하나님은 확실히 크리스천이 아니시다. 하나님은 당신의 모든 자녀에게 똑같이 마음 쓰신다. 크리스천이 하나님을 독점할 수 없다는 사실은 너무 당연해 진부하게 들릴 정도이다.」[10]

데이브 톰린슨은 이어서 말합니다.

---

9)   이찬수 외 12명, 〈교회에서 알려주지 않는 기독교 이야기〉, 자리, 2012.

10) 데이브 톰린슨, 이태훈 옮김, 〈불량크리스천〉, 포이에마, 2015, p.114

「나는 하나님이 이 세상을 크리스천과 넌크리스천, 신자와 불신자로 나누신다고 생각하지 않는다. 하나님이 그렇게 어리석은 일을 하실 리 없다. 하나님은 우리가 무엇을 믿느냐보다 우리가 어떤 사람인지에 더 관심을 기울이실 것이다.」

많은 사람들이 성서의 내용을 역사 속에서 실제로 있었던 사실적 진실로 받아들입니다. 그러나 신약성서는 물론이고 특히 구약성서는 거의 대부분이 의미적 진실의 기록이어서 사실적 진실로 받아들일 경우, 심각한 편 가르기의 오해가 생길 수 있습니다.

"이 친구 이런 말을 하는 것 보니 문제가 많은 친구네." 하는 싸늘한 시선이 벌써 느껴지는 것 같습니다만, 그러나 성서는 언어나 문자를 믿는 것이 아니라는 사실은 제게 너무나 분명합니다. 중요한 것은 '메시지'이기 때문입니다.

성서에 선악과 이야기가 있습니다. 어떤 사람들은 이렇게 말합니다.

"하나님은 전지전능하시다면서 사람이 선악과를 따 먹을 것을 미리 몰랐단 말인가?"

그들은 선악과 이야기를 인간의 역사 속에서 실제 있었던 일로 오해하기에, 이런 초보적 수준의 질문을 던집니다. 인간과 하나님 간의 근원적 관계를 설명하기 위한 선악과 설화의 의미적 진실은 다양한 메시지를 갖습니다. 마치 시(詩)와 같다고 생각합니다.

김소월의 〈진달래꽃〉을 예로 들면, '나 보기가 역겨워 가실 때에는'에서 나를 떠나가는 상대방을 '너'라는 한 사람으로 한정짓는 독자라면, 그 사람은 시를 신문기사쯤으로 읽는 것이겠지요. 시처럼 선악과 이야기만 해도 그 의미를 풀어내는 학자들에 따라 다양한 해석이 있고, 또 있어야 마땅한 것입니다.

서공석 신부는,

「선악의 기준은 인간이 판단하는 것이 아니라 하느님을 기준으로 판단해야 마땅함에도, 선악과를 먹음으로 인해 선과 악의 기준이 하느님에게로부터 자기에게로 옮겨왔고, 인간은 자기 기준으로 살면서 하느님과 이웃 앞에 부끄러워졌다.」[11]라고 해석하며,

생태학자 **최재천**은

「에덴동산에서 하나님은 왜, 다 알고 계셨을 텐데도 우리에게 뱀을 보내서 그 지식의 나무를, 생각의 나무의 열매를 먹도록 꼬드기셨을까. 저는 알면서 우리에게 그러셨을 거 같은 생각이 듭니다. 인간에게는 지식을 탐구하게끔, 진리를 탐구하게끔 허락해주신 것이죠. 그래서 우리 인간은 앎을 추구하게끔 허락받은 동물입니다.」[12]라고 학자다운 견해를 밝힙니다.

종교학자 **이찬수** 교수는,

---

11) 서공석, 〈예수-하느님-교회〉, 분도출판사, 2003, p.52
12) 최재천, 2015년 3월 21일자 조선일보에서 인용.

「선악과로 인해 부끄러움을 아는 것은 지혜의 결과이되, 역설적이게도 하나님의 명령을 어긴 데서 얻어진 결과이기도 하다. 흔히 선악과를 먹지 말라는 하나님의 명령을 어김으로써 인간이 타락했다지만 냉철하게 판단하면, 타락했다기보다는 도리어 성숙해졌다.

온실에서 보호받던 유아적 상태에서 거친 광야로 홀로 나오면서 내적 능력을 한껏 발휘하게 된 것이다.

그런 점에서 신학자 켄 윌버는, 인간은 에덴에서 타락한 것이 아니라 에덴으로부터 도약한 것이라 했다.」[13]

'하나님의 말씀을 들었다'라고 말하는 사람들이 있습니다. 하나님의 말씀도 언어입니다. 하나님의 말씀을 들었다고 말하는 것도 고백의 언어, 희망의 언어일 수는 있지만, 그 언어를 녹음할 수 없는 것처럼, 사실의 언어일 수는 없습니다. 하나님의 말씀은 우리 가슴으로는 들을 수 있어도, 우리 귀로는 들을 수 있도록 현실 속에서 말씀한 사실이 없습니다. 사실의 언어로 들을 귀가 사람에게는 없다는 뜻도 될 것입니다. **막스 피카르트**가 그의 책 〈침묵의 세계〉에서 말한 것처럼 「언어가 인간의 본질을 이루는 것처럼 침묵은 신의 본질」이기 때문일 것입니다.

지구에는 수없이 많은 천재지변과 전쟁으로 사람들이 죽습니다. 아이티 대지진이나 동일본 대지진, 그리고 대형 쓰나미, 원전 파괴로 인한 대형 재난, 하루에도 헤아릴 수 없이 많은 어린이들이 굶어

---

13) 이찬수, 〈유일신론의 종말, 이제는 범재신론이다〉, 도서출판 동연, 2014, p.208

죽는 아프리카 기아 상황 등 그 참상은 이루 말할 수 없을 정도입니다. 그리고 2차 대전 중에 600만 명의 유대인이 독가스를 마시며 아무 죄도 없이 죽어갔습니다. 그러한 대형 재난상황에서도 하나님은 '침묵' 그 자체였습니다. 물론, 이러한 재난을 하나님 탓으로 돌려서 하나님의 침묵을 탓하는 것은 결코 아닙니다.

길희성 교수가 설명합니다.

「자연이 하는 일은 어디까지나 자연이 하는 일이다. 지진도 허리케인도 자연적인 현상일 뿐, 적어도 인격적 의지를 지닌 신이 원하거나 허용해서 일어난 일은 아닐 것이다. 내가 믿는 하나님은 그런 사건을 통해 무슨 메시지나 교훈을 주시는 존재가 아니다. 자연 자체가 그런 재앙을 통해 우리에게 어떤 교훈을 줄지 몰라도, 하나님이 우리가 모르는 어떤 고차원적인 선을 이루기 위해 의도적으로 그런 참혹한 일을 허용했다면, 그런 하나님은 믿기 어렵다. 사실, 우리 인간의 관점에서 보면 지진이나 허리케인이 '악'으로 보이지만 자연의 법칙에 따라 자연이 스스로를 추슬러 가는 자기회복과 순환과정의 일부로서, 자연의 질서 없이 살지 못하는 인간에게도 궁극적으로는 유익한 일일 것이다.」[14]

자연을 조종하는 하나님이 아니라 자연 법칙을 만드신 이가 하나님이라는 대승적 관점으로 보고 있습니다.

---

14) 길희성, 〈하나님을 놓아주자〉, 도서출판 새길, 2009, p.18

곰과 동정녀

전쟁과 악행으로 인한 끔찍한 참상의 원인에 대해서는 **윌리엄 코핀**
이 설명합니다.

「세상이 끔찍할 지경으로 난장판이 된 이유는 당연히 하나님 때문
이 아니라 우리 때문이다. 하나님은 우리의 자유를 빼앗아 감으로써
만 그 난장판을 정돈하실 수 있다. 그러나 대체 어느 곳에 자유가 없
이 사랑이 존재할 수 있단 말인가? 역설적이게도, 이 세상을 이처럼
사랑하시는 하나님 때문에 이 세상엔 그토록 숱한 수난과 고통이 넘
치고 있다.」[15]

자연의 재난이나 인간이 초래한 끔찍한 난장판이나 하나님이 원해
서 일어난 일은 아니라는 이야기로 요약될 수 있지만, 하나님이 원했
건 원하지 않았건 간에 '침묵'은 흔들림 없는 진실일 것입니다. 왜냐
하면 '언어'는 '시간'처럼 제한적이기 때문입니다.

언어는 시간이나 공간처럼 인간의 존재 양식입니다. 하나님은 시
간이나 공간에 구애받지 않을 것이기에 언어는 하나님의 존재 양식
이 될 수 없습니다. 하나님은 인간의 유한한 도구인 언어를 초월한
곳에, 어쩌면 배경으로 계실지도 모르겠습니다. 시인은 말합니다.

「침묵은 말없이 있을 수 있다.
그러나 말은 침묵 없이 있을 수 없다.

---

15) 윌리엄 슬로언 코핀, 최순님 옮김, 〈나는 믿나이다〉, 한국기독교연구소, 2007, p.52

말은 침묵의 배경이 없으면 깊이가 없다.」[16]

가장 대표적인 종교적 언어가 '기도'일 것입니다.

마더 데레사는 인터뷰에서 "기도는 하나님이 내게 무슨 말씀을 하시는가 듣는 행위"라고 말했습니다. 이어서, "그러면 하나님께서 뭐라고 말씀하시던가요?"라는 인터뷰어의 질문에 "하나님도 역시 듣고 계시지요."라고 대답했습니다. '듣는 것'은 침묵입니다. 침묵은 하나님의 말씀입니다.

'홍정수'는 그의 책 〈사도신경 살아내기〉에서 이렇게 고백합니다.

「인간이 하는 말, 특히 교회에서 하는 종교적인 말은 대단히 위험한 것입니다. 어쩌면 침묵이 더 정직한 말일지도 모릅니다. 말로는 가장 진실한 것, 가장 심오한 것, 종교적인 것을 결코 다 말할 수 없습니다. 신학적으로는 그것을 '인간의 피조성'이라 합니다. 피조물은 질적으로 다른 하나님에 대하여 말할 자격이나 능력, 여건이 되어있지 않습니다.」

침묵이 전제되지 않는 종교적 언어나 기도는 형식이나 외식(外飾)이 되기 쉽습니다. '통성기도'라는 것이 그 대표적 사례쯤 되지 않을까요? 교회에서 "다 같이 통성으로 기도하겠습니다."라는 사회자의 말

---

16) 이승우, 〈사막은 샘을 품고 있다〉, 도서출판 복있는 사람, 2017, p.77

이 떨어지자마자 생각할 여유도 없이 쏟아져 나오기 시작하는 수많은 목소리들, 하소연들, 울부짖음들……. 참 신기한 일이기도 합니다. 하나님은 귀머거리가 아니신데, 소리 높여 외치는 분들도 있습니다. 그러다가 일정한 신호에 따라 동시에 기도를 마치는 사람들을 보면, 저는 참 짙은 소외감과 함께, 연대감이라 할까 소속감 같은 것이 허물어지는 것을 느낍니다.

주위를 둘러보면, 육신과 마음의 평안이 신앙 목표인 사람들이 있습니다. 물론 잘못된 목표라고 함부로 말할 수는 없습니다. 누구나 나름대로의 목표는 있는 것이니까요. 예수 믿고 천당 가는 것이 목표인 사람들도 있습니다. 문제는 자기들의 목표를 확신하여 다른 사람에게까지 그 목표를 전파하려 하고 강요하는 데 있을 것입니다.

「"예수 믿고 천당에 간다."는 발언은 기독교인의 언어일 뿐입니다. 그것은 기독교인이 아닌 경우 전혀 소통 가능한 언어가 아닙니다. 그러한 발언 자체가 보편성을 가지는 것이라는 전제는 '고갈된 상상력'만이 발휘할 수 있는 건강하지 못한 의식입니다. 그 결과가 어떤지 누구도 모르지 않습니다. '사랑이라는 이름의 증오'일 뿐입니다.」[17]

저는 이 말에서 '기독교인의 언어일 뿐이다'라는 말을 인정하지 않습니다. 건강한 기독교인을 포함한 모든 기독교인을 지나치게 비하한 것 같은 느낌이 있기 때문입니다. 물론 이 말이 일부 기독교인들

---

[17]   정진홍, 〈경험과 기억〉, 당대, 2003, p.370

의 독선을 경계하는 의미로 쓰였다는 것을 모르지 않습니다. 그렇다 해도, '예수 믿고 천당 가기'는 모든 기독교인을 조롱하는 대표적인 언어로 이미 자리매김된 것이 아닐까요?

「지금 누가 지옥을 믿으며, 누가 벌이 두려워서 교회에 가겠는가? 또 누가 교회에 다녀야만 구원을 받는다고 생각하겠는가?

도대체 '구원'이 무엇이기에 그렇다는 말인가? 만약 교회에 안 다녀서 지옥에 간다면, 세계 인구의 대다수가 지옥에 갈 것인데, 이렇게 인류의 대다수를 지옥에 보내는 하나님을 누가 사랑의 하나님이라고 믿겠는가? 사실, 이런 배타적 구원관, 인류의 다수를 멸망시키고 선택받은 소수만을 구원하시는 무자비한 하나님이 지성인들로 하여금 기독교를 외면하게 만드는 큰 원인이 되고 있다.」[18]

천당이나 구원도 인간의 언어입니다. 게다가 고백의 언어입니다. 당연히 다양하고 깊은 의미를 포함하고 있는데, 이를 소리 높여 외치는 사람에게서 그런 의미를 찾을 수 있을 것 같지 않습니다. 계곡의 물도 좁고 급할수록 소리가 크지만, 넓은 강물이 되면 침묵합니다. 침묵 속에 많은 생명을 키우며 낮은 곳으로 유장하게 흐릅니다.

산타클로스 이야기입니다. 산타클로스는 '사실의 언어'가 아니지만 어린 아이들에게는 현실이고 사실일 수 있습니다. 아이들에게는 산타클로스의 의미가 중요한 것만큼 선물도 중요합니다. 산타클로스를

---

18) 길희성, 《아직도 교회 다니십니까》, 대한기독교서회, 2015, p.15

곰과 동정녀

'사실의 언어'로 받아들이는 나이가 지나야 비로소 '의미적 진실'에 다가서게 됩니다. 나이 들어서까지 사실의 언어라고 고집하는 사람이 있다면, 그는 순수하고 천진하다는 말을 들을 수는 있겠지만, 유아기를 벗어나지 못한 철부지로, 좀 모자란 사람으로 눈총 받게 되겠지요.

신앙생활도 비슷하지 않을까요. 신앙의 바탕이 되고 방향이 되는 성서가 '사실의 언어'일 때는 하나님이 주시는 은총과 선물이 더 중요하지만, '고백과 희망의 언어'임을 인정할 때, 비로소 풍부하고 깊은 의미와 함께 하나님을 찾을 수 있을 것입니다.

대부분의 한국 교회에서 주장하는 '성서 무오설'이 있습니다. '성서는 일점 일획도 틀린 곳이 없는 온전한 하나님의 말씀'이라는 주장입니다. 저는 이런 주장에 대해 수긍하지는 않지만, 그렇다고 '성경은 오류투성이'라는 말에도 동의하지 않습니다. 어떤 언어로 인식하느냐의 차이일 뿐이기 때문입니다. 문자적이고 표면적인 의미로는 당연히 틀린 곳이 많고, 또 인간의 글이기에 내용상 상충되는 부분이 있을 수 있지만, 상징적이고 심층적으로는 하나님의 뜻을 충분히 담아내고 있는 점에서 오류는 없다고 생각합니다.

하나님의 뜻! 가장 많이 사용되는 말입니다.

우리나라 정치권에서 자기주장을 내세우는 근거로 빈번하게 사용되는 '국민의 뜻'이라는 단어와 용도가 비슷합니다. 우주에서 보면, 한 점 흐릿한 별에 사는 인간이 감히 우주의 창조자 하나님의 뜻을 내세웁니다. 이런 경우, 자기주장을 뒷받침하기 위하여 이현령비현령식으로 성서에서 인용하여 '자기의 뜻'을 '하나님의 뜻'으로 포장하는 경우가 많습니다. 물론 사람에 따라, 신앙적 관점이나 비중을 어디다 두느냐에 따라 당연히 하나님의 뜻은 달라질 수 있습니다. 그러나 누군가가 '하나님의 뜻은 이것이다.'라고 주장한다면 아마도 하나님의 뜻이 아닐 가능성이 높습니다. 왜냐하면 하나님의 뜻은 우리가 신앙생활하며 찾아야 하는 것이지, 이미 결론이 나 있는 어떤 것은 아니기 때문입니다. 마치 노자(老子)의 도덕경이 '도를 도라 말하면 이미 도가 아니다(道可道非常道)'로 시작하는 것과 같은 이치일 것입니다. 자기성찰이 없는 '하나님의 뜻'은 삶에 어떤 영향도 줄 수 없는 공허한 관념이거나, 삶의 자세와는 아무런 관련이 없는 구호일 뿐입니다.

「자기 성찰로 이어지지 않는 믿음의 고백이란 얼마나 허망한 것입니까? 나는 공감능력의 확장이야말로 믿음이 깊어지고 있음을 보여주는 징표라고 생각합니다. 공감을 협애하게 인간에게 국한시킬 필요는 없습니다. 이 초록별 지구에 터 잡고 살아가는 모든 생명은 다 사랑받기를 원합니다. 사랑을 요구하는 그 소리에 다 응답하지는 못해도 무정한 사람이 되지는 말아야 합니다.」[19]

공감능력을 한마디로 풀어쓰면 '사랑'입니다. 사랑에 관한 글이라면 그 무엇도 고린도전서 13장의 말씀을 능가할 수 없을 것 같습니다. 그래도 니콜 존슨이 쓴 〈하나님의 눈에만 보이는 여자〉에서 사랑

---

19) 김기석, 〈세상에 희망이 있느냐고 묻는 이들에게〉, 꽃자리, 2016, p.216

곰과 동정녀

에 관한 글을 한 꼭지 인용하겠습니다.

「사랑의 반대는 미움이나 무관심이 아니라 허세를 부리며 자신을 섬기는 행동이라 말해도 될 것이다. 자신이 얼마나 사랑하는지를 이야기하거나 글로 쓰거나 사랑받아야 할 자신의 권리를 주장하거나 다른 사람들이 사랑하지 않는 것에 대해 시끄럽게 비난하는 것으로는 결코 사랑의 진정한 본질을 드러낼 수 없을 것이다. 역사 속에서 가장 위대하게 드러난 인간의 사랑은 아무 대가를 바라지 않고 조용히 내주었다는 점에서 사랑은 그런 떠들썩한 행동들과는 정반대되는 방향에 서 있다. 그 사랑은 우리를 겸손하게 하고 그 강력한 힘으로 세상을 변화시킨다.」

사랑의 본질은 침묵이라고 이야기하고 있습니다. 침묵을 사실적 진실로 받아들이는 사람에게는 그냥 침묵에 불과하지만, 침묵을 의미적 진실로 받아들이는 사람에게는 침묵이 언어입니다.

그들은 침묵 속에서 모든 살아있는 생명체에 대한 연민과 존중을 느끼며, 침묵 속에서 자연과 우주의 숨결을 듣습니다. 침묵 속에서 하나님을 봅니다. 그리고 대화합니다. 어쩌면 침묵이 하나님과 대화할 수 있는 유일한 언어일지도 모르겠습니다. 인간의 피조성, 그 유한함이 이유일 수 있습니다. 아니면, 욕망의 해체에 따른 언어의 해체일 수도 있지 않을까요.

노자(老子)는 도덕경 56장에서 침묵에 대하여 가장 간단명료하게 정리하고 있습니다.

「지자불언 언자부지(知者不言 言者不知)

  – 아는 사람은 말을 할 수 없고,

  말을 하는 사람은 알지 못하는 사람이다.」

3. '용서'라는 것

『우리가 우리에게 잘못한 이를 용서하오니 우리의 죄를 용서하시고』
(누가 11:4)

주기도문을 문자 그대로만 읽으면, 하나님이 우리 죄를 용서하기 위해서는 어떤 조건이나 단서가 충족되어야 한다는 의미로 읽기 쉽습니다. 이는 '우리가 우리에게 잘못한 이를 용서하지 못하고 있사오니 우리의 죄를 용서하지 마옵시고'로 해석될 여지가 있다는 뜻입니다. '하나님의 용서가, 우리의 용서라는 행위가 선행되어야 하나님의 용서가 가능한 것'처럼 읽기 쉽기 때문입니다. 그러나 본래의 뜻은 '하나님이 우리 죄를 용서하신 것처럼 우리도 우리에게 잘못한 이를 용서하게 하시고'[20]라는 의미로 읽어야 한다고 **송봉모** 신부는 말합니다.

하나님의 용서하심처럼 개인적으로 어떤 한 사람을 용서해야 함에도 수십 년간 용서하지 못하고 있기에, 주기도문을 암송하다가 '용서'라는 말이 나오면 그때마다 목에 무엇이 걸린 듯 마음이 편치 않지곤 합니다.

개인적으로는 성서에 있는 많은 말씀 중에서 실천하기 어려운 명제 중의 하나가 '용서'인 듯싶습니다. 어디 성서에서뿐이겠습니까? 실생활에서도 끊임없이 부딪치고 고민해야 하고 갈등을 겪는 덕목이 용서일 것입니다.

'사랑'이 온 땅을 덮는 흰 눈이라면, 그래서 온 세상의 얼룩과 추함을 하얗게 덮을 수 있는 축복이라면, '용서'는 내려 쌓인 눈으로 평탄하지 못하고 두들두들했던 마음 밭을 애써서 메워야 하는 일이 아닐까 생각합니다. 밭의 이랑같이 패어있는 곳도 메워야 하고, 좀 튀어오른 곳도 깎아서 평탄이라는 평온을 유지해야 하겠지만, 그 일이 무척 힘들게 느껴집니다. 더구나 내려 쌓여있는 눈의 양이 적을 때는, 그래서 마음속에 사랑의 능력이 별로 없을 때에는 그나마 이리 저리 모아서 메워야 하기 때문에 더욱 힘들 수밖에 없을 것입니다.

'배철현' 교수는 용서의 의미에 대하여 한자(漢字)의 자형(字形)으로 설명합니다.

---

20) 송봉모, 〈상처와 용서〉, 성바오로딸수도회, 1998, p.17

곰과 동정녀

「용서(容恕)에서 容이란, 어떤 대상을 보고 그 대상을 조목조목 분석하는 것이 아니라, 커다란 산과 계곡(谷)을 더 커다란 덮개로 씌우듯 그 모두를 품어내는 것이 容이다. 恕는 동일한 것을 의미하는 如와 마음을 나타내는 心의 합성어로, 다른 사람의 마음과 내 마음을 일치시킬 때 마음속에서 우러나는 용기 같은 것이다.」[21]

요약하자면 '산과 계곡 모두를 품어내는 마음속의 용기'쯤 될 것 같습니다.

이러한 정의(定意)는 그렇게 커다란 관용의 덮개가 없는 사람에게, 그리고 다른 사람의 마음과 내 마음을 일치시킬 능력이 별로 없거나 일치시키고 싶지 않은 사람에게는 지나치게 추상적 설명이 아닐까 합니다.

모든 골짜기(谷)는 골짜기마다 각기 모양과 크기도 다르고 입지도 다릅니다. 작은 골짜기도 있고 넘보지 못할 만큼 큰 협곡을 이루는 골짜기도 있습니다. '용서'도 비슷하지 않을까 생각합니다. 우리는 '용서'라는 단어를 생활 속에서 쉽게 사용하지만 현실적으로는 용서를 하는 사람이나 받는 사람에게 너무나 다양한 정황이 있게 마련이니까요. 그리고 용서의 내용도 그야말로 백인백색(百人百色)이리라 생각합니다. 그래서 한마디로 '우리, 다 함께 용서하십시다.', '용서하는 것이 옳은 일입니다.'라고 일반화하여 함부로 말할 수 없을 것 같습니다.

---

21) 배철현, 〈인간의 위대한 질문〉, 21세기 북스, 2015, p.87

우리들이 흔히 '용서한다.'라고 하면, 일반적으로 용서의 대상이 어떤 사건이라기보다는 그 사건을 일으킨 사람에게 한정되는 경우가 대부분일 것입니다. 물론 어떤 행위를 포함할 수도 있겠지만 용서의 대상에 사람이 빠질 수는 없을 것 같습니다. '죄는 미워하되 사람은 미워하지 말아야 한다.'는 말이 있지만 이는 역으로, 죄보다는 사람을 많이 미워하게 된다는 것을 반증하는 것이 아닐까요. 따라서 제3자적 관점이라면 몰라도 누군가에 의해 어떤 죄가 나에게 치명적으로 저질러진 것일 때 해당하는 언어는 아닌 것 같습니다.

　따라서 현실적으로 용서의 대상은 가해자일 것입니다. 가해자가 나에게 저지른 물질적 손해나 어떤 형태의 불의(不義)도 용서의 대상일 수 있겠지만 그보다 좀 더 용서하기 어려운 것이 모욕을 당해서 입은 치욕감이나 자신 혹은 일가족의 신체적 훼손 같은 치명적 상황일 것입니다. 이러한 일들은 우발적으로 생기거나 고의적으로 일어날 수도 있겠지만 그 원인을 제공하는 요인은 다양할 수 있으리라 생각합니다. 인간관계가 원만치 못하여 생기는 마찰이나 실수일 수 있고 상대방이 의도한 악의(惡意)일 수도 있으며 문화의 차이나 생활방식의 차이일 수도 있을 것 같습니다.

　용서를 해야 하는 피해자의 감정도 경우에 따라 매우 복잡하고 다양하리라 생각합니다. 가해자를 향해 복수심이 생기는 분노일 수 있고, 때로는 적개심이나 수치심일 수도 있을 테니까요. 깊게 입은 상처로 인한 통증일 수도 있고, 다시는 가까이하기 싫은 혐오일 수도 있습니다.

　가해자의 행위에 따른 용서의 대상이나 이에 따른 피해자의 감정도 이렇듯 다양할 수 있지만 용서의 내용도 사뭇 다를 수 있습니다. 그래서 어떻게 하는 것이 용서인지 알 수 없는 경우가 많습니다. 어떤 가해자로부터 치명적인 마음의 상처를 입었을 때 가해자에게 보복하기보다도 그냥 인간관계를 단절하는 일도 용서에 포함되는 일인지, 내게 상처를 준 어떤 일을 묵인하거나 외면하는 것이 용서일 수 있는지 구분하기 어려울 때가 많습니다. 더구나 가해자가 아무런 양심의 가책도 느끼지 않고 뻔뻔하게 자신의 잘못을 인정하지 않을 때 '내가 당신을 용서합니다.'라고 말하거나 혼자 다짐하는 것도 용서라 할 수 있는지 의문입니다. 이런 말을 가해자가 들었을 때 '별 웃기는 소리를 다 듣네.' 하며 조롱한다면 그것도 용서해야 할까요.

앞에서 말씀 드렸듯 저는 개인적으로 용서하지 못하는 일이 있습니다. 동쪽으로 함께 어울려가는 길이 분명 올바른 길인데도 한사코 혼자 서쪽으로 가고 있는 사람을 용서하지 못하고 있습니다. 그가 지금이라도 '그래, 내가 틀린 길을 가고 있었네. 지금부터라도 함께 동쪽으로 가겠네.'라고만 한다면 기꺼이 용서하고 받아들일 수 있겠지만 그는 요지부동이고 끝까지 자신의 잘못을 인정할 것 같지 않습니다. 그가 가는 길은 정의롭지 못한 길이어서 설득도 해 보았고 호소도 해 보았지만 눈앞에 있는 자신의 이익과 누적된 불만으로 마음이 어두워졌고 그 어둠 속에서 전혀 다른 길을 생각하지 않습니다. 이렇게 오랜 세월 이어지는 불의를 용서하는 것이 옳은 일일까요.

이런 경우, 용서보다는 분노가 좀 더 정의롭지 않을까 생각하지만 정의(正義) 또한 그리 쉽게 가려지는 일이 아닐 것이고 서로 정의라고 외치면 시끄러운 분쟁의 길이 앞에 있을 뿐이겠지요. 인륜이나 천륜에 앞서 자신의 편리함이나 이익을 우선하는 사람에게는 대책이 없습니다. 그런 사람을 용서한다는 것은 비굴함을 뒤집어쓰는 일이 아닌가 싶기도 합니다. 끊을 수 있는 인연이 아니기에 그냥 단념하고 무관심으로 대하지만 이런 것도 용서라고 말할 수 있는 것인지 자신이 없어서 '용서'라는 단어에는 늘 마음이 편치 않아집니다. 지금까지 상대방을 그냥 무시하며 살아왔지만 사실은 어떤 경우라도 용서해야 할 상대방이 감정적으로 무시할 수 있을 만큼 가벼운 존재일 수는 없습니다.

마사 너스바움의 말입니다.

「모든 감정은 대상에 대한 평가를 수반하며, 대상을 사소한 것이 아니라 중요한 것으로 평가한다는 점이다. 우리는 사소한 손실을 두려워하지 않으며, 사소한 무시에 화 내지 않는다.(화를 낸다면, 그건 우리가 그것을 사소하게 생각하지 않기 때문이다.) 우리는 우리에게 전혀 중요하지 않은 것이 사라졌다고 슬퍼하지는 않을 것이다. 때로는 감정의 경험이 우리가 이전에는 인식하지 못했던 평가 양식을 드러내기도 한다.」[22]

'용서'를 대하는 두 가지 전혀 상반된 방식이 있습니다. 아무런 조건 없이 용서하는 것이 전자라면, 후자는 조건이 맞아야 용서하는 것

---

22) 마사 너스바움, 조계원 옮김, 〈혐오와 수치심〉, 민음사, 2018, p.63

곰과 동정녀

입니다. 후자의 경우, 용서 조건으로 가해자의 사과와 참회를 전제
하는 것이 대부분입니다.

먼저, 무조건적인 용서의 사례입니다. 무조건적 용서의 전형은 예
수에게서 볼 수 있고 넬슨 만델라의 용서도 무조건적이라고 볼 수 있
을 것 같습니다. 먼저, 예수의 용서입니다.

누가복음 23장 34절에

『아버지, 저 사람들을 용서하여 주십시오! 그들은 자기가 하는 일을
모르고 있습니다.』

예수는 자신을 십자가에 못 박는 사람들을 위해, 조롱하는 군인들
을 위해 하나님께 용서를 구합니다. 그들은 예수 앞에서 회개나 참
회한 일이 없지만 예수의 마음은 저들에 대한 원망보다는 연민으로
가득하지 않았을까 싶습니다. 분노의 감정도 전혀 없었을 것 같습니
다. 일반적으로 원망이나 분노가 없으려면 그 대상에 대한 관심이나
애착이 없다면 가능할 것입니다. 앞서 인용한 마사 너스바움의 글처
럼 무엇인가 대상에 대한 미움이나 원망이 있으려면 상대방을 일차
적으로 인정하는 것이 전제되어야 하기 때문입니다. 그런데 예수는
상대방을 인정하고는 있지만 그들을 가해자로 본 것이 아니라 피해
자로 보고 있습니다. 그들의 무지로 인한 행동을 연민의 눈으로 보고
있는 것입니다.

르네 지라르는 예수가 그들을 '모방에 의해 움직인 가련한 사람들'이라고 보고 있었다고 말합니다.

「예수는 여기서 모방에 의해 움직인 사람들이 자신을 움직이게 한 그 모방을 보지 못한다는 것을 말하고 있다. 이들 박해자들은 그들이 잘 처신하고 있다고, 또 정의와 진리를 위해서 행동하고 있다고, 그리하여 사회를 구하고 있다고 믿는 것이다.」[23]

자신들이 무슨 일을 하는지조차 모르는 사람들이기에 예수는 십자가 위에서 하나님께 그들의 용서를 구합니다.

예수는 로마 치하의 유대 사회를 정화시키기 위한 모방심리와 '속죄양 메카니즘'에 의해 십자가를 지게 되었다고 지라르는 말합니다.

「사회 전체로 하여금 그 희생양에게 죄가 있다고 믿도록 설득하는 모방이 바로 사탄이다.

불쌍한 희생양이 일단 이웃도 없이 완전히 고립되면 고삐 풀린 군중들로부터 그를 보호해 줄 것은 아무것도 없다. 어떠한 복수도 걱정하지 않으면서 그들은 이 희생양에게 달려들 수 있다. 그를 향하는 폭력의 탐욕에 비하면 단 하나의 희생양은 너무 적지만, 그 순간 사회는 오직 그 희생양을 없애기만을 원한다. 이리하여 이 희생양은 조금 전 까지만 해도 온갖 스캔들 때문에 서로 다투던 수많은 사람들을

23) 르네 지라르, 김진식 옮김, 〈나는 사탄이 번개처럼 떨어지는 것을 본다〉, 문학과 지성사, 2015, p.54

곰과 동정녀

그 자신에게 반대하기 위해 하나로 뭉쳐 화합하는 군중으로 효과적으로 변화시킨다.

이 희생양 이외에는 모든 사람들의 적이 없어졌기 때문에 일단 희생양을 추방하여 없애면, 군중들의 마음에서는 적개심도 사라지고 적도 없어지게 된다. 적이 하나뿐인데 그 적을 처리하였다는 것이다. 적어도 일시적으로 이 사회는 이제 더이상 어느 누구에 대해서도 어떠한 증오도 원한도 갖지 않는데, 이리하여 이 사회는 온갖 긴장, 분리, 분열로부터 '순화'되었다고 느끼게 된다. 그러므로 모방에서 나온 '일인에 대한 만인의 반대'나 '희생양 메카니즘'에는 혼란에 빠진 사회를 진정시키는 성향이 있다. 이 성향보다 더 빨리 혼란을 진정시킬 수 있는 것은 없을 것이다.」

르네 지라르는 예수에게 있어 가해자는 어떤 개인이나 그룹이 아니라 자신을 속죄양으로 만든 사회 전체였고 군중들의 모방심리였다고 말하고 있습니다.

'무조건 용서'의 또 다른 사례로 넬슨 만델라를 들 수 있습니다.

남아프리카공화국의 흑인 지도자 만델라는 인종차별정책에 저항하다가 종신형에 처해져 1990년까지 무려 27년간 억울한 옥살이를 합니다. 남아공의 백인 정부는 1990년 2월, 흑인들의 굽힘 없는 투쟁과 국제사회의 압력에 굴복하여 만델라를 석방하였습니다. 석방 후, 만델라는 누구에게도 보복하지 않을 것을 천명하고 흑인과 백인간의 대화와 타협을 이끌어내어 1993년 노벨 평화상을 받았습니다. 만델라가 백인 정부를 용서할 수 있었던 용기는 그가 갇혀 있던 로빈 섬의 감옥 독방에서 그 긴 세월 동안 복수의 칼날을 갈지 않고, 오히려 용서와 관용을 끊임없이 모색하여 왔기에 가능했을 것입니다. 그의 대승적 용서는 순간적인 감정이나 단순한 정의감만으로는 이루어질 수 없는 용서였기 때문입니다. 물론 '진실화해위원회'를 통해 가해자들이 구체적으로 자신의 잘못을 고백하며 용서를 구하는 일이 전제되기는 했지만, **데스몬드 투투** 대주교를 위원장으로 하는 위원회의 정신적 바탕이 아량과 용서였기에 이러한 절차도 가능했을 것입니다.

만델라의 용서는 백인들에 의해 행하여졌던 끔찍한 반 인권적 불의(不義)에 대한 용인이나 묵인이 아니라 '회복적 정의'를 세우는 일이었다고 생각합니다.

'회복적 정의'가 '응보적 정의'에 우선하는 일은 매우 힘들고 드물며 진정한 의미의 용기가 있어야 가능할 것입니다. '회복적 사법'24)이라고도 번역되는 회복적 정의의 특징은 범죄자나 가해자를 용서하는 것은 아니지만, 처벌이나 응징을 우선하지 않는다는 점에서 응보적 정의와는 다릅니다. 응보적 정의가 범죄의 원인을 '무엇'으로 대표하는 정의라면, 회복적 정의는 '왜'와 '어떻게'의 의미를 살리는 정의라 할 수 있습니다.

물론 **만델라**가 '회복적 정의'의 창시자는 아닙니다. 그는 오히려 회복적 정의를 넘어서서 진실과 화해를 통한 사랑의 정의를 담담하게

---

24) 회복적 사법 [restorative justice]: 회복적 사법은 특정 범죄에 이해관계를 가진 당사자가 모두 모여 그 범죄가 미친 영향, 피해의 회복 그리고 그 범죄가 장래에 가진 함의를 도출하는 과정이다. 범죄자 처벌을 중심으로 하는 기존 형사 사법 체계의 틀에서 벗어나 범죄 피해자의 권리 신장과 피해 회복에 초점을 두는 것이 특징이며, 범죄자와 피해자 그리고 지역사회 공동체 사이의 관계를 복원하는 것이 목표이다. 이것을 실현하기 위해 조정 모델, 협의 모델, 서클 모델 등 다양한 프로그램이 운영되고 있다. (한국심리학회, 〈심리학용어사전〉, 2014.)

곰과 동정녀

실천했습니다. 그래서 **만델라**의 위대한 용서는 많은 사람들에게 신선한 충격과 영감을 주었습니다.

그러나 **만델라**의 용서도 **예수**의 용서처럼 한 개인을 향한 원한이나 증오나 수치가 아니었습니다. 백인사회와 백인 우월주의자, 백인 정치인들을 향한 용서였다는 점에서 **예수**의 용서와 비슷한 점이 있어 보입니다. 용서의 대상이 집단이었다는 점이 같지만, 그보다는 동시대를 살아가는 사람들에 대한 연민과 사랑이 뒷받침되어 있다는 점에서 유사하다고 생각합니다. 조건 없는 용서는 용기 있는 용서입니다. 타인에 대한 지극한 연민이 없다면 있을 수 없는 따뜻한 용서입니다. 그래서 귀한 용서이지만, 귀한 만큼 보통사람들에게 보편적으로 적용하기 힘든 용서일 것입니다.

악화가 양화를 구축하듯 악이 선을 이기는 일은 많아도, 선으로 악을 이기는 일은 참으로 귀한 일입니다. 거룩한 일이 아닐까 싶습니다. 대부분의 사람들의 경우, 조건 없는 용서가 가능하려면 용서해야 할 조건이나 기억이 시간과 세월로 희미해질 때가 아닐까요.

다음은 조건이 있는 용서를 살펴봅니다.

예수는 마태복음 5장 44절에서 『원수를 사랑하라』고 말씀했지만, 원수를 사랑하는 것이 얼마나 힘들고 현실적으로 불가능한 일인지는 누구나 체험으로 알 수 있습니다. 흉내 내기조차 어려운 일이며 자칫 위선(僞善)의 함정에 빠질 수 있는 일이라고 생각합니다. 원수를 사랑하자면 우선 용서해야 할 테고, 어렵게 용서를 했다 해도 '사랑'까지 할 수 있을 것 같지는 않기 때문입니다.

원수에 대한 증오가 오히려 자신을 피폐하게 하고 괴롭히는 것이라는 사실은 누구나 잘 알지만, 그리고 원수를 용서하는 것이 자신의 평안과 평화 그리고 마음 건강에 크게 도움이 된다는 사실도 잘 알지만, 상대방의 '용서 구함'이나 참회가 없는 이상, 원수는 원수일 수밖에 없을 것 같습니다. 차라리 관념적으로, 이상적 지향으로서의 말씀으로 이해하는 것이 편할 것입니다. 아니면 아래의 글과 같이 '보편적 선한 의지'로 해석하는 것이 그나마 일반적이리라 생각합니다.

「'원수를 사랑하라'는 말 역시 원수 모두에게 애정을 느껴야 한다는 말이 아니다. 사랑에 다양한 형태와 단계가 있듯이 용서에도 다양한 형태와 단계가 있다. '원수 사랑'에서의 '사랑'과 잘못을 저지른 사람에 대한 '용서'는 특별한 형태의 애정을 요구하지 않으며, 따라서 반드시 사적인 친밀함이 필요한 것도 아니다. 다만 인간으로서 '보편적 선한 의지'를 보일 뿐이다.」[25]

세상을 산다는 것은 끊임없이 인간관계를 맺는 일이고, 인간관계는 어떤 인과관계로 인해 원한이 쌓일 수 있고, 치명적인 피해를 볼 수도 있으며 폭력이나 수치를 당할 수도 있습니다. 인간이라는 존재 자체가 불완전하기 때문에, 그리고 언제나 실수할 수 있는 존재이기 때문일 것입니다.

우리가 인간이라고 뭉뚱그려 말을 하지만 인간만큼 존재의 양태가 다양한 생명체는 없을 것 같습니다. 흔히 인류의 보편적 기준이나 도

---

25) 강남순, 〈용서에 대하여〉, 도서출판 동녘, 2017, p.80

곰과 동정녀

덕률을 이야기하지만 사실 지적인 수준이나 도덕적 관점, 이성적 판단력이나 감성적 감수성이 인간만큼 개인별로 높낮이 차이가 큰 생명체는 이 지구상에 없을 것입니다. 그래서 '용서'의 형태는 케이스별로 다양하고 구체적인 용서의 내용도 다를 수밖에 없습니다.

「용서가 필요한 상황은 언제나 구체적이다. 모든 용서가 서로 유사해 보일지라도 구체적 상황에 따라 각기 다른 방식으로 용서에 접근해야 한다. 이러한 맥락에서 보면 모든 상황에 들어맞는 '용서-일반'이란 존재하지 않으며, 용서에 대한 이해와 실천은 각자가 처한 정황에 따라 매번 새롭게 생각해야 할 과제다.」[26]

용서하는 행위는 매번 새롭게 생각해야 할 과제일 수밖에 없어서 용서해야 할 때마다 새로운 용기와 결단을 필요로 한다는 뜻이리라 생각합니다. 이는 용서받는 행위도 마찬가지겠지요.

일반적으로 '용서'의 중요성은 강조되지만 '용서 받기'의 중요성은 간과되는 경우가 많습니다. 용서를 주제로 하는 책은 많아도 용서 받기에 대하여 쓴 책은 읽은 기억이 없습니다. 분명하게 상호관계임에도 용서 받기 위한 참회 없이 그냥 용서하기만 강조한다면 너무 일방적인 일이 아닐까요. 너무 싸구려 용서 아닐까요.

자크 데리다는 「용서는 오직 용서할 수 없는 것을 용서하는 것이다」라고 말했지만 전제가 빠져있는 용서이기에 저는 개인적으로 수긍하

---

26) 위의 책, p.10

지 않습니다. '용서할 수 없는 것을 용서한다는 것'은 이미 '용서할 수 없는 일이 아니라 당초부터 용서할 수 있는 일이었다.'라고 볼 수밖에 없기 때문입니다.

　마태복음 18장 21절 22절에

『그때에 베드로가 예수께 와서 "주님, 제 형제가 저에게 잘못을 저지르면 몇 번이나 용서해 주어야 합니까? 일곱 번이면 되겠습니까?" 하고 묻자 예수께서는 이렇게 대답하셨다. "일곱 번뿐 아니라 일곱 번씩 일흔 번이라도 용서하여라."』

　기독교인들이 '용서'를 말할 때, 가장 많이 인용하는 말씀이리라 생각합니다. 그러나 저는 이 말씀에 누가복음 17장 3절의 말씀이 전제되어야 마땅하다고 생각합니다. 이 구절은

『누군가가 나에게 잘못을 하면 그 잘못을 깨닫게 하고, 그런 다음에 나에게 '잘못했다'라고 하면 용서해 주어야 합니다.』[27]

　라고 기록되어 있습니다. 예수님조차도 참회를 유도하고 자기 잘못을 사과하면 용서하라고 가르치고 있습니다. 그런 용서가 일곱 번씩 일흔 번에 해당하는 용서가 아닐까요.

----

27) 영어성경을 번역한 것입니다. 우리말 공동번역 성서에는 『조심하여라. 네 형제가 잘못을 저지르거든 꾸짖고, 뉘우치거든 용서해 주어라.』로 번역되어 있습니다.

　　　　　　　　　　　　　　　　　　　　　　곰과 동정녀

「용서는 참회를 필수적인 전제로 합니다. 참회 없이는 용서 또한 없습니다. 공의의 하나님은 회개 없이 용서만을 선포하신 적이 결코 없습니다. 참회 없는 용서는 공의도 아닐뿐더러 사랑도 될 수 없습니다. 헤픈 용서의 끝에는 죄지은 자의 새로운 출발은 없고 다만 용서하는 자의 '관용의 미덕'만이 제 자랑으로 빛날 뿐입니다. 용서의 문은 회개라는 열쇠 없이는 결코 열리는 법이 없습니다.」[28]

용서하는 사람에게 지나치게 무거운 짐을 지게 하는 일은 그렇지 않아도 괴롭고 아픈 사람에게 가혹한 일이라고 생각합니다. 상대방의 참회가 고백이나 몸짓으로 나타났다 해도 용서하는 일은 쉽지 않을 것입니다. 하물며 가해자가 사과하지도, 참회하지도 않은 상태에서 피해자에게 누가 용서를 강요할 수 있겠습니까. 피해자로서 누군가를 용서해야 하는 사람은 '절대적인 도덕적 의무'라는 무거운 짐을 내려놓을 수 있어야 한다고 생각합니다.

「"예수님은 용서하라고 말씀했는데, 너는 왜 나를 용서하지 않느냐?"
이런 논리에 따르면, 남에게 상처를 입힌 가해자는 용서받지 못한 불쌍한 자가 되고 상처를 입은 피해자는 오히려 용서를 모르는 교만한 자로 전락하고 맙니다. 그래서 정작 회개를 해야 하는 이는 상처를 준 쪽이 아니라 상처를 입은 쪽이 되고, 그 결과 피해자는 두 번의

---

28) 이우근, 〈바보가 그리운 시대〉, 대교베텔스만, 2007, p.115

상처를 입게 됩니다. 용서의 계명을 자의적으로 해석하는 심각한 '인식의 모순'이 아닐 수 없습니다.

물론 신앙의 자리에는 분명히 용서의 의무가 있습니다. 세속적인 삶의 자리에서는 용서가 권리로 인식되기 때문에 용서를 하고 안 하고는 피해자의 자유로운 선택사항에 속하는 것이지만 신앙인에게 용서는 권리가 아니라 의무요 계명입니다.

성서는 상처를 입은 사람에게는 관용의 마음을, 상처를 준 사람에게는 회개의 마음을 요구합니다. '용서의 계명'은 상처를 입은 자에게 주어진 것이지 상처를 입힌 자에게 주어진 것이 아닙니다. 상처를 입힌 사람에게는 오직 '회개의 계명'이 주어졌을 뿐입니다.

가해자가 잘못을 뉘우침이 없이 도리어 용서의 계명을 내세워 피해자에게 "너는 용서를 모르는 교만한 자"라고 질책할 수는 없는 노릇입니다. 그것을 적반하장이라 해도 좋겠습니다. 그 질책은 오직 하나님의 몫일 뿐입니다. 가해자는 하나님 앞에 참회하고 피해자에게 용서를 구해야 마땅합니다. 이것을 혼동하는 것이 오늘날 일부 신앙인들이 빠져있는 심각한 '인식론적 모순'입니다.」[29]

인식의 모순을 모순이라 인식하지 못하는 경우가 많습니다. 아니, 인식의 모순을 악용하여 면피하는 경우도 있습니다. 대표적인 사례가 종교적 용서를 아전인수식으로 해석하여 자신을 용서하는 일일 것입니다. 영화 '밀양'에서의 종교적 용서는 피해자를 소외시킨 채 하

---

29) 이우근, 〈불신앙고백〉, 오픈하우스, 2010, p.198

곰과 동정녀

나님의 용서를 이야기하는데, 용서가 오용된 대표적인 사례일 것입니다. 종교 전문가들이라 할 수 있는 목사나 신부 등 종교지도자들 중에서 일부 타락한 사람들이 즐겨 사용하는 '자기용서'의 합리화 논리를 인용합니다.

「종교지도자의 횡령사건이나 성적 스캔들이 밝혀질 때 그들이 사용하는 자기용서의 레토릭은 대부분 다음과 같은 두 가지다.

첫째, 성서를 인용해 '인간은 그 누구도 의인이 없으며30 모든 사람이 죄를 짓는다.'면서 종교지도자인 자신도 '신이 아닌 인간이기에 잘못을 저지를 수 있다'는 점을 강조하는 것이다.

둘째, '회개하는 사람은 하나님이 무조건 용서하신다.'면서 자신은 회개했으므로 용서받았다고 주장하는 것이다. 공개적으로 회개하면서 신이 용서하신 것처럼 자신도 스스로를 용서하며, 더불어 인간인 당신도 마땅히 종교지도자인 자신을 용서해야 한다는 태도다. 이 같은 자기용서의 레토릭은 자신에게 득이 되는 것은 확장하고 자신이 잘못한 것은 묵인하는 식으로 남용된다. 이렇게 왜곡된 자기용서는 종교적 용서의 형식을 차용하면서, 결국은 무비판적인 자기용서의 행위를 정당화한다.」31

이러한 모습은, 용서해야 하는 피해자의 의사와 관련 없이 용서를

---

30) 로마서 3:10, '기록된 바 의인은 없나니 하나도 없으며'

31) 강남순, 〈용서에 대하여〉, 도서출판 동녘, 2017, p.104

강요하고 곧 이어 용서받았음을 스스로 인정하는 '인식의 모순'의 전형이라 할 수 있습니다. 주고받음이 없는 용서는 주고받음이 없는 사랑처럼 허구일 수밖에 없습니다. 아가페 사랑이라면 몰라도, 아가페의 용서라면 몰라도, 인간관계에서의 용서나 사랑이라면 주고받음이 있어야만 '관계'가 만들어질 수 있기 때문입니다. 용서라는 언어가 의미하는 다양성 중에서 '관계의 정상화'라는 의미가 가장 중요한 부분이 아닐까요. '관계의 정상화'라는 용어 자체도 이미 상당히 넓은 의미의 폭을 가지고 있어서 한마디로 정의하기 어렵지만 '관계의 원위치' 정도로만 해석해도 무난하리라 생각합니다. '비 온 뒤에 땅이 굳는다.'지만, 굳은 땅은 비가 안 와도 이미 굳고, 모래땅은 비가 와도 모래땅일 테니까요.

끝으로 '용서'를 다시 한 번 곰곰이 생각하게 하는 글 한 꼭지를 인용합니다.

「복수의 정의 속에는 사랑이 없고, 헤픈 용서에는 사랑은 있어도 정의가 없습니다. 정의 없는 사랑은 진실을 왜곡하고, 사랑 없는 정의는 진실의 가치를 절하합니다. 정의와 사랑은 서로 만나지 않는 한 어느 것도 아직 진실이 아닙니다. 참회가 가해자의 양심이라면 용서는 피해자의 양심입니다.」[32]

---

32) 이우근, 〈바보가 그리운 시대〉, 대교베텔스만, 2007, p.289

곰과 동정녀

4. 관점(觀點)

관점의 다양성에 대하여는 이미 많은 사람들이 이야기하고 있고, 그 다양성은 서로 '틀린 것'이 아니라 '다른 것'이라는 주장 또한 전혀 새로울 것이 없는 이야기일 것입니다. 장님들의 코끼리 만지기 비유를 통해 관점의 다양성을 겸허하게 받아들이면 오히려 구체적 실상에 접근할 수 있다는 말도 흔하게 오갑니다. 어떤 의미에서 관점의 다양성은 우리 사회에서 제법 널리 인정되고 있고 많은 사람들도 이를 받아들이고 있는 담론이라고 생각합니다.

'하나를 보면 열을 안다'라는 속담이 있습니다. 이 속담은 당초 논어(論語)에서 비롯된 것이리라 추측합니다. 〈논어〉 공야장(公冶長)에 공자(孔子)가 자공(子貢)에게 안회(顏回)에 대하여 묻는 대화가 나옵니다.

「子謂子貢曰, "女與回也孰愈?"

對曰，"賜也何敢望回?回也聞一以知十，賜也聞一以知二.", 33

「공자께서 자공에게 말씀하셨다.

"자네와 회(안회) 가운데 누가 나은가?" 자공이 대답하였다.

"제가 어떻게 감히 안회(顏回)를 바라보겠습니까? 안회는 하나를 들으면 열을 알고, 저는 하나를 들으면 둘을 압니다."」

만일 '하나를 보면 열을 안다'라는 속담이 논어에서 비롯되었다면 그 의미가 많이 달라진 것으로 보입니다. 위에서 보듯, 하나를 들으면 열을 안다는 말은 거론되는 사람의 총명함이나 지혜를 가리킵니다. 이에 반하여 우리가 사용하는 속담의 의미는 한 가지 단면을 보고 전체를 미루어 알 수 있다는 의미에 더 가까울 것 같습니다. 한마디로 어떤 대상을 속단할 수 있다는 뜻이리라 생각합니다.

박완서 소설 〈도시의 흉년〉에서 한 토막 인용합니다.

「하나를 보면 열을 안다고, 아까 너 양말 신는 것을 보고 있으려니 남자들한테 얼마나 헤프게 구나가 빤히 보이는 것 같더라. 사내 녀석들은 일단은 도둑놈으로 보고 탐낼 만한 것은 감추고 사는 게 수야.」

인용한 속담이 결코 화자(話者)의 총명함이나 지혜를 말하고 있지 않습니다. 상대방을 단순화하여 한 가지 색깔로 판단하고 있는 대화

---

33) 성백효 주석 〈論語集註〉, 사단법인 전통문화연구회, 2002, p.90

곰과 동정녀

입니다. 이럴 경우, 말하는 사람은 자기 판단의 당위성에 도움을 주는 속담이겠지만 판단 당하는 사람은 좀 억울하지 않을까요. 위의 사례만 보더라도 양말 신는 모습 하나로 '헤픈 여자'로 판단 당하는 것은 몹시 불쾌한 일일 것입니다.

물론 화자의 판단이 옳을 수도 있을 것입니다. 그러나 틀린 경우가 없다 할 수 있을까요. 도대체 어떻게 하나를 보고 열을 알 수 있다는 걸까요? 나머지 아홉은 알 필요조차 없는 것일까요. 이런 자세나 관점이 편견을 부채질하는 것이 아닐까 생각합니다.

다시 말해서 단세포적(單細胞的)인 판단은 화자(話者)의 독단이나 편견에서 비롯된 것일 수 있습니다. 사실 사람을 판단할 때, 열은커녕 하나도 제대로 알 수 없는 경우가 더 많습니다. 아무리 양보한다 해도 하나를 알면 하나를 알 수 있을 뿐이라고 생각합니다. 열을 알 수 있다는 말은 자칫 교만일 수 있고 어떤 판단의 함정일 수 있지 않겠습니까. 오히려 '한 가지'를 근거로 타인을 쉽게 판단한다면 판단자의 지적(知的)인 가난함을 의미한다고 생각합니다. 어느 누구도 단세포로 이루어져 있는 사람은 없기 때문입니다.

'한 사람은 여러 사람이다.'라는 말을 어디선가 읽은 기억이 있습니다. 아쉽게도 어느 책이었는지 잊었지만, 무척 공감 가는 내용이었습니다. 얼핏 한 사람은 여러 사람일 수 없고, 여러 사람은 한 사람일 수 없기에 형용모순처럼 들리는 말이지만, 자세한 내용은 어느 누구도 '한 사람' 즉 '한 가지' 사람이 아니고, 그 사람 속에는 여러 가지 사람이 들어있다는 설명이었습니다. 좀 더 구체적으로 보면, 한 사람 속에는 착한 사람, 악한 사람은 물론이고 갈등하는 사람, 따뜻한 사람, 차가운 사람, 음란한 사람, 속 좁은 사람, 성실한 사람, 게으른 사람, 재주 있는 사람 등이 함께 존재한다는 내용이었습니다.

이렇게 여러 가지 사람이 들어있는 어떤 인물을 한 가지만 보고 대뜸 판단할 수 있을까요. 이는 역사적인 인물의 경우도 마찬가지일 것입니다.

우리나라 역사상 대표적인 매국노라면 누구나 **이완용**을 꼽으리라 생각합니다. 근세사(近世史)를 그린 어린이용 만화책을 보더라도 **이완용**의 얼굴은 간교하고 악하며 사리사욕에 눈 어두운 나쁜 놈 모습으로 그립니다. **이완용**은 어떻게 보든 역사의 죄인이고 만고의 대역적임에는 틀림없다고 생각합니다. 그러나 **이완용**이 당시의 대학자였으며 당대 최고의 서예가였고, 독립협회를 만들어 어떻게든 이 나라를 독립시키려 애썼다는 사실은 그 내면에 또 다른 사람이 있었음을 설명하고 있습니다. 능숙한 영어실력에 국제정세에도 밝았던 외교 엘리트로서 **이완용**은 훗날 "때에 따라 마땅한 것을 따를 뿐. 달리 길이 없었다."고 '대세 순응론'을 펼치며 매국의 변명을 늘어놓기도 했습니다.

그는 열강이 각축하는 당시의 국제정치 현실 속에서 어차피 이 나라가 홀로 서서 독립할 힘과 능력은 없다고 판단했습니다. 시대상황으로 보아도 열강의 먹잇감이 될 수밖에 없는 처지였기에 누군가와 손잡을 수밖에 없다고 생각했습니다. 처음엔 미국, 그 다음에는 러시아에게 나라를 의탁할까 생각하다가 결국 일본에 넘기는 용서받지 못할 매국노가 되었지만, 그렇다고 아무런 갈등과 자책이 없이 살았다고 볼 수는 없을 것 같습니다. 문학평론가 **김병익34**은 계간지 〈본질과 현상〉 2019년 봄호에 「인간 이해의 착잡함」이라는 글에서 **이완용**의 심리상태 일부를 보여주고 있습니다.

「…손병희 선생이 **이완용**에게 3·1운동 참여를 권유했다는 것이나, **이완용**이 "매국적(賣國賊·나라를 팔아먹은 도적)이라는 이름을 이미 들은 나는 그런 운동에 참여할 수 없소. 이번 운동이 성공하여 내가 그렇게 맞아죽게 되면 다행한 일이겠소."라며 사양한 것도 놀라웠다. 그러면서 **이완용**이 이 비밀 거사를 알면서도 일본 경찰에 고발하지 않은 것도…」

구한말 개화기와 일제 강점기에 대표적인 친일파 인사로 **윤치호**가 있습니다. **윤치호**는 유길준과 함께 조선 최초의 일본 유학생이었습니다. 그리고 **김옥균**의 권유에 따라 일본 요코하마 주재 네덜란드영사관에서 영어를 배우기 시작했고, 미국 유학을 거쳐 조선 최초로 영어를 능숙하게 구사할 수 있게 되었습니다. 일본어, 중국어, 영어에 능통했고, 조선 최초의 미국 남감리교회 세례신자가 되기도 했습니다. 그는 장장 60년간(개화기부터 해방 이후까지) 거의 매일 영어로 일기를 썼고, 근래 〈윤치호 일기〉, 〈물 수 없다면 짖지도 마라〉 등의 제목으로 번역되어 출판되기도 했습니다. 그의 일기를 읽다 보면, 친일파인 그에게 분노를 느끼기보다는 외로운 지식인의 초상이 엿보이기

---

34) 전 '문학과 지성사' 대표로 동아일보 해직기자 출신 문학평론가.

도 합니다. 삼일운동 직후인 1919년 3월 9일 일요일의 **윤치호** 일기입니다. **윤치호**는 친일파로서 지탄받아 마땅하지만 함부로 지탄할 수 없는, 또 다른 인간의 모습이 이 일기의 여기저기에 어른거립니다.

「외출하지 않고 집에 있었다. 주요 거리의 점포들이 모두 문을 닫았다. 누군가 서울 YMCA에 세 번이나 전화를 걸어 나한테 오전 11시 30분에 종각 부근에서 시작될 시위에 동참하라고 종용했단다. 이 전화를 받은 수위는 이 '누군가'에게 YMCA회관은 텅 비어 있으며, 군인, 경찰, 헌병, 형사들이 종로를 삼엄하게 지키고 있어서 어떤 시위도 일어날 수 없을 거라고 말했단다.

동포들의 고통을 생각하면 가슴이 메고, 그들을 돕기 위해 뭘 해야 할지 궁리하다 보면 머리가 지근지근 아프다. 당국은 몇몇 조선인 지도자를 소집해서 조선인이 분노하고 있는 이유가 무엇인지 파악해야 한다. (후략)」**35**

자타가 공인하는 '위대한 영혼'이고, 인도 건국의 아버지라고 불리는 **마하트마 간디**에게도 몹시 부끄러운 과거가 있습니다. 영국에 대한 비폭력 무저항운동으로 모든 인도인에게 절대적인 숭앙을 받고 있지만 우리의 기준으로 볼 때, 비록 속임수에 속은 것이기는 해도 친일파 같은 매국노의 언행이 있었고, 노후에는 젊은 여자들과의 동침으로 구설수에 오르기도 했습니다.

---

35) 윤치호 지음, 김상태 편역, 〈물 수 없다면 짖지도 마라〉, 도서출판 산처럼, 2014, p.80

간디는 1차 세계대전을 치르고 있는 영국을 위해 50만 명의 지원병을 인도에서 모집하고자 했습니다. 이를 위해 간디는 당시 총독 비서와 총독에게 편지를 보냈는데,

「저는 **첼름스퍼드 경**(Lord Chelmsford, 1916년부터 1921년까지 재임한 인도 총독)이 진정한 참전으로 여길 수 있는 일을 하고 싶습니다. 만일 제가 직접 모병에 나선다면 헤아릴 수 없이 많은 지원병을 모을 수 있으리라 생각합니다. 혹시 이것이 오만하게 들린다면 용서하십시오.」[36]

「제가 만일 인도인들의 마음을 돌려놓을 수 있다면 저는 그들로 하여금 국민회의의 결의를 거두어들이고 전쟁(1차 세계대전)이 끝날 때까지 '자치'나 '책임 있는 정부'를 입 밖에 내지 못하도록 할 것입니다. 저는 온 인도가 위기에 처한 대영제국을 위해 건강한 아들들을 제물로 바치도록 할 것입니다.」[37]

간디의 이런 모습을 보며, 어찌 하나를 보고 열을 안다고 할 수 있겠습니까.

그리고 하나를 들여다보되 연민의 눈초리냐, 아니면 방관이나 미움의 선입견에 사로잡힌 눈초리냐에 따라 대상의 모습은 전혀 다른 얼굴을 하게 마련입니다.

---

36) 에릭 H. 에릭슨, 송제훈 옮김, 〈간디의 진리〉, 연암서가, 2015, p.498
37) 위의 책, p.496

목사이자 작가인 **백도기**가 **가롯 유다**를 보는 시선에서 저는 개인적으로 많은 공감과 깨우침이 있었음을 고백합니다. 비록 허구의 시선이고 가공된 스토리지만, 그 속에 인간적인 고뇌와 갈등 그리고 따스함이 있었기 때문입니다. 먼저, 유다는 **예수**를 팔기 전에 **시므온**38에게 말합니다.

「"시므온, 자네는 어떻게 생각하나? 나는 그분에게 말했어. 모세는 이집트에서 원수들에게 재앙을 내려 달라고 빌었다. 뒤에 쫓아오는 약탈자들을 홍해 속에 수장시켜 버렸다. 엘리야도 바알을 섬기는 술사들을 모조리 죽였다. 그런데 왜 원수들을 가만히 놔두며, 왜 칼을 쓰는 자는 칼로 망한다고 말하는가? 지금의 시대는 그때보다 훨씬 악하다. 악의 세력은 너무도 강하고 너무도 교활해서 당신의 능력으로밖에 쳐부술 도리가 없다. 의로운 자들이 이 땅의 각처에서 칼과 창을 높이 들고 일어섰으나 강한 적들에게 오히려 짓밟혀 버렸다. 당신만이 할 수 있다. 당신이 아니면 안 된다. 나는 3년 동안 당신을 따라다니며 당신이 굶주릴 때 같이 굶주렸고, 당신이 대적자들에게 모욕을 당할 때 같이 수모를 당했고, 여우도 굴이 있고 하늘을 나는 새도 깃들일 곳이 있지만 인자(人子)는 머리 둘 곳도 없다고 말하던 당신과 함께 정처 없이 나그네 생활을 해 왔다. 그런데 이게 뭐냐? 그처럼 충성스럽게 따라다닌 추종자들에게 당신이 준 것이 무엇이냐? 생업(生業)을 내던지고 처자들도 동댕이친 채 당신을 따르는 우리에게 무

---

38) '시몬'으로 일컫기도 하는 '시므온'은 '베드로'의 원래 이름입니다.

곰과 동정녀

엇인가 보상해 줘야 할 게 아니냐고 나는 따졌네."

그의 어조는 점점 격해지고 있었다.

"그랬더니 그 보상으로 영원한 진리와 생명을 주겠다고 대답하더란 말일세. 영원한 진리, 영원한 생명이란 무엇인가? 눈에 보이지도 않고 손에 잡히지도 않는 영원한 생명 따위가 뭐 말라비틀어진 거냐 말일세. 여보게 **시므온**, 나는 지금 내가 하려는 일에 내 운명을 걸고 있네. 내 운명뿐만 아니라 이 세상의 운명도 걸고 있는 걸세. 그런데 왜 이다지도 외롭고 불안해서 견딜 수 없을까?"」**39**

이어서 **가룟 유다**의 고백 같은 대화가 이어집니다.

「"하늘나라, 영원한 천국은 신의 영역이야. 그건 내가 상관할 바 아니야. 그러나 이 땅, 우리가 숨 쉬며 살고 있는 이 땅은 바로 우리의 영역이야. 나는 이 땅에서의 자유를 원해. 하늘나라의 가치를 부정하는 것은 아니지만, 눈에 보이지 않는 나라 따위를 이 세상과 감히 비교하고 싶지도 않네. 나의 스승에게는 하늘나라가 더 소중할지도 모르지. 그러나 나에게는 이 땅이 몇 백 만 배 더 소중하단 말일세. 그래서 내 뜻대로 행하려는 거야. 자네는 내 심정을 조금치라도 이해할 수 있겠지?"

그의 마지막 음성은 거의 애원에 가까웠다.

"여보게 **시므온**, 스승은 너무나 순진해. 이 세상의 악이 얼마나 견

---

39) 백도기, 〈가룟 유다에 대한 證言〉, 전망사. 1979. p.144

고하고 교활하고 뿌리 깊은 것인지 모르고 있네. 나는 스승을 그 악과 직접 대결시켜보고 싶었네. 죽느냐 사느냐 하는 절박한 상황에서 말일세. 그러면 사랑이란 얼마나 무력한 것인지 절감하게 되겠지."」

물론 인간적인 고백으로 **가룟 유다**가 면죄부를 받는 것은 아니지만, 이런 관점으로 **가룟 유다**를 바라보면 적어도 그가 **예수**를 은 서른 냥에 팔기까지의 심적 고통을 좀 더 이해할 수 있지 않을까요. **가룟 유다** 속에서 흐느끼며 울고 있는 또 한 사람을 볼 수 있지 않을까요. 하나를 보면 열을 알 것이 아니라, 열 속에 있는 하나를 보아야 할 것입니다.

심리학 용어에 확증편향(確證偏向)이란 단어가 있습니다. 자신의 가치관, 신념, 판단 따위와 부합하는 정보에만 주목하고 그 외의 정보나 반대되는 행위나 모습은 무시하는 경향을 말하는 것으로 알고 있습니다. 예를 들어, 누군가가 밉다고 그의 미운 점만 계속 들추고 강조하다 보니 그 사람의 긍정적인 성향은 있어도 보이지 않는 경우를 말합니다. 그 반대의 경우도 마찬가지일 것입니다. 사실 어느 누구도 이러한 확증편향에서 자유롭지 않습니다. 이러한 경향은 누구나 갖고 있게 마련이어서 함부로 이를 이유로 다른 사람을 비난할 수 없는 경우가 많습니다. 그러나 자신의 사고나 판단을 객관화시키는 능력을 포기하고 편향되게 살아가는 것이 자랑이 될 수는 없을 것 같습니다. 아무리 누군가가 미워도 그 사람에 대한 연민의 눈길을 포기한다면, 그래서 그 사람의 아름다움을 평가하지 않는다면, 그러한 사람을 성숙한 인격자라고 말할 수는 없을 것입니다.

　　　　　　　　　　　　　　　　　　　　　　　　곰과 동정녀

확증편향에 빠진 사람들은 누군가를 대상으로 자신이 좋아하는 색이나 싫어하는 색을 두텁게 입혀 버립니다. 그러고는 자신의 편견이나 편애가 옳은 판단이라 확신합니다. 의심하지 않습니다.

이는 마치 페인트칠을 하는 것과 같습니다. 그 속 재료가 나무인지, 금속인지, 종이인지, 일단 두터운 페인트칠을 해버리면 그 내면의 속성은 좀처럼 드러나지 않습니다. 칠해진 색깔만이 선명할 뿐 칠해지기 직전까지의 복잡하고 미묘했던 색깔이나 속 재료는 기억할 필요가 없어집니다.

'저 사람은 빨갱이야.' 한마디 말로 한 사람의 삶과 궤적, 공헌과 성취, 갈등과 번민을 모두 지워버리는 일이 있는 것처럼 어느 한 사람을 이해하려는 노력은 매도당하기 쉽고, 함께 같은 색으로 색칠하는 사람만이 '우리 편'이 되는 경우를 보게 됩니다. 이렇게 진영논리를 강화하기 위해 '하나를 보면 열을 안다'고 말하며 그 '하나'의 색을 선택하여 마구 칠하는 행위를 보면 가슴이 답답해집니다.

누구를 판단하기에 앞서 그 사람을 자세하게 보려 하지 않고, 그의 아름다움에는 눈길을 주지 않고, 오로지 한 가지 색깔을 입히고 강조하기 위한 페인트 칠만이 난무하는 사회라면 어찌 아름다운 세상이라 할 수 있을까요.

편향된 가치관을 가진 사람이 미운 사람에게 고운 색깔의 페인트를 칠할 리는 없습니다. 내 진영이 아닌 상대편 진영 사람에게도 마찬가지일 것입니다. 무조건 추한 색을 입혀 비난하며 혐오를 부추기는 사회, 그들의 잘못을 폭로하는 데 혈안이 된 사회는 희망이 없는 사회가 아닐까요. 그러면서도 정의(正義)라는 이름으로 자기가 속한 집단의 당위성과 이익만을 추구하고 주장하는 사회는 내부적으로 곪을 수밖에 없지 않을까요.

자기 집단의 울타리와 결속력을 강화하기 위해 구성원들의 분노와 적개심을 부추기는 사회, 다른 개인이나 집단의 약점과 부분적인 추함을 확대 재생산하여 혐오의 대상으로만 인식하는 그런 사회로 우리가 지금 흘러가고 있는 것은 아닌지 걱정스러울 때가 많습니다. 자신도 모르는 사이에 편견과 편애를 정의로 착각하는 '집단 이기주의'로 인해 우리 사회가 점차 삭막해지고 피폐해 지는 것은 아닌지 염려스럽습니다.

비록 적(敵)이라 해도, 인간으로서의 동질성을 인정하는 사회, 그들의 장점과 아름다움을 발굴하고 칭찬할 줄 아는 사회가 더 좋은 사회가 아닐까요. 사람에게 칠해져 있는 페인트를 걷어내고, 내 눈에 묻어있는 페인트도 씻어낸 후, 상대방의 여러 면을 더욱 자세히 보아야 비로소 '한 사람 속에 있는 여러 사람' 중에 아름다운 사람도 함께 있었음을 볼 수 있지 않겠습니까.

곰과 동정녀

5. 하나님 사랑 이웃 사랑

스펜서는 「인간은 삶이 무서워서 사회를 만들었고, 죽음이 무서워서 종교를 만들었다.」라고 했습니다. 스펜서는 인간이, 전혀 미지의 세계인 죽음이 무서워서, 그 두려움을 피하기 위해 종교를 만들었다고 생각한 것 같습니다. 사실 모든 종교는 죽음 이후를 말하며 나름대로 희망과 위안을 주는 기능이 있습니다. 그렇다고 종교가 죽음 이후만을 말하지는 않습니다. 오히려 참 종교라면 죽음 못지않게 삶을 힘주어 이야기합니다. 삶을 변화시키지 못하는 종교라면 아무리 죽음 이후를 열심히 이야기한다 해도 죽은 종교일 수밖에 없을 것입니다. 영생이나 부활, 열반이나 천국도 죽음 이후를 말하는 것 같지만, 실제로는 현재의 삶을 변화시키기 위한 개념일 수 있습니다. 그래서 삶과 죽음을 동전의 양면에 비유하는 것이겠지요.

에피소드 하나가 있습니다.

지역교회 잘 아는 집사님 한 분과 이야기를 하는 중에 "나는 저 하늘 위에 하나님이 계시다는 사실을 믿지 못하는 사람들을 이해할 수 없다. 우리가 죽으면 가게 될 하늘나라를 왜 믿지 못하는지 알 수 없는 사람들이 교회에 있다. 어떤 사람은 선악과도 천국도 실제로는 없다고 악담을 하더라."

그분이 이해 못하듯, 나도 그분을 이해할 수 없으니, 넘을 수 없는 큰 벽이 두 사람 사이에 존재하는 걸 느낄 수밖에 없었습니다.

좀 터무니없는 생각인지 몰라도 하나님과 죽음은 너무나 비슷한 부분이 많다고 생각합니다. 우리 안에 하나님이 계시듯, 우리 삶 안에 죽음도 함께 있으니까요. 특히 초월적인 부분, 우리의 인식 저 너머에 있는 부분으로서 하나님과 죽음은 거의 동격이 아닐까 싶을 정도로 비슷한 면이 있다고 이해하고 있습니다.

앨버트 놀런이 쓴 〈오늘의 **예수**〉라는 책에 이런 말이 나옵니다.

「하나님은 깊이를 헤아릴 길이 없는 신비이고, 그 어떠한 대상으로 여길 수도 없다. 하나님은 주체로서만 진술되고 체험될 수 있을 뿐이다. 이런 뜻에서, 하나님은 우주의 주체 혹은 우주적 自己다. 하나님은 창조의 주체이다.」

공감 가는 말입니다. 이 말에서 '하나님'이라는 단어 자리에 죽음이라는 단어를 대체해 넣어 보아도 전혀 어색하지 않습니다.

'죽음은 깊이를 헤아릴 수 없는 신비이고, 그 어떠한 대상으로 여길 수도 없다. 죽음은 주체로서만 진술되고 체험될 수 있을 뿐이다. 이런 뜻에서 죽음은 우주의 주체, 혹은 우주적 자기다. 죽음은 창조의 주체이다.'

사실, 모든 생명의 존귀함은, 하나님이 뒷받침하고 있기 때문이며, 같은 의미로, 죽음이 뒷받침하고 있기 때문이기도 합니다. 들에 핀 백합화도, 공중에 나는 새도, 심지어는 다시 살아난 **나자로도** 하나님과 죽음이 있기에 존재의 귀함이 있다 할 것입니다.

출생입사(出生入死)라는 말이 도덕경 제50장에 나옵니다. [40]

이 말은 생은 어디선가 나오는 것이고, 죽음은 어디론가 들어가는 것이라는 뜻입니다. **노자**(老子)는 도생지(道生之)라 하여 '어디인가'로 표현되는 그 근원을 도(道)라 말했지만, 보는 측면을 약간 달리하면 '그 어디'를 **틸리히**의 말처럼 '존재의 근원'이라 해도 좋고, '하나님'이라 해도 좋고, '죽음'이라 해도 좋고, '우주와 존재의 생성원리'라 해도 무방할 것 같습니다. 예를 들면, '삶은 존재의 근원에서 나오는 것이고, 죽음은 존재의 근원으로 들어가는 것이다'라고 볼 수 있고. 이와 똑같이 '그 어디'에 '죽음'을 집어넣어도 잘 어울립니다. '생(生)은 죽음에서 나오는 것이고 사(死)는 죽음으로 다시 들어가는 것이다'라고 볼 수 있으니까요. 이렇게 보면, 죽음과 삶은, 죽음과 존재의 근원은, 죽음과 하나님은, 서로 통한다고 할 수 있습니다.

'하나님은 사랑이시다.'라고 말합니다. 하나님에 대한 수없이 많은 정의가 있듯, 사랑에 대한 정의도 다양할 수밖에 없습니다. 그 중에

---

40) 장일순, 〈무위당 장일순의 노자이야기〉, 도서출판 삼인, 2009. p.483

서 신학자 **한스 큉**은 「사랑은 용서이고, 섬김이고, 포기이다.」라고 요약했습니다. [41]

사랑은 용서라 하는데, 용서라는 것은 나를 비워야 가능한 일이고, 섬기는 것도 나를 낮추는 일이며, 포기란 글자 그대로 나를 버리는 일입니다. 기독교에서 사랑은 최고의 가치입니다. 최고의 가치가, 나를 비우고 낮추고 포기하는 데서 비롯된다고 말합니다. 이 말을 더 요약하자면, 결국 나를 없애야 하는 일일 테고, 이 말은 불교에서 말하는 '無我'와 다름없을 것입니다.

사랑이신 하나님을 전적으로 받아들이려면 나를 포기해야 하기 때문에, 나를 없애야 가능한 일이기 때문에, 하나님에 대한 믿음은 결단이 필요한 것이고, 이기적인 사람은 접근하기조차 어려운 길입니다. **예수**는 철저하게 자신을 낮추고 비워서 최종적으로는 자신의 모든 것을 죽인 분 아닙니까.

마태복음 16장 24절에,

『그리고 제자들에게 이렇게 말씀하셨다. "나를 따르려는 사람은 누구든지 자기를 버리고 제 십자가를 지고 따라야 한다."』

라는 말씀이 있습니다. 버려야 할 대상으로서의 자기를 규정하고 실천한다는 것은 몹시 어려운 일입니다.

41] 한스 큉, 정한교 옮김, 〈왜 그리스도인인가〉, 분도출판사. 1990, pp.182-183

곰과 동정녀

리처드 로어는 그의 책 〈불멸의 다이아몬드〉에서 부인해야 할 자기에 대하여 설명하고 있습니다. 그는 '가짜 자기'를 버려야 할 대상으로 꼽습니다. 리처드 로어는, 가짜 자기와 다이아몬드를 이렇게 정리합니다.

「우리의 가짜 자기는 우리의 소아 즉 small self라고 부를 수 있는데, 이를테면 우리의 몸매, 직업, 의복, 돈, 자동차, 성 정체성, 성공과 같은 것으로서 우리의 인생을 쏘아 올리는 발사대이다. 그런 것은 우리가 일상생활에서 사람들의 관심을 끌기 위해 에고가 사용하는 덫이다. 그런 것은 우리가 올라서기에 좋은 무대이지만, 주로 우리의 자기 이미지를 투사한 것이며 그 이미지에 우리가 애착을 느끼는 것들이다. 우리가 적절한 때에 적절한 방식으로 우리의 가짜 자기를 넘어설 수 있게 될 때는 우리가 마치 아무것도 잃은 것이 없는 것처럼 느끼게 된다. 실제로 그것은 자유와 해방처럼 느껴진다. 우리가 전체에 연결될 때, 우리는 더이상 애착을 느꼈던 부분을 보호하거나 방어할 필요가 없다. 우리는 이제 어떤 무진장한 것에 연결되어 있기 때문이다.」[42]

리처드 로어의 생각이 수긍이 가고 이해도 되지만 한편으로는 탁상공론같이 느껴지기도 합니다. 왜냐하면, 가짜 자기를 넘어서야만 올바른 하나님 사랑과 올바른 믿음의 길을 걸어갈 수 있다는 것을 머

---

42) 리처드 로어. 김준우 옮김, 〈불멸의 다이아몬드〉, 한국기독교연구소, 2015, p.56

리로는 압니다만, 현실에서 가짜 자기를 넘어서기에는 그것이 얼마나 아까운 일이고 얼마나 고통스러운 일인지 알기 때문입니다. 그것들은 나에게 있어 이미 확고한 우상입니다. 내 재산, 내 자녀, 내 생명, 내 체면. 사실 이 우상들을 부수기는 불가능하리만치 어렵다는 것을 이미 삶의 경험을 통해 누구나 충분히 알고 있지 않습니까.

다이아몬드를 채취하려면 수없이 많은 돌들을 깨내어서 버려야 하는 줄을 알지만, 그 돌들 또한 분명히 나의 일부이기에 깨질 때마다 당해야 하는 고통을 감당할 자신이 없습니다. 그래서 **리처드 로어**가 말하는 '적절한 때와 적절한 방법'은 나 같은 보통 사람들에게는 너무나 멀리 있다고 고백하지 않을 수 없습니다.

어쩌면, 그래서 신앙에 편법이 생기고, 교회 안에는 편리한 교리가 생긴다고 볼 수 있을 것 같습니다. 교리를 믿는 것은 쉬운 일이고, 입으로 '믿습니다!'를 되뇌는 것도 어렵지 않습니다. 하나님을 기복종교의 도구로 전락시켜서 교회가 부흥하는 것은 손쉬운 일이고, 적당히 성경을 인용해서 '오로지 믿음만으로 천당 간다'고 신자들을 유혹하기도 어렵지 않은 일이겠지요. 그들에게는 '자기를 버리는 일'이 의미 있는 것이 아니라 '자기를 채워 넣는 일'이 중요한 일이고, '십자가를 지고 따르는 것'이 아니라 '십자가를 짊어진 **예수**'를 따르는 일이 즐겁고 홀가분한 일일 것입니다.

하나님 나라는 이 땅과 아무 상관이 없는, 소위 구원받은 자들이 소유하는 저 하늘 위의 천국의 영화라고 그들은 강조합니다. 그렇지만, 손쉬운 믿음으로, 생활과 동떨어진 믿음으로, 무한하게 베푸시는 축복만을 바라는 복바라기로 키워나가는 목회자와 교회라면 **예수**

당시의 부패한 제사장이나 성전과 무엇이 다르겠습니까. 하나님의 심판을 앞세워 교인들을 위협하고 인간을 협박하는 교회에 이르러서는, 이천 년 전, 타락한 성전에서 휘둘렀던 **예수**의 분노의 채찍이 아쉬워집니다.

예수는 신과 싸웠던 사람의 아들이었다고 생각합니다. **예수**가 싸웠던 신은, 사람을 억누르고 짓밟은 비인간화의 이데올로기였던 예루살렘 성전종교의 하나님이었고, 그 성전 지배 권력을 정당화하는 데 이용된 하나님이었습니다. 어찌 보면 **예수**는 부패한 성전에 묶여 있던 하나님을 해방시키기 위하여 몸으로 싸우신 투사였습니다.

저는 해방된 하나님을 믿고, 그런 하나님의 무한하신 사랑을 믿습니다. 그러나 현실 속에서 자신을 부수는 일이 얼마나 힘든 일인지 압니다. 조금씩, 아주 조금씩 나 자신을 부수는 흉내, 나를 낮추는 시늉, 나를 조금 비워보는 어설픈 연습을 해 보지만, '이기적 자아'라는 너무나 확고한 우상이 가로막고 있다는 것을 압니다. 그리고 하나님을 사랑한다는 일이 '가짜 자기'라는 우상을 넘어 생활 속에서 실천되어야 한다는 것을 알기에, '적절한 때에, 적절한 방식으로' 가짜 자기를 넘어서는 일은 부끄럽게도 요원하다고 고백할 수밖에 없습니다.

우리는 하나님의 사랑 안에서 살지만, 우리가 하나님을 사랑하는 일은 마태복음 7장 13절에서 14절 말씀처럼 '좁은 문'으로 들어서는 길이라고 생각합니다.

『좁은 문으로 들어가거라. 멸망에 이르는 문은 크고 또 그 길이 넓어서 그리로 가는 사람이 많지만 생명에 이르는 문은 좁고 또 그 길이 험해서 그리로 찾아 드는 사람이 적다.』

하나님을 사랑하기 위해 걷는 그 길은 말씀처럼 몹시 험하고 거칠어서 자꾸 자신을 버려가며 걸어가야 하는 길입니다. 언젠가 모두 버리게 되면 무한한 자유와 해방의 기쁨을 하나님 안에서 누릴 수 있을 것이라는 믿음으로 걸어가야 할 길입니다. 그러나 여러 가지 유혹과 망설임으로 그 길에 들어서기도 어렵고, 들어섰다 한들 발걸음이 느립니다. 차라리 하나님 쪽에서 내게 다가와 주시기를 바라는 마음이 드는 것은 그 때문일지도 모르겠습니다.

이제, 똑같이 어렵지만 그래도 조금은 가능해 보이는 '이웃 사랑'에 대한 이야기를 하겠습니다.

이웃 사랑도 어디까지나 사랑이기에, 하나님 사랑처럼 자기를 나누는 일이고 자신을 낮추는 쉽지 않은 길입니다. 그러나 하나님을 바라보는 삶이라면, 죽음을 하나님이라고 볼 수 있는 삶이라면, 우리의 삶 속에서 헤아릴 길이 없는 신비를 인식하는 삶이라면, 비록 생활 속의 작은 실천을 통하여서라도 평안과 기쁨을 맛보는 것이 가능할 것 같습니다.

감히 원하기는, 오른손이 하는 일을 왼손이 모르게, 자랑이나 교만 없이, 타인의 시선을 의식하기보다 하나님 시선과 나 자신의 시선을 더 무겁게 여기는 그런 이웃 사랑의 실천자가 되고 싶습니다.

예수는 이웃을 선한 **사마리아** 사람의 비유로 말씀하셨지만, 이천 년 전 그때와는 비교할 수조차 없을 정도로 복잡해진 현대사회에서,

그것도 도시생활에서 이를 그대로 적용하는 것은 무리가 있을 수밖에 없습니다. 성경에 근거해서 관념적으로 보면, 이웃은 가난하고 병들고 고통 받고 억압받는 사람들이지만, 이들 모두에게 우리의 손길이 미치는 것은 사실상 불가능하기 때문입니다. 무엇보다 이천 년 전에 비해 지구마을은 공간적으로 가까워졌고, 도시화되었고, 국가별로 계층별로 빈부의 차이가 극심해졌기 때문입니다.

제인 제이콥스의 말을 인용합니다.

「대도시에서는 집 문을 열어둘 수 없다. 누구도 그것을 원하지 않는다. 도시는 누구의 관점으로 보아도, 어느 정도 접촉으로 유용하거나 즐겁게 대할 수 있는 사람들로 가득 차 있다. 그러나 당신은 그들을 가까이 두고 싶어 하지 않는다. 그들도 마찬가지로 당신을 가까이 두고 싶어 하지 않는다.」[43]

제이콥스의 이 말은, 예를 들면 대형마트 계산원과 소비자, 또는 자동차 수리공과 소비자와의 관계가 비인격적이라 해서 생명력이 없다거나 냉담한 것은 아니라는 말입니다. 사실 도시에 사는 우리는 우리의 공간적 이웃들과 비인격적 관계에 있는 경우가 많은데, 이를 자연스럽게 받아들여야 한다는 뜻이기도 합니다. 다행히(?) 저도 제 옆집에 누가 사는지 모릅니다.

---

43) 제인 제이콥스, 유강은 옮김, 〈미국 대도시의 죽음과 삶〉, 그린비, 2010.

그렇다면 우리의 이웃은 누구입니까. 저는 이웃을 을(乙)이라고 생각합니다. 우리들 사회생활은, 좋건 싫건 타자와의 관계 속에서 이어집니다. 사회적, 경제적, 인간적 관계가 대등한 경우도 많겠지만 강자와 약자, 고용주와 근로자, 있는 자와 없는 자, 발주자와 하청자 등 수많은 갑과 을의 관계 속에서 우리는 살고 있습니다. 사람은 경우에 따라 갑도 되고 을도 되는데, 예를 들면, 회사원이 고용주와의 관계에선 을이지만, 그가 대리운전 기사를 불렀을 때, 그는 갑이 됩니다. 모든 대리운전 기사가 그의 이웃은 아니지만, 그가 불러 계약 관계가 이루어지면 대리기사는 을이 되고, 아무런 인격적 관계가 없다 해도 갑의 이웃으로 볼 수 있습니다.

제가 아는 사람을 예로 들어 봅니다. 이분은 의류(衣類)를 하청 받아 운영하는 봉제공장의 사장님입니다. 중국 저가(低價) 봉제품 때문에 공장이 적자라 합니다. 적자인 공장을 왜 계속 운영하느냐고 물었더니, 운영 안 하면 건물 유지비에 임차료 부담으로 더 큰 적자이니 당분간 안 할 수도 없답니다. 건물 임차계약이 끝나면 폐업할 예정이라 합니다. 유명 메이커의 하청으로 옷을 만드는 공장인데 갑이 후려치는 가격을 수용할 수밖에 없는 을입니다. 을의 하소연에 갑이 조금만 귀 기울인다면, 갑이 자신의 이익을 조금 낮춰 을에게 최소한의 생존환경을 만들어 준다면 '갑과 을'이 서로 상생하는 좋은 관계로 이어질 수 있겠지만, 그렇지 못한 현실이 안타까웠습니다.

대부분의 교회에서도 이웃 사랑을 강조합니다. 실제로 이웃을 위해 헌신하는 교회나 신자 분들도 또한 많습니다. 그러나 그렇지 않은 교회나 신자들의 이웃 사랑은 '불쌍한 사람들을 위해 다함께 기도

곰과 동정녀

합시다.', 또는 '병든 이웃을 위해 기도합니다. 하나님께서 도와주소서.' 하는 수준에서 멈추는 것 같습니다.

그들은 마땅히 자기가 해야 할 일을 하나님께 미루어 놓고는, 현실에서는 정작 아파트 부녀회에 나가 경비원 급여 삭감을 주장하고, 청소원 숫자를 줄이자고 제안합니다. 회사에 나가서는 하청업체 단가를 후려치지 않습니까.

최근의 가슴 아픈 사례입니다.

2019년 8월 9일, 서울대 공대에서 60대 청소 노동자 한 분이 휴게실에서 숨을 거두었습니다. 10층으로 된 서울공대 건물은 나무랄 데 없는 건축물이었습니다. 공간도 넉넉했습니다. 그러나 청소 노동자들에게 할당된 휴게실은 계단 아래, 청소도구 창고를 개조해 만든 1평짜리 자투리 공간뿐이었습니다. 한낮 기온이 35도가 넘는 폭염경보의 날씨에, 창문도 없고 에어컨도 없는 공간에서, 학생들의 왕래로 인해 출입문조차 열어놓을 수 없는 찜통 공간 속에서, '휴식'을 취할 수 있는 사람은 아무도 없을 것입니다. 어쩌면 '지옥'이 바로 그런 곳 아니었을까요. 청소 노동자들은 당초 '사람'이 아닌 '청소 도구'였습니다. 아무도 사람대접을 해 주지 않았으니까요. 세 명이 사용하는 휴게실의 위치를 옮겨 달라고 하소연했지만 아무도 그들의 말에 귀 기울이지 않았습니다. 심지어는 곰팡이 냄새 때문에 환풍기라도 하나 달아달라고 간청해도 막무가내였답니다.

이들의 '갑'은 누구였을까요. 직접, 간접으로 관련된 여러 명의 '갑'들이 있었을 것입니다. 그 중에는 기독교인이나 불교인 같은 신앙인들도 있었으리라 생각합니다. 아니, 신앙인이 아니라 해도 그런 공간을 휴게실로 제공한 사람이라면, 죄책감과 부끄러움에 고개를 들수 없어야 하지 않을까요. 국립 서울대학교의 수많은 교직원과 학생들은 '몰랐다'라는 말로 현명하게 스스로를 면책하겠지만, 몰랐다는 사실 하나만으로도 조금은 책임감과 부끄러움을 느껴야 하는 것이 아닐까요. 아니, 서울대 사람들뿐만 아니라 오늘을 사는 우리 사회의 구성원 모두가 스스로를 돌아보는 계기로 삼아야 할 일이라고 생각합니다. 상대방이 누구이든, 무엇을 하는 사람이든, 사람을 사람대접 하지 않는 사람이나 사회는, 자신이 인정하든 안 하든 인간이기를 포기한 사람이고 그런 사람들의 사회는 비정하고 야비한 야만 사회일 수밖에 없을 것입니다.

소위 기독교인이라면서도 무참하게 을을 무시하고 핍박하는 경우를 우리 주위에서 가끔 봅니다. 우리가 을일 때, 갑의 호의를 바라듯, 우리가 갑일 때 을을 배려하고 보듬는 일, 그들의 형편을 눈여겨살피는 일이 생활 속의 이웃 사랑일 것입니다. 그들을 위한 기도가이웃 사랑이 아니라 삶의 현장에서 실제로 구현되어야 할 일이 이웃사랑이리라 생각합니다.

물론, 이웃 사랑의 대상이 반드시 을이어야 한다고 말하는 것은 아닙니다. 인간적 관계나 이성적 판단, 유사한 성격과 같은 취미, 어떤인연 등으로 맺어지는 이웃이 더 많겠지만, 우리가 일상에서 간과하기 쉬운 이웃이 을이라고 생각합니다. 을에 대한 사람대접과 연민의심성이 이웃 사랑으로 가는 첫 걸음일 것입니다.

이웃 사랑이 행하는 믿음이며, 하나님 나라를 이 땅에 이루는 일임을 잘 알지만, 타인에 대하여 버릇처럼 굳어버린 무관심을 극복하고 본능 같은 이기심을 내려놓아야 하기 때문에 쉬운 일일 수 없습니다.

알고도 손해를 자초하는 어리석음이 이웃 사랑일 수 있기 때문입니다. 그러나 어리석음으로 충만함을 경험하고 느끼는 것이 하나님의 은혜 아닐까요.

이웃 사랑에 관련해서 **이생진** 시인의 시 한 편을 인용합니다.

벌레 먹은 나뭇잎

나뭇잎이
벌레 먹어서 예쁘다
귀족의 손처럼 상처 하나 없이 매끈한 것은
어쩐지 베풀 줄 모르는 손 같아서 밉다
떡갈나무 잎에 구멍이 뚫려서
그 구멍으로 하늘이 보이는 것은 예쁘다
상처가 나서 예쁘다는 것이 잘못인 줄 안다
그러나 남을 먹여가며 살았다는 흔적은
별처럼 아름답다.

6. 사랑

누구나 그렇겠지만, 어떤 사람을 향해 '존경한다.'라고 고백하는 것은 이미 고인이 되어버린 사람에게라면 몰라도, 살아있는 사람을 향해 말하기에는 무척 조심스럽습니다. 모든 사람에게는 나름대로의 양면성이 있고 다양성도 있어서, 그 인격과 삶의 모습에 따라 선함과 악함, 아름다움과 추함이 어느 정도는 함께 있기 마련이니까요. 원로 철학자 김형석 교수께서 "흑과 백은 없다. 회색이 있을 뿐이다. 다만 얼마나 어둡고 밝으냐의 차이만 있을 뿐이다."라고 한 말씀도 기억납니다.

그러나 그럼에도 불구하고 기어이(?) 제가 존경할 수밖에 없는, 놀라움의 시선으로 바라볼 수밖에 없는 한 사람이 있는데, 바로 제 친구의 부인입니다. 영혼 없는 인생을 9년째 살고 있는 제 친구와 그의 부인 이야기입니다.

이 친구는 제게 아주 오래된 친구입니다. 이 친구는 고등학교 때 제법 공부를 했습니다만, 대학입시에서 번번이 떨어졌습니다. 이 친구는 오로지 고대 법대만 가겠다고 했고, 친구 정도의 실력이면 될 듯도 싶었지만, 삼 년을 내리 낙방하고 군대를 갈 수밖에 없었습니다. 제대 후, 서울시 공무원이 되었고, 대략 10여 년 넘게 공무원 생활을 하며 결혼도 하고 딸도 하나 두었습니다.

공무원 생활을 하던 중 서울시 업무감사에서 비리가 적발되어 징계받게 되자, 자의 반 타의 반으로 사표를 던질 수밖에 없게 되었습니다. 친구는, 그 자리에 있으면 누구나 그렇게 처리하던 일인데 재수가 없어 걸렸다고 투덜거렸지만, 그렇다고 해서 특별히 안타까워할 일은 아닌 듯했습니다. 그는 공무원 생활을 접고, 중고 자동차 판매원, 현대자동차 판매원, 상조회사 모집인, 보험 모집인 등 여러 가지를 해 보았지만, 생활은 점점 더 곤궁해져 갔습니다.

친구의 부인도 이런 일 저런 일을 하며 생활에 보탬이 되고자 백방으로 뛰었지만, 늙으신 부모를 직접 모시는 일이며, 딸 아이의 고등학교 등록금, 이어진 대학 등록금을 마련하느라 몹시 힘들어 했습니다. 친구는 또 다른 부업으로 인터넷 옥션을 통해 이것저것 팔아도 보았지만, 용돈 정도밖에 수입이 없었습니다.

그런데, 당시에 저는 이 친구의 어려움을 잘 알지 못했습니다. 언제나 깨끗하게 단정한 옷을 입고, 가끔씩 저녁 값, 소주 값도 자청해서 냈기 때문입니다. 그러다가 정말 어렵구나 하고 느끼게 된 계기가 바로 이 친구의 택시 운전이었습니다. 직업에 귀천이 없다지만, 수입의 다과는 구분이 될 수 있는 것이겠지요. 친구가 택시 운전을 시작하고 한 열흘쯤 지나 저녁을 함께 했습니다.

어려움이 많겠다는 말에, 친구는 얼굴이 환해지며, 전혀 어려움이 없다 했습니다. 택시 승객들이 대체로 친절해서, "택시 운전한 지 며칠 되지 않아 길을 잘 모릅니다."라고 말하면, 대부분의 손님들은 적극적으로, 자세하게 길을 가르쳐 주며 오히려 많이 격려해 주더라고 말하며 웃었습니다.

이 친구에게 사고가 닥친 건 택시운전을 시작한 지 대략 석 달쯤 지나서였습니다. 새벽 네 시에 차고지에서 차량을 인수받아 끌고 나와서, 어두운 새벽길에 차를 잠시 세워놓고 길 건너 주유소의 화장실을 이용하러 길을 건너는 순간, 젊은 남녀가 탄 오토바이가 급하게 골목길을 꺾어 이 친구에게 달려든 것입니다. 친구는 오토바이에 부딪쳐 멀리 튀어 나갔고, 두개골 함몰과 여러 군데 골절상을 입었습니다. 병원에서는 '살아날 가능성이 거의 없다. 다행히 살아난다 하더라도 식물인간이 될 것 같다.'고 말했습니다.

지금 이 친구는 9년 넘게 식물인간입니다. 아니, 이 친구의 경우는 식물인간이라 할 수도 없을 것 같습니다. 환자생활 2-3년차까지는 휠체어에 태워서 병원을 나서면 누구도 환자로 볼 수 없을 만큼 신체 건강해 보이고, 의젓하고 얼굴색도 좋았습니다. 그러나 여러 군데 함몰되었던 뇌 때문에 형태만 사람일 뿐입니다. 아무것도 기억 못하고, 누구도 알아보지 못하고, 아무 말도, 아무 생각도 할 줄 모릅니다. 자율신경이 일부 살아 있어서 음식을 씹을 줄은 압니다. 소화도 시킵니다. 그러나 그 밖에 할 줄 아는 것은 아무것도 없습니다. 대소변은 물론이고, 씻기고, 감기고, 양치질시키고, 면도해줘야 하고,

곰과 동정녀

손발톱도 깎아줘야 했습니다.

병원비는 산재보험으로 처리하고 있지만, 간병인 비용은 절반밖에 지원받지 못하고 있었습니다. 우리나라 의료제도는 좀 이상해서, 움직일 수만 있다면 간병인 비용을 절반만 인정해 준답니다. 아무리 뇌기능이 거의 정지돼서 걸을 수 없다 말해도, 팔다리가 멀쩡하니 전액 지원은 안 된다고 판정합니다. 친구 딸아이가 직장생활하며 생활비를 보태기는 하지만, 생활이 더욱 곤궁해져 가는 상황이 무척 안타깝습니다.

제가 이 친구의 이야기를 장황하게 늘어놓는 이유는 서두에 말씀드린 그의 부인을 이야기하기 위해서입니다.

그 부인은 치매 걸린 시아버지와, 밥도 제대로 못 끓이고 간신히 밥상 정도만 차릴 수 있는 늙은 시어머니를 모시고 있으면서, 매일 병원에서 남편을 보살핍니다. 밤에는 간병인에게 남편을 맡기고 집에 들어가 시부모 밥상을 차리고 심야에 집안 청소나 빨래를 합니다. 친구가 교통사고를 당한 지 3년쯤 지나 중증치매를 앓고 계시던 시아버지는 돌아가셨습니다. 그렇지만 벌써 9년 넘게 이어지는 이런 생활이 몹시 피곤할 테고, 아무 희망 없는 생활이라고 짐작되는데도 본인은 전혀 그렇게 생각하지 않습니다. 진심으로 남편이 살아있음에 감사하며 삽니다.

"그때 차라리 가는 게 더 좋았을지도 모르겠다." 말하면, 정색을 하며 "무슨 말씀을 그렇게 하세요?" 합니다. 9년이나 지난 지금도 그럽니다. 이제는 요양원 같은 시설에 맡겨야 하지 않겠느냐고 말하면, 지금, 살아있는 남편 얼굴을 볼 수 있고, 따뜻한 몸을 만질 수도 있는데, 이것만 해도 감사한 일인데 무슨 말이냐고 얼굴색을 바꿉니다. 오죽하면 간병인조차도 "이렇게 금슬 좋은 부부는 처음이네요, 다치기 전에 남편이 무척 잘했나 보다."라고 말하며 웃습니다.

가끔 문병을 가는 제게, 친구 부인은 속내를 털어 놓을 때도 있습니다. 공무원 생활 이후에 생활비 한번 변변하게 들여놓지 못한 남편이지만, 그걸로 다툰 적은 없다 했습니다. 오히려 궁하면 궁할수록 남편이 초라해질까봐 주제넘게 좋은 옷, 깨끗한 옷을 준비했었고, 용돈도 떨어뜨리지 않았다고 조용히 말합니다. 자기 옷이나 딸아이 옷은 욕심낸 적 없어도 남편 옷만은 욕심 부리며 살았었다고 독백처럼 말합니다. 저는 이 친구 부인을 보면 가슴이 먹먹해집니다.

그렇게 힘든 생활임에도, 짜증이나 피곤함이 없이 담담히 삽니다. 힘들어서 어쩌냐고 위로라도 할라 치면, "이게 내게 주어진 생활인데요, 뭐 괜찮아요."라고 말하며 힘없이 웃습니다. 저에겐 그 웃음이 뭐라 표현할 수 없을 만큼 아름다워 보입니다. 성스러운 아름다움이라 말해도 지나치지 않을 것 같습니다.

그 암담하고 희망 없는 깜깜한 생활 속에서도 환하게 살아가는 모습이, 정말 인간이 아닌 것 같습니다. 그래서 존경하지 않을 수가 없습니다.

다음은 이 친구 딸 이야기입니다. 친구가 사고를 당했을 때, 딸은 20대 후반의 회사원이었습니다. 꽃다운 나이였습니다. 아빠가 뇌수술과 팔 다리 수술을 하고 병상에 누워 의식이 없을 때, 이 딸은 집으로 가지 않고 퇴근 후 곧장 병실로 왔습니다. 늦은 밤, 엄마가 집으로 돌아가라고 아무리 달래고 애원해도 아빠 옆에 누워 함께 잤습니다. 아빠를 보내면 함께 잘 수도 없을 테니 당분간이라도 함께 자야겠다며 비좁은 병상에서 함께 쪽잠을 잤습니다. 몇 달이 지나서야 엄마와 교대하며 아빠 옆을 지켰지만, 저는 세상에 어떤 딸이 저렇게 지극할까 싶었습니다. 9년이 지난 지금도 엄마를 거들어 아빠를 목욕시키고 머리 감기며 손톱 발톱을 깎아줍니다.

친구 딸은 결혼을 약속한 사람이 있었지만, 친구의 사고로 인해 결혼은 성사되지 못했습니다. 결혼 상대방이, 예비 신부가 치매에 걸린 할아버지와 거동이 불편한 늙은 할머니와 함께 산다는 것을 알고, 그리고 장인이 되실 양반이 기약 없는 식물인간인 것을 알고는 결혼을 포기했기 때문입니다. 사돈을 맺기에는 최악의 조건이었겠지요. 어쩌면 가장 민감하고 예민할 나이에 당하는 파혼은, 딸에게 생각보다 깊은 상처를 주었을 것입니다. 그러나 그 딸은 오히려 엄마를 위로합니다. 그런 결혼을 하지 않아 다행이었다고. 그 딸은 지금도 퇴근하면 제일 먼저 의식 없는 아빠에게 인사합니다.

아무 의식도 없는 삶은 영혼 없는 인생이 아닐까요. 어쩌다 이 친구를 찾아갈 때면 자꾸 하나님 생각이 납니다. 영혼이 없는 친구, 은총과 관계없는 삶, 모든 신앙적 수사가 쓸모없어진 목숨이기 때문입니다.

칼 바르트는 「신의 은총으로 인하여 인간은 아무것도 아닌 것이 아니다. 인간은 신의 인간이다. 인간은 신의 동반자로 회복됨으로써 단번에 자유로워진 주체로서 인정받는다.」라고 거창하게 말했지만, 이 친구의 경우는 신의 은총도 없고, 또 신의 동반자에서 완전히 탈락한 생명 아닙니까.

우리가 하나님이니 성령이니 영혼이니 혼백이니 또는 사랑이니 평화니 말하는 모든 것들이, 뇌 기능의 정지와 함께 흔적도 없이 사라지는 것을 이 친구를 통해 느낍니다. 우리의 피 속에, 심장 속에 아무것도 없구나. 하나님이 존재한다면 사람의 두뇌 속에 있을 뿐, 생각하는 능력이 사라지면 하나님도 함께 사라지는구나 하는 어린아이 같은 생각을 하게 됩니다. 좀 지나친 표현일지 몰라도 이 친구에게 하나님은 없습니다.

하나님뿐이겠습니까. 있는 것이라고는 아무것도 없는 생명, 그 생명도 과연 귀한 것인가 의문이 듭니다. 문병하고 돌아올 때마다 생명은 무엇이고, 하나님은 무엇인가 멍하니 생각하게 됩니다. 그리고 친구 부인의 남편에 대한 지극한 사랑과 그녀의 삶을 생각하게 됩니다.

이제 이 친구는 치아가 몹시 상했습니다. 아무리 옆에서 칫솔질을 정성스레 해 주어도 본인이 하는 것과는 많이 다른 것 같습니다. 치아가 거의 없다 보니 음식을 씹을 수 없고, 죽이나 미음만 삼키다 보니 체중이 점점 줄어갑니다. 머지않아 세상을 뜨겠지요.44 친구가 가는 것도 안타깝지만, 그때, 친구 부인이 감당해야 할 상심과 슬픔을 어찌해야 좋을지 그것이 더 걱정되고 안타깝습니다.

---

44) 이 친구는 십 년 정도 투병했고, 2018년 5월 30일 세상을 떠났습니다.

곰과 동정녀

7. 곰과 동정녀

원로가수 중에 **최희준**이라는 분이 있었습니다.[45] '하숙생', '맨발의 청춘', '길 잃은 철새' 등 수많은 히트곡을 가지고 있지만, 그 중에 '나는 곰이다'라는 제목의 호쾌한 노래가 있습니다.

가사를 조금 소개하자면,

「미련하다 못났다 놀려도 좋다. 재주는 없다마는 할 짓은 다한다.
(중략) 산만 보고 올라가는 나는 곰이다.」

아주 어린 아기에게 "나는 곰이다!"라고 소리 지르면 그 아이는 정말 상대방이 곰인 줄 알고 울어버릴지도 모르겠습니다. 그러나 서너

---

45) 2018년 8월 24일, 82세를 일기로 타계했습니다.

살 정도의 어린이만 되어도 '나는 곰이다'라는 말이 비유라는 것을 알게 마련입니다. 이러한 비유는 특별히 배웠기 때문이 아니라, 이미 우리의 언어생활에 일상화되어 있기 때문일 것입니다. 아무리 어리석은 사람이라 해도 누가 '나는 곰이다!' 할 때, 그를 정말 동물 중의 하나인 곰이라고, 문자 그대로 곰이라고 생각할 사람은 아무도 없을 것입니다.

그러나 이렇게 보편적이고 일상적인 표현이 교회나 기독교 신앙에서는 그렇게 받아들여지지 않는 것 같습니다. 성서에서도 여러 가지 비유가 나옵니다만, 비유라고 이름 붙인 것만 비유이고, 그렇지 않은 것은 문자 그대로 진실이라고 믿는 사람들을 주위에서 가끔 보게 됩니다. 일부 종교인들은 경전의 문자를, 문자 그대로 해석하고 쓰여 있는 대로 믿으라고, 믿는 것이 신앙이라며 우기기도 합니다.

석가모니가 마라 부인의 옆구리에서 탄생했다는 설화가 불교에서도 있고, 공자도 태어나면서부터 치아가 있었다는 이야기가 있습니다만, 그 말을 고지식하게 받아들이는 스님이나 유학자들은 별로 없는 듯합니다. 하지만, 기독교에서는 유독 문자를 강조합니다. 예를 들면, 동정녀라고 기록되어 있는 **마리아의** 처녀성을 의심한다면 곧바로 이상한 사람이 되거나 엉터리 신앙을 가진 별종의 사람으로 취급받지 않겠습니까.

교회에 다니며 신앙생활을 하고 있는 사람이라면, 이성이나 지성이나 과학적 지식을 때로는 무시하고 희생시켜야 올바른 믿음이 자랄 수 있다는 말을 목회자나 주변인들에게서 자주 듣게 됩니다. 일부 교회와 목회자들이 주장하는 이런 강변을 수용하고 인내하며 침묵할 수 있어야만 '신앙이 좋다'라는 주위의 평가를 받게 될 것입니다. 그러나 이러한 믿음은 참으로 초라한 신앙이고 무너지기 쉬운 신앙입니다.

정진홍은 그러한 신앙을 아래와 같이 경계합니다.

「만약 충분히 이성적인 판단을 유지하면서 신앙을 가지게 되면 그 신앙은 인성형성에 긍정적인 역할을 할 것이지만, 그렇지 않고 지성은 신앙의 걸림돌이라는 태도로 신앙생활을 하게 되면 그 신앙은 사람으로 하여금 '편리한 환상'만 좇게 함으로써 사람의 인성을 성숙하게 하지 못합니다.

그러므로 종교가 총체적인 삶 속에서 균형 있게 수용되지 않으면, 그것은 오히려 득보다 실이 많을 수 있습니다.」[46]

모든 언어와 문자는 분명 한계가 있습니다. 언어나 문자로 모든 것을 설명할 수 있다고 생각하기 쉬우나, 실은 언어로 설명 불가능한 일이 우리 주위에 얼마나 많은지 모릅니다. 오히려 대부분의 경우, 언어와 문자의 한계로 인하여 어떤 현상이라든지 물질 자체의 성질이나 특징, 형상 등이 왜곡되거나 지나치게 축소되는 경우가 대부분입니다. 모든 언어에서 주어(主語)를 완벽하게 서술할 수 있는 술어는 있을 수 없기 때문입니다. 어떤 주어에 대해 제 아무리 훌륭하고 완

---

46) 정진홍, 〈경험과 기억〉, 도서출판 당대, 2003, p.34

벽한 설명이고 상세한 서술이라 해도 주어가 가진 모든 의미를 밝힐 수 있는 언어는 존재할 수 없다고 생각합니다. 술어에 의해 의미가 제한되고 축소되는 것이 언어의 한계일 것입니다.

우리 주위에 가장 흔한 '물'을 예로 들어 보면 쉽게 이해될 것 같습니다.

누군가가 '물은 흐른다.'라고 정의한다면 틀린 말은 아니지만 물의 수많은 특성은 무시되고 있음을 쉽게 알 수 있습니다. 그렇다고 물은 자원이다, 물은 생명의 근원이다, 물은 H_2O다, 물은 기화한다, 물은 빛을 반사한다, 등으로 일일이 열거할 수도 없고, 열거한들 물이 가지고 있는 수많은 특성을 모두 드러낼 수는 없습니다. 물이 가지고 있는 특성과 의미를 아무리 나열해도 완벽할 수 없을 뿐더러 우리 인간이 모르고 있는 특성 또한 무한대일 것이기 때문입니다.

보통명사인 물이 이럴진대, 추상명사의 경우는 어떠하겠습니까. 더더구나 진리나 하나님을 어떻게 문자로 표현할 수 있겠습니까.

또한 언어는 표현의 한계뿐만 아니라 효용의 한계도 분명합니다. 예를 들어, 깊은 슬픔에 빠진 사람에게 어떤 말을 해도, 아무리 진심으로 위로의 말을 전한다 해도, 그 사람이 위로의 말 몇 마디로 슬픔에서 빠져나오기를 기대하기는 어려울 것이기 때문입니다. 슬픔에 빠진 사람 또한 어떤 말로도 자신의 슬픔을 표현할 수 없을 테고, 그나마 표현한다면 비유(로)밖에 달리 방법이 없을 것입니다.

앞에서 말한 '나는 곰이다'라는 비유를 살피면, 여기에서 '나'는 곰으로 설명되고 있지만, 수많은 또 다른 나의 특성이나 개성은 설명하지 못하고 있습니다. 앞서 예를 든 물의 경우처럼 아무리 '나'를 설명

곰과 동정녀

하려 해도, 설명하지 못한 부분이 더 많을 수밖에 없기 때문입니다. 이렇게 사람이나 사물이나 현상을 언어로 설명한다는 것 자체가 어쩌면 설명 대상의 한 단면을, 또는 잘해야 몇 가지 단면을 그릴 수밖에 없는 것이 언어의 한계일 것입니다.

그 밖에도 언어나 관념은 시대나 장소에 따라, 그리고 상황이나 말하는 사람의 입장에 따라, 전혀 다른 의미로 해석되는 경우가 흔합니다. 예를 들면, **예수**의 평화와 당시 로마제국이 말하는 평화는 전혀 다른 의미로 사용되고 있었고, 현재, 북한에서 말하는 동무와 우리가 사용하는 동무는 상당한 거리가 있지 않습니까.

그나마 이러한 한계를 극복하려는 언어가 비유일 수 있습니다. '나는 곰이다'처럼 나의 개성을 곰의 상징적 특성을 통해 부분적으로나마 설명할 수 있고, 사람에 따라 다양한 시선이나 의미로 곰을 해석할 수 있기 때문입니다. 물론 '나는 곰이다' 노래 가사는 친절하게 그 의미를 설명해 놓고 있습니다.

동정녀 이야기는 어떨까요. 일부 기독교 신자들에게 동정녀는 양보할 수 없는 교리이고 진실이겠지만, 조금만 이성적으로 생각해 보아도 동정녀는 곰과 마찬가지로 상징적, 신화적, 비유적 표현입니다. 오히려 상징이기에 다양한 의미와 해석이 가능해집니다. 문자가 지니고 있는 표면적인 의미 그대로 받아들이는 것은 한글만 알면 되는, 매우 초보적이고 쉬운 길입니다. 많은 사람들이 쉽기 때문에 이 길을 선호하는 게 아닐까 싶기도 합니다. 그러나 문자 너머에 있는 상징이나 의미를 찾는 일은 상당한 노력과 묵상이 필요하지만, 하지 않으면 안 될 일이라고 생각합니다. 광산에서 광물을 캐내는 노력보다 더 어렵고 힘든 일일지라도 의미를 찾아내는 일을 소홀히 할 수는 없지 않겠습니까. 어떤 의미에서 성서는 광산이고 거기에서 보석을 캐내는 것은 우리들의 의무 아닐까 싶습니다.

우선 '동정녀'의 다양한 상징이나 의미를 살펴보기 위해 시대적 상황, 역사적 배경 등을 살펴보겠습니다.

현직 성공회 신부인 **박태식**은,

「예수 탄생 당시 지중해 세계에는 위대한 인물은 아버지의 힘을 빌리지 않고 태어난다는 민간 신앙이 있었다. 대표적인 예가 로마 황제 **아우구스투스**의 동정녀 탄생 설화이다. 그러니 만일 **예수**가 한국에서 태어났다면 **박혁거세**나 **김알지**처럼 알에서 나왔다고 했을지도 모를 일이다.」[47]

라고 말하며 '동정녀 탄생'을 **예수**의 위대성을 상징하는 것이라고 시대적 상황과 함께 설명합니다. 한마디로 말해, 구약의 동정녀나 로마의 동정녀, 그리고 **마리아** 동정녀는 모두 '위인은 특별하다'는 이야기를 하고 싶은 인간의 속성이 표현된 것이라고 요약할 수 있다는 뜻입니다.

또 다른 '동정녀'의 해석입니다.

---

47) 박태식, '넘치는 매력의 사나이 예수', 들녘, 2013, p.28

곰과 동정녀

「문자에 집착하는 사람들 중에는 '동정녀'에 관하여는 양보할 수 없는 진실이라고 주장하는 사람들이 많다. '동정녀'는 구약성서에서도 자주 등장한다. 여기에서 수태치 못하는 여인들이 수태하여 구원 역사의 중요한 인물들을 출생시켰다는 말은, 구원이 인간의 생산력에서 오는 것이 아니라 하나님의 특별한 배려로 주어진다는 것을 의미한다.」[48]

한마디로, '동정녀'의 의미를 '예수로 말미암아 우리에게 주어진 구원은 인간이 아니라 하나님을 기원(起源)으로 한다는 뜻'이라고 정리하고 있습니다. 이어서,

「마리아가 처녀라는 말은 독신으로 사는 것이 좋다는 뜻도 아니고, 처녀가 하나님 눈에 더 깨끗하다는 의미도 아니다. 거듭 강조하지만, 하나님의 구원은 인간 생산력의 결과가 아니라 인간이 불가능한 곳에 하나님은 은혜를 베푸시고, 새롭게 창조하시며, 현존하신다는 믿음이 만들어낸 이야기다.」[49]

라고 내면의 의미를 강조합니다.

역사적 기원을 보면, 마태복음과 누가복음에 나오는 동정녀 이야기는 이사야 7장 14절에서 비롯된다고 학자들은 말합니다.

---

[48] 서공석, 〈예수-하느님-교회〉, 분도출판사, 2003, p.40
[49] 위의 책.

『처녀가 잉태하여 아들을 낳고 그 이름을 임마누엘이라 하리라』

동정녀 이야기의 바탕이 된 말씀인데, 당시 '70인역 성서'에서 처녀(동정녀)로 번역된 그리스어는 '파르테노스(Parthenos)'이며 실제로 처녀라는 의미도 포함되어 있는 단어라고 합니다. 그러나 이렇게 번역되기 이전인 이사야서의 히브리어 본문을 보면 '알마(Almah)'로 되어 있었고, 이 단어는 동정녀가 아닌 단순히 '젊은 여인'을 뜻하는 말이었다고 합니다. 다시 말해서 이사야서 7장 14절은 '젊은 여자가 잉태하여 아들을 낳고 그 이름을 임마누엘이라 하리라'가 정상적인 번역이었다는 말입니다. 만일 이사야서의 저자가 처녀를 뜻하는 히브리어를 사용하고자 했다면, 그는 당연히 '베툴라(Betulah)'라는 단어를 사용했을 것이라고 존 쉘비 스퐁은 그의 책 〈그리스도교 신앙의 뿌리와 날개〉에서 밝히고 있습니다.

그리고, 알프레드 에더스하임은 그의 책에서 젊은 여자를 뜻하는 '알마'에 대하여 아래와 같이 자세하게 설명합니다.

「유대인들은 히브리어에서 아이들의 성장에 따라 삶을 여러 단계로 구분한다. 삶의 새로운 시기를 묘사하는 용어는 '벤(아들)'과 '바트(딸)'라는 일반적인 단어 외에도 최소한 아홉 가지를 볼 수 있다.

갓 태어난 아기는 '옐레드(여성형은 '얄다')', 젖먹이는 '요네크', 그 이후는 '올렐'이라는 단어를 사용한다. 이어서 네 번째 표현은 '가물'인데, 이는 일차적으로 '완료하다'의 의미이다. 다섯 번째 표현은 '타프'이고 여섯 번째 표현이 '엘렘'이다. 여성형은 '알마'로서, 이사야서 7장 14절에서 '처녀'로 번역된 단어가 '알마'인데, 튼튼하고 건강하게 자라났음을 뜻한다. 그 이후 표현으로는 '나아르', 이어서 '바후르'가 있다.」[50]

결국 '처녀'로 번역된 '알마'의 정확한 뜻은 우리말로 '젊은 여자'나 '젊은 소녀' 정도가 될 것입니다. 튼튼하고 건강하게 자라난 여성을 '알마'라 불렀다는 서술이, 너무 어린 여자아이를 뜻하는 것으로 오해하기 쉽지만 당시의 유대풍습을 이해하면 수긍이 가는 표현입니다.

「유대인에게 소녀와 여성을 구분하는 나이는 12세다. 그래서 통상 12세쯤 정혼을 하고 1년간 정혼상태에서 집에 머물다가 시집으로 들어가는 게 관례였다.」[51]

사실 인간에게는 앞서서 한번 짚었듯, 자신의 뜻을 감격적으로 전하기 위해, 그리고 이야기하는 화자의 권위를 위해, 결과적으로 본말을 전도시키는, 치기에 가까운 서사본능이나 과장이 있을 수 있습니다. 동정녀 이야기를 전하는 사람들도 그랬을 수 있다고 생각합니다. 그러나 이러한 이야기는 자칫 동정녀에게서 태어나지 않은 사람은 예수처럼 살아볼 엄두도 내지 말라는 엉뚱한 의미로 변질될 수도 있을 것이고, 예수를 너무 치켜세워, 우리 평범한 인간과는 전혀 다

50) 알프레드 에더스하임, 김기철 옮김, 〈유대인 스케치〉, 도서출판 복있는 사람, 2016, p.123
51) 박태식, '넘치는 매력의 사나이 예수', 들녘, 2013, p.28

른 사람으로 만들어버리는 어리석음을 범할 수도 있습니다.

다시 곰 이야기로 돌아가겠습니다.

'나는 곰이다'를 문자적 진리로 받아들인 사람 중에서 이를 연구한 답시고 '그래, 그는 곰일 수밖에 없지. 우리는 오천 년 전 웅녀의 후손이므로 곰의 피가 흘렀을 것이고, 곰이라고 말한들 크게 틀릴 것은 없다. 참으로 혈통에 대한 탁월한 표현이다.'라고 학술적(?)으로 주장하며 곰과 사람과의 유사성을 찾는 데 시간과 능력을 사용한다면, 아마 많은 사람들의 웃음거리가 될 것입니다.

그러면서도 성경의 경우, 그 중에서도 동정녀의 경우, 이를 문자적 사실로 받아들여 다양한 연구를 진행하는 신학자가 있다면 아무도 그를 향해 웃지 않을 것 같습니다. 오히려 엄숙하게 고개를 끄덕이며 존중하지 않을까요. 마치 벌거벗은 임금님의 우화 속 군중들같이 말입니다.

동정녀 이야기는 아래의 인용문으로 일단 마무리 짓겠습니다.

「많은 사람들이 예수가 처녀의 몸에서 태어났다는 것을 사실적 진리로 받아들이기 어려워한다. 당연하다. 나부터도 도저히 있을 수 없는 일, 하나님이라도 해서는 안 될 일이라고까지 생각한다. 그렇다면 예수의 동정녀 탄생을 사실로 믿지 못하는 사람들은 신앙이 없는 사람인가? 바로 이런 것이 문제이다. 사실의 진리만이 중요하고 전부라면 그런 결론은 불가피하다. 하지만 동정녀 탄생 이야기는 깊은 '의미의 진리', '신앙의 진리'를 담고 있다.

예수가 동정녀의 몸에서 태어났다는 말은 예수의 참 아버지는 하늘 아버지라는 뜻이다. 그리고 이것은 바로 예수 자신의 자기 이해였고 믿음이었다. 예수는 물론 '요셉의 아들'이었다. 이것은 사실의 진리이다. 그러나 의미의 진리, 신앙의 진리는 그 이상이다. 예수는 하나님을, 어린 아이들이 아버지를 부를 때 사용하는 애칭인 '아빠'라고 불렀으며, 자신뿐만 아니라 모든 사람이 하나님의 아들(딸)임을 믿고 가르쳤다. (중략) 동정녀 탄생은 분명히 신화적인 이야기다. 그러나 신화는 단지 허구적인 이야기가 아니다. 신화는 사실적 진리는 아니지만 '신화적 진리'를 담고 있다. 신화를 아무런 근거가 없는 환상이나 관념의 산물 정도로 생각하면 신화에 대한 큰 오해이다. 동정녀 탄생 이야기는 예수뿐 아니라 모든 인간이 혈육의 아버지를 넘어 하늘 아버지를 모시고 사는 하나님의 아들, 딸이라는 중요한 신앙의 진리를 표현하고 있는 신화이다. (중략)

동정녀 탄생 이야기는 전통적으로 예수의 신성과 더불어 그의 무죄성을 뒷받침하는 이야기로 이해되기도 했다. 하나님의 아들 예수는 당연히 죄를 짓지 않는 존재일 뿐 아니라 태어나면서 부모로부터 물려받는 원죄에서도 자유롭다는 교리이다. 하지만 복음서에는 분명히 '요셉의 아들'이라는 표현이 나올 뿐 아니라, 설령 마리아가 요셉과 성관계 없이 예수를 잉태했다 해도 예수는 원죄로부터 자유로울수 없다. 원죄는 어머니를 통해서도 유전될 수 있기 때문이다. 이래저래 동정녀 탄생 이야기는 문자적 사실의 진리로 이해하는 한, 신앙에 도움이 되기는커녕 방해만 될 뿐이다.」[52]

---

52) 길희성, 〈아직도 교회에 다니십니까〉, 대한기독교서회, 2015, pp.70-72

사실 저는 곰과 동정녀 이야기를 통해 성서에 대해 이야기하고 싶었습니다. 비유나 신화나 상징은 그 자체가 믿음의 대상이 아니라 그것을 통해서 바라보고 느끼고 생각하는 창문이라고 생각합니다. 믿음의 대상이 아닌 것을 믿음의 기준으로 삼는다는 것 자체가 출발부터 잘못된 일일 것입니다.

'물은 흐른다'라는 말은 진리이지만 '물은 자원이다'라는 말도 진리입니다. 내가 말하는 것만 진리이고 다른 말은 들을 것도 없다는 교만은 스스로를 폐쇄시키고 자신의 판단을 절대화시킵니다. 물의 특성 전체를 알뜰하게 표현할 수 있는 언어는 없지만, 다양한 정의(定意)를 받아들여야 그나마 '물'에 근접할 수 있지 않겠습니까.

성서도 마찬가지일 것입니다. 성서는 그 자체가 진리도 아니고 믿음의 대상도 아니라고 생각합니다. 성서는 매우 다양한 비유와 신화와 상징으로 하나님과 인간을 그리고 있으며, 그 비유를 통해 참 진리로 향하는 길을 안내하는 책이라고 저는 이해합니다.

많은 신자들이 '신성 불가침의 책', '하나님의 말씀이 고스란히 들어있는 책'이라고 인식하는 성서는 사실, 다양한 지리적, 역사적 영향과 정치적, 문화적 필터를 거치고, 사회적 적응, 성서 기자들 각자의 개성 등이 녹아있는 신앙의 산물이라고 생각합니다.

교회에서 '하나님의 말씀'이라고 정의되는 성서는 좀 더 솔직하게 표현하자면, 성서 기자의 신앙고백이며, 주위 사람들을 어떻게든 더 많이 믿게 만들기 위하여, 그리고 이미 믿는 사람들을 독려하기 위하여 쓴 '신앙의 글'이라는 정의가 더 정직한 관점일 것입니다.

성서에 하나님을 향한 의지와 하나님을 지향하는 삶의 모습이 들어 있지만, 그렇다고 성서를 모두 하나님께서 직접 주신 말씀이라고 우기는 것은 오히려 하나님을 욕되게 하는 것일 수 있습니다. 비유적으로 또는 내면의 의미로, '하나님 말씀'이라고 표현하는 것이라면 몰라도, 인간의 언어와 생각을 신성불가침의 하나님 권위라고 떠받드는 일은 경계해야 할 것입니다. 이러한 자세가 하나님 앞에서 더욱 겸손한 인간의 모습이라고 생각합니다.

325년, 니케아공의회를 전후로 벌어진 **아리우스** 그룹과 **아타나시우스** 그룹 간의 치열했던 '**예수의 신성**'에 관한 논쟁은, 실질적으로는 권력을 쟁취하기 위한 암투였습니다. **콘스탄티누스** 황제의 정치적 계산에 의하여 **아타나시우스**는 승리할 수 있었고, 승리자들에 의해 정경으로 결정되고 채택된 것이 지금의 성서입니다. 그 이후도, 아직 인쇄술이 아직 발명되지 않은 시기였기에, 필요에 따라 여러 곳에서 여러 사람들에 의해 성서는 수없이 필경으로 다시 복사되었고, 그 내용도 필경하는 사람에 따라 조금씩 첨삭되어 쓰인 것이 지금의 성서이고 대략 이천 년 전에 공동체별로 전승되었던 **예수**에 관한 고백이 취사선택되어 지금의 공관복음이 되었다는 사실 등이 이를 역사적으로 분석하는 학자들에 의해 점점 밝혀지고 있지 않습니까.

그러나 저는 이러한 학문적 성과가 성서의 중요성이나 가치를 손상시킨다고 생각하지 않습니다. 왜냐하면 여전히 성서는 하나님에게 다가가는 방향과 방법을 일러주며, 절대자 하나님의 실존에 대해서 인간의 부족한 언어로 증언하는, 살아 숨쉬는 책이기 때문일 것입니다. 이러한 의미에서만 성서는 '하나님의 말씀'이라고 생각합니다.

기독교 신앙인에게 성서에 대한 관점은 그 사람의 신앙적 관점의 기초이며 바탕이 되는 것이기에 가장 중요한 부분이자 출발점일 것입니다.

성서에 대한 **로빈 마이어스**의 관점입니다.

「성경은 '대화'이다. 우리는 그 대화를 외국어로부터 번역된 것(그리고 훼손된 것)을 통해 우리가 청중이 될 것이라고는 상상도 하지 못했던 사람들이 말한 것을 멀리서 곁 귀로 듣는다. 성경의 한 단어조차도 당신을 위해서나 혹은 나를 위해서 기록된 것이 아니라는 사실을 항상 기억하는 것이 현명하다. 우리는 단지 우리가 소유하기를 원하는 것을 위해 경쟁하지만, 우리가 어떻게 '대화'를 소유하겠는가? 우리가 할 수 있는 일은 단지 주의 깊게, 또한 생각하면서 듣는 일이며, 지혜를 구하는 구도자의 자세로 열쇠구멍을 통해 사랑의 관계에 대한 먼 산울림에 귀를 기울이는 일이다.

성경을 강력한 무기로 이용하거나, 아니면, '하나님에 관한 정보를 찾아볼 수 있는 거룩한 백과사전'의 일종으로 사용하는 사람들은 그 대화를 대상물로, 또한 우상으로 둔갑시키는 것이다. 이런 관계에는 더이상 성실성이 없다. 은유들이 보도의 수준으로 격하되며, 사람들은 그 보도들이 '참된' 것인지를 놓고 논쟁을 벌인다. 성경은 하나님과 새로운 관계를 맺게 된 것에 대한 경이와 놀람의 노래들이지만, 우리는 그런 노래들을 참된 신자들을 위한 시금석으로 둔갑시켰다.」[53]

53) 로빈 마이어스, 김준우 옮김, 〈예수를 교회로부터 구출하라〉, 한국기독교연구소, 2013, p.291

8. 나의 하나님, 너의 하나님

- **모세**가 홍해 바다를 가릅니다. 유대민족은 무사히 애굽 땅에서 벗어납니다. 뒤따라 애굽의 대군이 홍해로 들어서고 곧이어 이들은 모두 수장(水葬)됩니다.

- 유대민족의 명절인 유월절. 유월절의 유래가 사실이라면, 출애굽기에 있는 기사가 실제적인 역사라면, 유대인들은 여호와의 보호하심에 기뻐할지 몰라도, 모든 애굽 사람들에게는 그들의 장자(長子)가 영문도 모른 채 모두 죽임을 당한 민족 비극의 날입니다.

- **여호수아**가 여리고 성에 도착해서 여호와 말씀대로 성을 일곱 번 돌자 성벽이 무너지고, 이어서 **여호수아** 군대는 여리고 백

성을 전멸시킵니다. 부녀자들도 어린 아이들도 **여호수아** 군대의 칼날 아래 한 명도 남김없이 모두 처참하게 죽임을 당합니다.

성서를 읽다 보면, 일부 기독교인들처럼 아전인수격으로 마치 자신이 유대인인 양, 유대인의 승리가 나의 승리인 양 도취되기보다는, 그들의 승리 뒤에 있는 수많은 목숨들의 희생이 자꾸 눈에 밟힙니다. 피라미드나 앙코르와트, 만리장성이 위대한 인류 유산이지만, 그 유산 뒤에 숨어있는 수많은 사람들의 고통스러웠을 삶과 창백한 생명이 눈에 보이는 것처럼 말입니다.

도대체 애굽의 왕이나 왕족이라면 몰라도, 애굽의 보통사람들이 무슨 잘못을 했기에 장자라면 무조건 갓난아이까지 졸지에 죽어야 했는지, 여리고 성에 살았던 백성들은 어른 아이 할 것 없이 왜 모두 비참하게 도륙을 당해야 했는지 논리적으로나 이성적으로 설명할 수 없기 때문입니다. 그들은 그냥 여리고 성에서 살아왔을 뿐이니까요. 구태여 설명하자면 그들에게는 지독하게 잔인하고 가혹한 '너희들의 하나님' 때문에 몰살당한 것이니까요.

한마디로 그들의 생명은 유대민족의 생명에 비해 보잘 것 없고 하찮았던 목숨이었을까. 그들의 생명은 그냥 역사의 엑스트라로서 존재했던 것일까. 그렇다면 그들의 생명은 하나님이 만드신 생명이 아니란 말인가. 그들은 하나님의 자녀가 아니었단 말인가. 모든 생명은 무엇보다 존엄한 것이고 천하보다 귀하다 했는데, 그들은 왜 예외적으로 싸구려 생명이 되어야 했을까.

이러한 의문들에 대해 제가 아는 한, 신학적인 대답은 간단명료합

곰과 동정녀

니다. 유대민족에게 '엘로힘' 또는 '여호와'로 칭하여지던 하나님은 그 당시 부족 신(部族 神)으로 기능했던 것이라고. 그 당시 다른 민족들도 나름대로의 신을 섬겼고, 각자의 부족 체제나 국가 체제를 유지하기 위해 필수 불가결한 존재가 신(神)이었다고 설명합니다. 따라서 유대인의 관점에서는 우리 부족을 지켜주는 '우리 신'이므로 다른 부족의 생명과 다른 국가체제의 유지는 전혀 관심사가 아니었다고 높은 담장을 칩니다.

어찌 보면 상당히 수긍이 가는 설명입니다. 더구나 히브리 성서의 내용이라는 것이 3, 4천 년 전, 중동 땅에서 생긴 신화적인 일들의 기록이고, 그러한 신화에 나타난 사건들을 오늘의 현실 잣대로 재는 일은 출발부터 잘못된 것일 테니까요. 따라서 그 옛날의 신관(神觀)을 현대의 관점이나 잣대로 평가한다는 것부터 부적절한 일이겠지요.

그러나 어쩌면 기독교의 바탕에 깔려있는 이러한 '나의 하나님' 정서는 오늘의 기독교가 독선적이고 전투적인 경향을 보이는 원인의 하나일 수도 있겠다고 생각합니다.

이렇게 유대민족이라는 부족의 울타리 안에 있던 하나님을, 모든 민족과 모든 사람들의 하나님으로 해방시키신 분, '너의 하나님'과 '나의 하나님'이라는 담장을 허물고, 우리 민족과 다른 민족의 울타리를 헐어버린 분이 **예수**일 것입니다. **예수** 이후의 성서에서는, 적어도 다른 민족의 목숨을 도구나 수단으로 삼는 일은 없었습니다. **예수**는 하나님을 유대민족의 자기중심성에서 보편적 인간중심성으로 전환시켰다고 보는 것이 일반적 견해이리라 생각합니다. 그러기 위해서는 과거의 유대 율법에서 벗어나야 했습니다.

이를 뒷받침하기 위해서,

『전에 있던 율법의 규정은 무력하고 무익했기 때문에 폐기되었습니다. 율법은 아무것도 완전하게 하지 못했습니다. 그래서 하느님께서는 더 좋은 희망을 주셨고 우리는 그 희망을 안고 하느님께 가까이 나아가는 것입니다.』(히브리서 7:18-19)

『그리스도께서 나타나심으로 율법은 끝이 났고 그를 믿는 사람은 누구든지 하느님과 올바른 관계를 가지게 되었습니다.』(로마서 10:4)라고 말합니다. 또, 같은 로마서 13장 8절에서는 사랑이 율법의 완성이라고 기록되어 있습니다. 아울러 갈라디아서 3장 14절에서는

『그리하여 하느님께서 **아브라함**에게 약속하신 복이 **그리스도 예수**를 믿는 이방인들에게까지 미치게 되었고 또 우리는 믿음으로 약속된 성령을 받게 되었습니다.』라고 말하며 **아브라함**이 상징하는 유대의 울타리를 허물고 모든 이방인에게 하나님을 열었습니다. 그리고 대략 2천 년이 지났습니다.

좀 외람된 말이기는 해도, 요즘 교회는 다시 구약시대의 율법이나 신관(神觀)으로 돌아가는 것 같은 느낌을 지울 수가 없습니다.

성서는 다양한 견해의 집합체라 할 수 있습니다. 서로 상충하는 견해들도 많습니다. 예를 들면, 정의와 공의를 위해 사람을 죽이는 일이 '살인하지 말라'는 십계명을 어기는 일이라고 주장할 수도 있고, 그렇지 않다고 주장할 수도 있습니다. 하나님을 종교의 울타리로 가

둘 수 있고, 울타리를 허물어 모든 이의 하나님으로 열리게 할 수도 있습니다. 일부 사람들이 성서를 인용하여 자기주장을 합리화하지만 다른 의견도 성서를 인용하여 반박 근거를 뒷받침할 수도 있습니다. 자기 생각을 합리화하기 위한 전거(典據)를 뽑아내기에는 성서만 한 것도 없을 것입니다. 결국은 무게 중심을 어느 쪽에 두느냐에 따라 신앙적 관점이 달라질 수 있을 것입니다.

가까운 교인들과 대화를 하다 보면, '나의 하나님'이라는 울타리가 점점 높아져간다고 느껴지는데, 그 까닭은 기독교의 독선적 경향이 좀처럼 수그러들지 않을 뿐만 아니라, '나의 하나님'은 너와는 상관없는 존재라는 이기적 관념이 교회와 신자들 속에 더 강화되고 있는 듯 보이기 때문입니다.

너와 내가 경쟁할 때, '나의 하나님은 내 편을 들게 마련이지 너희 편을 들지는 않을 것이다'라는 편파성을 신앙이라는 이름으로 합리화하고, 내 편을 들어 달라고 하나님께 매달리며 기도하는 모습을 교인들에게서 흔히 볼 수 있지 않습니까. 3, 4천 년 전 부족신앙의 대상이었던 여호와 하나님이, 당시와는 비교할 수조차 없을 만큼 발달한 국제적 관계와 과학적 지식으로 무장된 현대인에게 다시 클로즈업되고 있는 것 같습니다.

사랑의 하나님이 졸지에 배제와 증오의 신으로 변모되어 '나'만을 위한 하나님으로 확정되고 신앙이 됩니다. 앞에 쓴 여리고성의 이야기처럼, '나의 하나님'을 성서에서 찾는 것은 너무도 쉬운 일이어서 성서, 특히 구약을 펼치기만 하면 근거로 삼을 페이지가 하나 둘이 아닐 것입니다.

여호와 하나님은 부족의 신이었다고 말하며 논리적 모순을 피하는 사람들이, 정작 '나만의 하나님'이 필요할 때는 유대인의 휘장을 적절하게 덮어 써서, 부족 신이었던 하나님을 보편적인 하나님으로 슬쩍 바꿔서 편리하게 받아들입니다. 어쩌면 목회자가 구약성서에서 성구를 뽑아서 설교할 때, '나만 사랑하시는 하나님'이 아닌 보편의 하나님을 드러내는 것은 생각보다 쉽지 않을 것 같습니다. 구약성서는 시편을 제외하면 그 대부분이 전쟁과 분쟁의 이야기이고, 나머지는 승리와 고난에 따른 예언과 감사의 노래들이기 때문입니다.

신약성서에도, 듣기에 따라서는 기독교의 독선과 배제를 부채질하는 말씀이 있습니다. 사도행전 4장 12절입니다.

『이분에게 힘입지 않고는 아무도 구원받을 수 없습니다. 사람에게 주신 이름 가운데 우리를 구원할 수 있는 이름은 이 이름밖에는 없습니다.』

베드로의 입을 빌려 사도행전에 등재된 이 말씀은, 인류 역사상 가장 많은 사람들을 서로 불화하게 하였고, 전쟁의 원인이 되었으며, 현재까지도 그 독선적 표현 때문에 종교간 갈등의 원인이 되어왔다고 생각합니다. 조금만 생각해도 알 수 있는 여러 가지 시대 상황을 전혀 감안하지 않고, 무조건 문자적으로 '믿어라'라고 강요된 신앙으로 인한 오해와 폐해일 것입니다.

베드로는 이천 년 전의 사람으로 그로서는 인도나 중국 같은 동양의 철학이나 종교를 전혀 알 수 없었습니다. 아니, 종교나 철학이 무

곰과 동정녀

엇인지조차 모르던 사람이었습니다. 베드로를 교황의 시원(始原)으로 생각하는 분들에게는 조금 미안한 말이지만, 그는 가난한 갈릴리의 어부에 불과했던 사람입니다. 그는 당연히 문맹이었습니다. 그는 그가 못나거나 어리석어서가 아니라, 당시의 보잘 것 없는 교육 수준과 주위환경, 정보의 부족, 과학이나 학문의 수준 등을 감안할 때 그의 인문학적, 과학적 지식은 요즘의 어린 아이 수준도 되지 못했으리라 추정됩니다. 그는 유대 땅이라는 국한된 곳에서 성장했고, 그만큼 국한된 사고를 할 수밖에 없었을 것입니다. 그에게는 당연히 '구원을 얻을 다른 이름'이 없었고 오직 '나의 하나님'만이 존재했을 따름이었습니다. 그리고 좁은 의미의 '우리 하나님'만 존재하였을 것입니다. 여기서 가장 중요한 점은, 사도행전에 있는 베드로의 고백은 어디까지나 그의 신앙적 고백이었고 의미상 진실이었지, 사실적 진실이라 할 수는 없다는 점입니다.

그의 언어는 마치 "우리 아버지처럼 훌륭한 사람은 세상에 없지"처럼 고백의 언어였지 사실의 언어가 아니었습니다. 개인적인 고백의 언어에 대하여 시비를 거는 일만큼 어리석은 일이 또 있을까요. 그런 어처구니없는 시비의 대상이 바로 사도행전 4장 12절 말씀이었고, 이로 인해 역사상 수없이 많은 전쟁과 살육이 자행되었습니다. '나의 하나님'을 앞세우는 십자군 전쟁이 있었고, 아메리카 대륙의 원주민 대량 학살도, 중세의 마녀사냥도 있었습니다. 그밖에도 기독교는 '나의 하나님'으로 인해 수없이 많은 역사의 죄악 그 현장에 있었습니다.

근래에 들어 지구는 점점 시간적 공간적으로 좁아지게 되었습니다. '너의 하나님'도 존중되기 시작했고, 예전보다 훨씬 넓은 의미의

'우리 하나님'이 되어가고 있습니다. 그러나 우리 한국 교회의 현실은 '나의 하나님', 기껏해야 '우리 교회의 하나님' 수준을 얼마나 벗어나 있는지 의문입니다.

한때 저는 '신앙이란 다른 사람의 입장에 서보는 훈련이기도 하겠구나.'라는 생각을 했었습니다. 특히 여러 가지 이유로 인하여 고통받는 사람의 입장이 되어보는 것, 즉 역지사지(易地思之)가 신앙인에게는 중요한 부분이라고 아직도 생각합니다. 이를 위해서는 '나'를 여는 훈련, 즉 열림이 신앙생활에서 가장 중요한 면일 수 있겠다고 느낍니다. 왜냐하면 '나'를 닫으면 닫을수록 자신의 견해만 옳게 되고, 다른 사람의 의견이나 아픔에 눈 감게 될 테니까요. 이는 교만과 독선, 아집과 이기심으로 채워지는 신앙이고 삶이겠지요.

흔히들, '세상에서 책 한 권 읽은 사람이 가장 무섭다'라고 말합니다. 그에게 그 책은 전부이기 때문입니다. 요즘 원자력 발전을 두고 갑론을박이 한창입니다. '탈핵이다, 아니다'로 갈라져 서로 목청 높이고 있지만, 탈핵을 주장하고 싶다면 먼저 원자력 발전을 찬성하는 쪽의 관련 서적을 읽어보아야 하는 것이 아닐까요? 반대로, 핵 발전이 꼭 필요하다고 주장하는 사람도 한번쯤 탈핵 주장에 귀 기울이고, 관련 서적도 탐독해야 할 것입니다. 적어도 책 한 권이 아니라 두세 권은 읽어야 그나마 나름대로의 판단 논리를 세울 수 있지 않겠습니까. 기껏해야 자기가 읽는 신문 기사에 공감하고 세뇌되어 앵무새 같은 주장을 되풀이한다면, 언젠가는 초라한 지식이나 주장이 바닥을 드러내겠지요.

신앙도 마찬가지라고 생각합니다. 자기가 읽은 성경 한 권과 자기 교회 목사님의 설교만 진리라고 굳게 믿는 사람과 무슨 말을 할 수 있을까요? 신앙이나 종교는 열려야 마땅한데도 실제로는 높은 장벽이 되기가 참 쉽습니다.

후카이 토모아키는 신학에 대하여 아래와 같이 말하고 있습니다.

「신학은 근본적으로 '자기'를 상대화하는 것이다. 절대자와 직면했을 때 무엇보다 상대화되는 것은 자기 자신이기 때문이다. 이러한 깨달음과 태도는 인간을 자유롭게 하고 겸허하게 만들며 참된 의미에서 '대화'를 가능케 한다. '상대화'는 자신의 학설이나 가설을 넘어선 또 다른 의견을 받아들일 수 있게 하며 이를 기뻐할 수 있게 한다.

자신의 주장이 무너져 진리에 보다 가까워짐에, 진리가 좀 더 환하게 밝혀짐에 신학자는 기뻐할 수 있다. 신학자는 모든 것이 밝혀졌다든가, 자신이 그 모든 것을 알고 있다는 식으로 말할 수 없다. 신학은 근본적으로 대상을 겸손한 자세로 마주하는 법을 가르쳐주는 학문이다.」[54]

하물며, 국가나 사회나 민족에 따라 신앙의 깊이와 넓이도 다르고 모양과 색깔도 다르다는 것을 인정하면서도, 그리고 사회적 전통이 다르고 문화나 토양이 다르고 사람에 따라 성장 과정과 생활환경이 모두 다르다는 사실을 인정하면서도 많은 신앙인들이, 겸손은커

---

54) 후카이 토모아키, 홍이표 옮김, 〈신학을 다시 묻다〉, 비아, 2018, p.195

나의 하나님, 너의 하나님

129

녕, 나 자신만이 옳다고, 내 생각만이 진리이고, 나만 깨달은 것이라고 생각하며 남의 생각을 비판하고 핍박하는 경우가 많습니다. 참으로 교만하고 편협한 일이며, 있어서는 안 되지만, 우리는 현실 속에서 이런 장벽들에 부딪히곤 합니다.

종교적 장벽이 높으면 높을수록 맹신주의와 광신주의가 싹을 틔우게 마련입니다. 이러한 맹신과 광신주의자들에게는, 나만이 옳기 때문에 타협이란 있을 수 없고, 같은 종류의 광신주의자가 아니면 그 사람은 신앙의 변절자로 지탄받기 쉽습니다. 이들에게는 생명과 평화보다 자기 나름의 정의가 가장 중요합니다. 그런 부류의 사람들은 공감 능력이 낮고, 이성이나 지성보다 믿음을 강조합니다. 이런 사람들일수록 자신을 '믿음의 선봉장'이라고 굳게 믿습니다. 유유상종이라고, 같은 부류의 사람들에게 그는 '믿음 좋은 사람'이라는 평가를 받습니다. 그런 의미에서라면 저는 믿음 좋은 사람이 되고 싶지 않습니다. 그들의 잣대로 보면 저는 어쩌면 최악의 믿음을 갖고 있을지도 모르겠습니다.

조찬선 목사의 글입니다.

「내 종교, 내 신앙 체계가 내게는 올바른 길이고 구원의 도리라고 믿고 있듯이 타인의 종교 신앙 또한 그에게 있어서 구원에 이르는 올바른 것이라고 인정해줄 줄 아는 아량이 필요하다. 아니 필요한 것이 아니라 없어서는 안 될 것이다. 그것은 '신앙의 자유'이기 때문이다.

내가 믿든지 안 믿든지, 혹은 어떤 종교를 어떤 방법으로 믿든지 또는 어떤 경전을 어떻게 해석하든지 간에 일체가 자유로워야 한다. 사람들의 개성이 다르고 사고방식이 다른 것처럼 성경해석도 다를 수밖에 없기 때문이다. 이러한 일들은 제3자가 관여하거나 판단하거나 심판할 대상이 아니다. (중략)

만일 내 신앙, 내 해석만이 항시 정통이고 옳은 것이라고 믿고 있다면 그것은 자기만이 '성경 해석 독점권'을 소유하고 있다는 의미이다. 이는 자신을 표준화하고 신격화하는 반신적(反神的), 반성서적인 사고이다.」55

성경 해석의 다양성을 전혀 인정하지 않는 신자들, 다른 종교의 상징만 보아도 우상 숭배라며 단정 짓는 사람들, 이성과 과학보다 믿음이 먼저라며, 들을 것도 없다고 귀를 막는 교인들을 대하면 정말 할 말이 없어집니다.

이런 분들일수록 믿음을 욕망 충족의 도구로 여기는 경우가 많습니다. 눈 감고 두 손 모아 온갖 소망을 늘어놓은 후, 들어달라고 목소리 높여 떼쓰는 신앙이기 쉽습니다. 내일 시합이 있는데 이기게 해달라며 빌기도 하고, 곧 대학입시가 있는데 합격시켜달라며 하나님께 매달립니다. 일부 교회 목사님들은 "간절히 기도하면 하나님이 반드시 들어 주신다"고 말하며 이를 부추깁니다. 간절하게 기도하여 하나님이 '내 자식'을 붙인다면 하나님은 반대로 '남의 자식'을 떨어뜨려야 하는 곤란한 구조인데도 입시철마다 합격을 기원하는 기도회가 대부

---

55) 조찬선, 〈기독교 죄악사〉 하권, 평단문화사, 2001, p.54

분의 교회에서 열립니다. 물론 합격하면 하나님의 은혜고, 떨어지면 기도가 간절하지 않았다고 볼 수 있기 때문에 부담 없이 부추길 수 있는 것이겠지요. 정상적인 신앙인이라면 (사실, '정상적이다 아니다'로 딱 잘라 말하기는 어려운 면이 있습니다만) 노력에 상응하는 결과를 위해, 능력에 합당한 자리를 원한다고 기도하는 것이 옳지 않을까요.

저는 우리들의 신앙이라는 것이 어쩌면 해수욕장과 비슷하다는 생각을 갖고 있습니다. 일정한 테두리가 있고, 경사도가 완만한 바다에서 잔잔한 파도에 몸을 맡기며 마음껏 즐길 수 있고 또 바다 그 자체를 느낄 수도 있는 곳이 해수욕장입니다. 그러나 해수욕장은 바다 전체의 극히 미미한 일부분이고 바다를 대표하는 것도 아닙니다. 해수욕장은 바다이지만 바다는 해수욕장이 아닙니다. 예를 들면 태평양 한가운데서 느끼는 망망대해의 바다, 또는 가도 가도 육지라고는 없는 곳에서 갑자기 덮쳐오는 높은 파도와 사나운 풍랑의 바다는, 해수욕장이 바다의 전부라고 알고 있는 사람에게는 상식 밖의 바다입니다.

그런 의미에서 우리의 신앙도 해수욕장에 묶여버린 신앙이 아닌가 자문해 봅니다. 좁은 의미의 '우리 하나님'이 '우리 해수욕장'이라면 우리 신앙의 대상과 깊이가 그만큼 한정되고 묶여있는 것이 될 테니까요.

저는 '나' 또는 '우리'라는 이름의 담장 허물기가 그리스도의 사랑이라고 부르는 길의 첫걸음이 아닐까 생각합니다. 자기중심성을 비우는 일, 그 일이 참 신앙이고 그리스도의 사랑이고 가장 귀한 평화를 세우는 출발점이자 귀착점이라고 생각합니다. 예수님은 누구보다 앞

　　　　　　　　　　　　　　　　　　　　곰과 동정녀

장서서 사람과 사람 사이의 담장을 허문 분이시니까요.

예수님은 우리를 '형제'라 불렀습니다. 예수님이 하나님의 아들이셨고, 모든 사람들이 하나님의 자녀(아들 딸)가 틀림없다는 믿음이 있다면, 너의 하나님이 나의 하나님이고, 나의 하나님이 너의 하나님이 아니겠습니까. 너와 내가 한 아버지의 자식인 이상, 네가 나 못지않게 귀한 존재임이 너무나 당연하지 않겠습니까.

9. 우상(偶像)과 불상(佛像)

2016년 1월, 김천에 있는 '개운사'라는 절에 60대 초반쯤 되는 남성이 난입하여 불단 위의 불상(佛像)과 관음상 그리고 모든 집기들을 바닥으로 내동댕이치고 파손한 일이 있었습니다. 자신은 기독교인이라며 '모든 절과 성당은 우상을 숭배하는 곳이니 없애고 불 질러야 마땅하다'라며 주장했다고 보도되었습니다.

개운사의 불상 훼손 사건처럼 기독교인에 의한 불상 훼손은 일일이 나열하기 어려울 정도로 광범위하게, 그리고 빈번하게 우리 사회에서 일어나고 있습니다. 일부 기독교 신자들은 불상을 대표적인 우상으로 생각합니다. 그래서 우상이 무엇인지 정리해보고 싶었습니다.

먼저, 우상과 우상숭배에 대하여 사전적 정의를 살펴봅니다.

'생명의 말씀사'에서 나온 〈교회용어 사전〉을 보면, 우상은,

① 예배 대상으로 삼기 위해 금, 은, 나무, 돌 등으로 새겨 만든 사

람이나 그 밖의 형상.

② 형태가 없고 생명이 없는 신을 형상화한 것.

③ 하나님보다 더 의지하고 사랑하는 모든 것

등을 가리킨다.

〈라이프성경사전〉에서 우상(偶像, idols)숭배를 찾아 보면,

「하나님을 대치하거나 하나님께 속한 영광을 다른 존재에게 바치는 행위」라고 정의하고 있습니다.

기독교 계열 사전이 아닌 일반 백과사전에서는 우상을 '금속·돌·나무 등으로 만들어 인간이 숭배하는 상(像)'으로 정의하며, 아울러 우상 숭배에 대하여는 '물질적인 것(石·骨·像 등)에 신(神)이 깃들어 있다든지, 신성(神性)이 깃들여 있다고 믿고 거기에 예배하는 것'이라고 요약하고 있습니다. (두산 백과)

'생명의 말씀사'에서 나온 정의를 보면 ①과 ②는 구약성서적 관점에 접근해 있고, ③번 정의는 신약성서의 관점과 현대 신학에서의 포괄적 관점을 반영하고 있는 듯 보입니다. 라이프성경사전은 하나님 자리를 넘보는 모든 것을 우상이라고 보는 반면, 두산백과는 가장 고전적으로 구약성서적 관점만으로 우상과 우상숭배를 설명하고 있습니다.

프란치스코 교황은

「하느님께 향하는 인간의 선한 마음을 방해하는 것들은 모두 우상

으로 부를 수 있다. 돌아보면 우리는 갖가지 우상에 둘러싸여 있다. 사람들의 욕망은 끝이 없고, 특히 자본주의 사회에 사는 나약한 우리는 탐욕, 이기심, 명예욕, 물신 등에 휘둘리기 쉽다.」

라며 우상에 대하여 폭넓게 그 의미를 적용하고 있습니다.

마커스 보그는 그의 책 〈기독교의 심장〉에서 우상 숭배를 다음과 같이 설명합니다.

「무한하시며 모든 형상들 너머에 계시고 안에 계시는 거룩하신 분, 즉 '궁극실재'를 중심에 모시는 것이 아니라, 유한한 어떤 것 (나, 인간, 금력, 권력, 형상 등)을 내 중심에 모시는 것이다.」

우상의 개념을 통하여 이와 대비되는 참 하나님을 설명하는 견해도 있습니다.

「우상이란 무한하고 무차별적인 하나님을 유한하고 차별성을 지닌 사물이나 인간처럼 생각할 때 생겨나는 가짜 하나님이다. 우리가 마음대로 컨트롤하고 우리의 언어로 가둘 수 있는 하나님은 참 하나님이 아니라 우상이다.」[56]

'우상'은 위에서 보듯 참으로 폭넓은 개념입니다. 일부 한국 교회에

---

56) 길희성, 〈아직도 교회 다니십니까〉, 대한기독교서회, 2006, p.122

곰과 동정녀

서 우상을 구약성서 속의 금송아지 정도로 뜻을 제한하여 해석하는 것처럼 좁은 의미가 결코 아닙니다. 현대사회에서는 어느 누구도 금송아지를 만들어 섬기지 않고 '바알 신'을 위해 헌신하지도 않습니다. 금이나 돌로 어떤 상을 만들어 거기에 절한다 해도 구약성서에 기록되어 있는 것처럼 그 자체를 수호신이나 하나님으로 생각하는 사람들도 더이상 없습니다.

불교도 금강경에서 '범소유상(凡所有相)이 개시허망(皆是虛妄)' - '무릇 상이 있는 것은 모두가 허망한 것'이라고 가르치고 있습니다. 하나님이나 진리나 도(道), 공(空) 같은 원초적 근원을 어떻게 형상으로 고정시킬 수 있겠습니까. 이미 죽은 존재라면 상(像)을 만들 수도 있겠지만, 살아 움직이며 역사하는 강물 같은, 공기 같은 실재를 어떻게 상(像) 안에 담아 가둘 수 있겠습니까.

일부 기독교인들이 생각하는 것처럼, 대부분의 불자(佛子)들도 법당의 부처님 형상을 보며 그 자체를 부처님의 현신으로 보고 있지는 않습니다. 기독교인들이 교회 전면의 십자가를 예수의 현신으로 보지 않는 것과 마찬가지일 것입니다. 물론 불상이라는 상징을 실재 자체인 줄 착각한다면 우상입니다. 그래서 기독교인의 눈으로 보면 불상 앞에서 절을 하는 행위가 바로 우상숭배의 대표적 케이스일 수도 있습니다. 홍정수가 그의 책 〈베 짜는 하나님〉에 불교학자와의 대화 내용을 실었습니다.

「어느 젊은 불교학자를 만나 물었다. 당신은 왜 돌이나 쇠로 만든 부처님 앞에 가서 절을 합니까? 지성인이라면 그런 것을 거부해야 옳지 않을까 생각했던 것이다. 돌덩어리가 부처가 아니라는 것은 너무나 명백하지 않은가.

불교학자 왈,

'나는 그 돌덩이에 절하는 게 아닙니다. 내 마음 속에 있는 부처님께 절하는 것이지요. 그러나 그렇다고 해서 집에 앉아서 내 가슴에다 대고 절을 하면, 내 심성 속의 부처님을 절대화할 위험에 빠지지 않겠습니까? 그것이야말로 우상숭배지요. 그래서 내 안에 있는 부처님을 상대화하는 확실한 방편과, 만물을 고루 떠받들고 계신 부처님을 확실하게 예배하는 방편으로, 나는 돌 앞에 절을 합니다.」

기독교인들이 십자가 앞에서 예배하는 것과 차이가 없어 보입니다. 불상이 우상이라면 십자가도 당연히 우상입니다. 돌아가신 분의 영정사진도 마찬가지일 것입니다. 영정사진을 보며 돌아가신 분을 기념하고 추억하는 것이지, 아무도 그 사진 안에 돌아가신 분이 계시리라고는 생각하지 않습니다. 불상이 우상이라면 당연히 영정사진도 우상입니다.

개운사 불상을 훼손한 사람은 자신이 기독교인이라고 밝혔습니다. 그렇다면 어느 교회 신자일 것이고, 그 교회에서 우상에 대하여 보고 듣고 배웠을 것입니다. 누구보다도 부끄러워해야 할 사람은 그를 가르친 목회자일 것입니다. 혹 광신자를 길러낸 사람이 똑같은 광신자가 아니라면 말입니다. 우상을 편 가르기 위한 도구로 사용하는 사람들, 그들은 자신의 독선을 합리화하기 위하여, 그리고 자신의 도덕적 우월성을 내세우기 위하여 짐짓 우상의 개념을 최대한 좁히는 것이 아닌지 모르겠습니다. 자신이 믿고 있는 하나님만이 진짜라는 신념은 나름대로 필요한 것이지만, 그렇다고 남이 믿는 하나님이나 부처님을 가짜라고 판단할 아무런 객관적 근거도 없이 '무조건 너는 가짜야'라는 독선은 맹신이고 광신일 따름입니다.

달라이라마는 이렇게 말합니다.

「내게 있어서 불교는 유일한 종교이고 유일하게 효용성 있는 진리입니다. 개인적이고 사적인 '나'에게 있어 하나의 종교, 하나의 진리라는 개념은 정당한 것입니다. 그러나 내가 두 사람이나 세 사람과 함께 있을 때, 그런 생각은 더이상 적절하지 않습니다. 나의 기독교인 친구들이나 이슬람교도 친구들과 함께 있을 때, 그 상황에서는 여러 개의 종교, 여러 개의 진리라는 생각이 현실적이고 적절할 것입니다. 그러므로 나는 특정 종교 내에서나, 종교적 전통들 간에 다원주의를 확산시키는 것이 매우 중요하다고 믿고 있습니다. 많은 종교가 있는 것이 현실입니다. 현실적으로 온 세계 혹은 모든 인간이 불교도가 될 수는 없습니다. 그리고 마찬가지로 모든 사람이 기독교나 무슬림이 될 수는 없습니다.」[57]

김경재 교수도 그의 책 〈이름 없는 하나님〉에서 비슷한 이야기를 합니다.

---

[57] 텐진가초, 〈달라이라마 자서전〉, 정신세계사, 2012. p.405

「어느 특정 문화 공동체의 신 이름만이 '진짜'이며 '참 하나님'의 이름이고, 다른 문화 공동체에서 표기된 신 이름은 우상의 이름에 불과하다는 단순논리는 성숙한 현대인들에게 받아들여질 수 없다. 자기가 귀의하는 종교전통을 귀하게 여기고 자기 종교에 충실한 열린 신앙심과, 맹목적이고 반지성적인 종교적 광기를 뜨거운 신앙심이라 착각하는 닫힌 신앙심은 마땅히 구별되어야 한다.」

이렇게 열린 신앙심으로 보면 불교는 기독교의 '이웃'입니다. 이웃은 당연히 사랑의 대상이라는 것이 예수님의 가르침입니다. 내가 내 어머니를 사랑한다고 해서 다른 사람들의 어머니들을 미워할 필요가 없듯, 내가 기독교의 하나님을 믿고 사랑한다고 해서 부처님을 공경하는 불자들을 미워해야 할 까닭이 없습니다. 한 여자를 사랑하면 할수록 다른 여자들에 대하여 관심이 줄어들 듯, 예수를 사랑하면 할수록 부처에 대하여 관심이 줄어들 수는 있습니다. 그러나 미움과 증오는 관심의 또 다른 이면(裏面)일 수 있습니다. 이러한 미움은 자신이 사랑하는 예수에 대하여 몰두하지 못하기 때문이고, 자신의 사랑에 자신이 없기 때문일 것입니다.

개운사 사건에서 보듯 불교를 악으로 보면 폭력이 불가피합니다. 그 기독교인은 하나님만이 진리이기에 하나님을 위하는 일이라 생각했을 것입니다. 폭력을 행사한 사람은 자신이 정의로운 일을 했다고 착각하여 의기양양할 수 있겠지만, 누가 보아도 불교는 악(惡)일 수 없습니다. 수천 년간 이어진 불교전통이 악이라면 우리의 불교유산과 유구한 전통, 그리고 우리들의 조상 모두를 모욕하는 것이 아니겠

곰과 동정녀

습니까.

아힘사(비폭력)를 주장하는 **마하트마 간디**는 「우리는 절대적인 진리를 알 수 없기에 타인을 응징할 자격 또한 없다.」라고 누누이 말합니다. 그리고 「인간은 폭력을 사용하려는 유혹을 받을 때 자신이 상대방에게 하는 행동은 상대방의 자업자득이며 자신은 경찰의 역할을 수행하는 것이라고 자기 합리화를 시도한다.」라고 지적하며 인간의 교만을 경계합니다.[58]

조연현의 말은 그러한 심리상태를 잘 그려내고 있습니다.

「폭력과 살심이 가장 정당화되고 양심의 가책이 가장 덜어지는 순간은 상대방이 악으로 규정되는 순간이다. 그래서 악은, 나를 위해, 우리를 위해 만들어진다. 자신은 선이 되고 타인은 악으로 규정하면 더이상 죄책감을 느끼지 않아도 되기 때문이다.」[59]

마치 불상을 훼손한 기독교인의 모습을 그리고 있는 것처럼 보입니다.

늦은 밤(10시 30분경) 남의 집(사찰)에 몰래 들어가서 남의 물건(불상과 집기)을 마구 부수는 일은 아무리 신앙적 판단이라 우겨도 그냥 도둑질이나 깡패 짓일 뿐입니다. 우상이 무엇인지도 모르면서 무조건 너

---

58) 에릭 H. 에릭슨, 송제훈 옮김, 〈간디의 진리〉, 연암서가, 2015, p.558

59) 조연현, 〈지금 용서하고 지금 사랑하라〉, 도서출판 비채, 2006, p.166

우상(偶像)과 불상(佛像)   141

는 우상이니 없어져야 한다는 잘못된 신념입니다. 오도된 신앙의 추한 모습입니다. 기독교 신자라 자칭하는 이 사람은 불교의 심오한 진리를 전혀 모르거나 무시하고 경멸한 나머지, 오로지 나만 옳다는 독선과 독단의 병폐로 깊이 오염된 사람일 것입니다. 한마디로, 그는 이웃을 사랑하는 기독교인일 수 없습니다.

「성숙한 인격이라면 '다름'을 비난의 대상이 아니라 사랑의 대상으로 여길 줄 압니다. 다름은 분별의 조건이 아니며 오히려 포용과 사랑의 조건입니다. 한 가정에서도 남편과 아내, 부모와 자녀의 생각이 다르게 마련이고, 한 피를 나눈 형제자매라 하더라도 가치관이나 행동양식이 똑같을 수 없습니다. 다름은 '옳고 그름'의 문제가 아니라 '다양성'과 '풍성한 인격'의 표현이기 때문입니다.」[60]

따지고 보면, 불자(佛者)도 하나님의 자녀이고, 불자에게도 하나님의 영이 깃들어 있다고 보는 것이 기독교인으로서의 당연한 관점일 것입니다. 종교적인 이웃일 뿐만 아니라 같은 하나님의 자녀로서도 이웃입니다. 오히려 이런 이웃이 있어서 기독교 신앙이 더 깊어지고 풍부해지고 겸손해지는 것이 아닐까요.

「그리스도 신앙인이 타 종교언어를 대할 때, 그 종교언어의 고유함을 인정하고, 그리스도 신앙언어와 상이함을 당연한 것으로 수용해

---

60) 이우근, 〈톨레랑스가 필요한 기독교〉, 포이에마, 2009, p.300

야 한다. 인간이 하느님과 가지는 관계는 그리스도 신앙언어가 독점하고 있지 않다. 그리스도 신앙언어도 그 특수성과 한계를 지니고 있으며, 그 언어가 생각하지도, 실천하지도 못할 상이함이 존재할 수 있다. 그리스도 신앙언어는 자신의 역사적 특수성을 절대화하지 말아야 한다. 그리스도 신앙인은 하느님이 개방적인 분이시기에, 그 신앙언어가 알지 못하는 상이함을 부정(否定)하기만 할 것이 아니라, 하나의 풍요로움으로 이해해야 한다.」[61]

　상대방의 상이함을 부정하는 사람에게는 마태복음 7장 12절의 『무엇이든지 남에게 대접을 받고자 하는 대로 너희도 남을 대접하라』라는 말씀이 귓등으로 들릴 것입니다. 하물며 공자님의 말씀인 "기소불욕 물시어인(己所不欲 勿施於人)"(자기가 하고 싶지 않은 일을 남에게 시키지 말라)의 근본 뜻인 '서로의 입장을 이해하고 다른 사람을 존중해야 한다'는 가르침을 어떻게 이해시킬 수 있겠습니까.

　이런 사람에게 가장 큰 우상은 밖에 있는 불상이 아니라 '자기 자신'일 것입니다. 불상을 우상이라고 지탄하고 경계하기에 앞서, 하나님 앞에서 자기 안의 우상을 살피는 일이 훨씬 급하고 귀한 일이라고 생각합니다. 그러나 생각해 보면, 이런 일이 어찌 이 사람에게만 필요하겠습니까. 저를 포함한 대부분의 신앙인들에게 가장 크고 분명한 우상은 '나' 자신이 아닙니까.

　말로는 하나님을 믿고 의지한다고, 그런 것이 신앙이라고 목소리

61）　서공석, 〈하느님과 인간〉, 서강대출판부, 2014, p.146

를 높이지만, 실은 하나님을 내 뜻대로 조정하고 싶어 하는 경우가 너무나 많습니다. 자기 정화와 성찰이 빠져버린 믿음은 공고한 칸막이를 높이 만들어 자신을 가두고, 자신이 그 속에서 가장 중요한 존재가 됩니다. 자기 자신이 우상이 됩니다. 하나님은 자신을 위한 존재로 전락하고, 차츰 편리한 환상으로 하나님을 만들어갑니다. 그의 삶을 적극적으로 도우시는 하나님만이 하나님이고, 그를 불편하게 만드는 모든 것은 사탄일 뿐입니다. 따라서 그의 신앙과 삶은 완전히 분리됩니다. 신앙은 신앙이고 삶은 삶이지, 신앙이 삶을 간섭하거나, 삶이 신앙을 키우지도 않습니다. 그리고 자신이 선택한 '신앙의 길'만이 참되고 선한 진리가 됩니다.

이런 신자들은 정의가 생명보다도 중요하다고 생각합니다. 그 정의는 '나만이 옳다', '우리만이 옳다'는 식의 배타적 정의입니다. 그러나 이 사람들의 내면을 깊숙이 들여다보면 참으로 초라합니다.

「'타자'를 배제함으로써 '우리'라는 의식을 확인하는 것은 사회의 다양한 차원을 통해 관찰할 수 있는 보편적 현상이다. '배제'를 통해 '우리'라는 정체성을 확인하는 작업은 자기들 입장에 자신이 없는 사람일수록 선호하기 쉽다.」[62]

자신의 정체성에 자신이 없는 사람들이 오히려 목소리를 높이는 일은 흔합니다. 자신이 없을수록 그들은 자신이 생각하는 정의에 대하

---

62) 나카마사 마사키, 김경원 옮김, 《왜 지금 한나 아렌트를 읽어야 하는가》, 갈라파고스, 2015, p.50

곰과 동정녀

여 절대적 가치를 부여하고 거기에 매달립니다. 그들과 달리, 자신이 발 디디고 서 있는 신앙의 자리에 대한 확신이 있으면 있을수록 그런 사람은 다른 종교에 대하여 관대합니다. 그래서 자기 확신이 있는 신앙인일수록 오히려 타자를 존중하게 된다고 **프란치스코** 교황은 말합니다.

「신앙이란 비타협적인 게 아니며, 오히려 타자를 존중하는 공존의 상황 속에서 성장한다는 사실이 확실하게 받아들여졌습니다. 신자는 교만하지 않습니다. 반대로 진리가 그를 겸손하게 만듭니다. 그가 진리를 소유하는 게 아니라, 진리가 그에게 입을 맞추고 그를 소유한다는 것을 알기 때문입니다.

확고한 신앙은 그를 경직시키는 대신, 그로 하여금 언제든 훌훌 털고 일어나서 다른 사람을 존중하고 그들과 대화를 나눌 수 있게 합니다.」[63]

타자에 대한 존중이 없는 신앙은, 자신의 판단만을 절대화합니다. 그들의 교만과 아집이 하나님과 대체될 때, 불상이 아닌 '자신'이 우상이 됩니다. 자신과 자신의 판단을 절대적인 자리에 올려놓기 때문입니다.

오강남 교수는 그의 저서 〈예수가 외면한 한 가지 질문〉에서, 인간을 얽매는 세 가지 커다란 우상에 대하여 말합니다.

---

63) 프란치스코 교황, 에우제니오 스칼파리 외, 최수철, 윤병언 옮김, 〈교황의 편지〉 바다출판사, 2014, pp.45-46

「첫째, '오관(五官)으로 감각되는 것'을 실재의 전부로 알고 이에 집착하는 경우.

둘째, '이성으로 깨달을 수 있는 것'만이 진짜라고 착각하는 것.

셋째, '나를 절대적인 자리 위에 올려놓고 숭배하는 것', 지금의 '나'를 가장 진실한 실재, 궁극적인 무엇으로 착각하는 것.」

흔히 하는 우스갯소리로, 만일 **예수**님과 부처님이 시대를 초월하여 우연히 길에서 만났다면 서로 '내가 옳다'라고 싸웠겠느냐는 질문이 있습니다. 참으로 간단한 상상만 해도 답이 보이는데, 이를 무시하는 일부 기독교 신앙인의 독선과 교만은 우리 사회에서 언제쯤 무너져 내릴까요.

10. 기쁨, 기도, 감사

『항상 기뻐하십시오. 늘 기도하십시오. 어떤 처지에서든지 감사하십시오. 이것이 **그리스도 예수**를 통해서 여러분에게 보여주신 하나님의 뜻입니다.』

(데살로니가 전서 5:16-18)

위의 말씀은 아마도 교회에서 설교 주제로 가장 자주 인용되는 성경 구절일 것입니다. 막연하고 추상적인 '하나님의 뜻'을 이렇게 알기 쉽게 구체적으로 풀어놓은 구절이 흔치 않기 때문이겠지요.

그러나 한편으로는 무엇인가 좀 부족한 듯 보이는 말씀이기도 합니다. 기뻐해야 할 주체는 자기 자신이겠지만, 기쁨을 느낄 일이 명확하지 않고, 기도 또한 누구를 위해, 그리고 무엇을 위해 늘 기도하라는 것인지 구체적 목적이 없기 때문입니다. 감사하라는 말씀도 무엇을 왜 감사하라는 것인지 자세한 내용이 생략되어 있는 것 같습니다.

이유도 없이 항상 기뻐한다면 좀 모자란 사람 취급받기 쉬울 테고, 늘 기도하는 삶이라 해도 기도의 생활화보다는 기도의 내용이 더 중요할 것 같기 때문입니다. 어떤 처지에서든 감사하라는 말씀도 감사의 내용이나 대상이 우선 전제되어야 할 것 같습니다. 무조건적인 기쁨과 기도와 감사라면, 자칫 이기심의 충족으로 인한 것으로 오해될 수 있고, 불의(不義)와도 타협하라는 식으로 편리하게 해석될 수도 있을 테니까요. 물론 이 말씀 바로 앞, 데살로니가 전서 5장 15절에,

『여러분 중에는 악을 악으로 갚는 사람이 하나도 없도록 하고, 언제나 남에게 선을 행하도록 힘쓰십시오. 또 모든 사람에게 선을 행하십시오.』

라는 말씀이 있어서, 선을 행하기 위한 기쁨과 기도와 감사일 것이라고 연결 지어 생각할 수도 있습니다. 그런 의미에서 보면 기쁨과 기도와 감사의 공통점은 정치적, 사회적 관점이라기보다는 개인적 관점에 더 가깝고 또, 개인의 내면적 성향이나 하나님을 바라보는 삶의 자세와 관련이 있는 듯합니다. 성서에서 가장 중요한 것이 '하나님 나라'를 이루기 위한 '이웃 사랑'과 '하나님 사랑'이라면 그에 못지않게 중요한 것이 개인적인 '자기 사랑'일 수 있겠다 생각합니다.
　자기 사랑이되, 나르시시즘이 아닌 사랑, 이웃 사랑이 결국 하나님 사랑과 통하듯, 자기 사랑도 궁극에서는 하나님 사랑과 통하는, 그런 사랑의 실천으로서 기쁨과 감사와 기도를 말하고 있다고 생각합니다. 역으로 보면, 불평과 불만과 자기 성찰이 없는 삶을 경계하고 있다고도 볼 수 있습니다.

　　　　　　　　　　　　　　　　　　　곰과 동정녀

불가(佛家)에서는 세상의 번뇌를 일으키는 세 가지를 삼독(三毒)이라 하여 탐진치(貪瞋痴)를 꼽습니다. 남의 것을 탐하는 것과 성냄 그리고 어리석음이 미망(迷妄)을 불러온다는 말씀입니다. '남의 것을 탐하지 말고 지니고 있는 것에 감사하라, 성 내지 말고 기뻐하라, 어리석음을 이기기 위해 기도하라'라고 풀어 보면 성서의 말씀이 마치 불가의 삼독을 자세하게 설명하고 있는 듯합니다.

기쁨과 기도와 감사에 들어가기 전에, 먼저 **신영복** 교수의 글을 인용합니다.

「지금도 10살 미만의 어린이가 5초에 한 명씩 아사하고 있습니다. 지구상에서 매일 10만 명의 인구가 영양실조로 사망하는 것이 현실입니다. 미국만 하더라도 하루 1달러 미만으로 생존하는 빈곤층이 무려 2천만 명에 달합니다.」[64]

무척 가슴 아픈 현실 고발입니다. 이렇게 기아와 영양실조로 사망하는 사람을 옆에 두고, 나만 그리고 우리들만 기뻐한다는 것은 아주 철면피 같을 수 있고, 이러한 현실을 앞에 두고 아무런 실천행위 없이 기도만 한다는 것도, 모든 것에 감사한다는 것도, 전혀 신앙적이거나 도덕적이라 할 수 없을 것입니다.

이러한 현실을 대하며, 좀 한심하게 생각하는 일부 몰지각한 신자들도 있습니다.

---

64) 신영복, 〈담론〉, 돌베개, 2015, p.366

'아! 하나님, 저를 저렇게 극심한 빈곤과 나쁜 환경에서 살지 않게 해 주시니, 그런 땅에 태어나지 않게 해 주셨으니, 어찌 감사와 기쁨과 기도를 멈출 수 있겠습니까. 감사하고 감사합니다. 아멘입니다.'

의식적이건 무의식적이건 기쁨과 기도와 감사를 이렇게 타인과의 비교 우위의 개념으로, 또는 행운으로 이해하는 부분도 있을 수 있을 것입니다.

교회에서 여러 사람들의 간증을 들어보면, 지독한 가난이나 질병 혹은 고통에서 간절하게 기도를 했고, 기도의 응답을 받아 하나님의 은혜로 그 질곡에서 벗어나 무한 감사하다는 내용을 자주 접합니다. 그런 간증을 들을 때마다 '그렇다면 지금 가난과 병마로 고통 받는 모든 사람들은 기도가 부실하고 부족하기 때문이란 말인가'라는 반발과 의문이 저절로 생깁니다.

어떤 친구 이야깁니다. 이 친구가 등산 갔다 오는 길에 전철을 탔답니다. 좀 무리한 산행 탓인지 다리가 몹시 아팠고, 그래서 전철을 타며 기도했답니다. '아이고 하나님, 전철에 제 앉을 자리 하나 만들어 주시면 고맙겠습니다.'라고. 그랬더니 한 정거장도 가기 전에 앞 사람이 일어났습니다. 이 친구는 '하나님, 감사합니다.'라며 휴-! 하고 앉았습니다. 다음 정거장에 도착했습니다. 보기에도 엄청 연로하신 분이 바로 친구 앞에 서셨고, 이 친구는 할 수 없이 일어나며 중얼거렸답니다. '하나님, 아까 감사한 거 취소합니다.' 물론, 우스갯소리입니다만, 그냥 웃고 넘기기엔 우리들의 신앙, 달면 삼키고 쓰면 뱉는 그런 신앙의 단면을 보여주고 있는 것이 아닐까요?

곰과 동정녀

프로 축구선수로 유명한 P선수가 있습니다. 그는 골을 넣으면, 운동장에 무릎 꿇고 기도를 먼저 합니다. 지금은 그렇지 않지만, 예전에는 마주잡은 두손을 흔들며 기도하는 것으로 봐서 분명 감사기도일 것입니다.

저는 그런 모습을 볼 때마다 무척 안타깝습니다. 물론, '아, 그 선수 신앙이 참 좋구나.'라며 대견해 하는 분들도 있겠습니다마는, 저는 그런 감사기도가 몹시 눈에 거슬립니다. 골을 허용한 상대방 골키퍼를 감안한다면, 그리고 상대방 선수들의 입장을 생각한다면, 그들 바로 앞에서 감사의 기도를 할 수는 없지 않을까요. 골을 넣은 감격에 동료들과 함께 기뻐하는 것은 자연스러운 일이지만, 그 자리에 자신의 하나님을 불러들여, 다른 팀의 하나님까지 곤란하게 하는 일은 삼가야지 않을까 생각합니다. 하나님은 자기 혼자만의 하나님은 아니니까요. 정 하나님께 감사하고 싶다면, 혼자 조용한 곳에서 기쁨을 누리며 감사의 기도를 하는 것이 아름다운 일이겠지요. 이는 마치 중병에 걸린 환자 앞에서, "하나님, 제게 건강을 허락해 주시니 감사합니다."라고 소리 높여 기도하는 것과 비슷한 일이 아닐까요.

올림픽 같은 큰 경기에서 우리나라 선수가 금메달을 따면, 매스컴에서는 그 선수의 집까지 찾아가 인터뷰를 합니다. 이때, 선수의 부모님에게서 흔하게 나오는 내용이, 절에 가서 백일기도를 드렸다느니 교회 새벽기도를 빠뜨리지 않았다느니, 하는 이야기들입니다. 그들의 간절한 염원을 이해 못하는 것은 아닙니다. 아마 그보다 더한 일도 했을 것입니다. 그러나 그들의 기도가 성취됨에 따라, 메달을 따지 못한 선수와 가족의 상심은 어찌합니까. 그들이라고 그렇게 간절한 기도를 하지 않았겠습니까. 그들의 기도와 불공은 무시당하는 것이 당연한 일이었을까요? 금메달 선수의 가족은 교회에서 간증도 합니다. 엄청난 고난이 있었고, 간절한 기도가 있었기에 오늘의 영광이 있었노라고 말입니다. 많은 교인들이 "아멘! 할렐루야!"로 화답합니다. 제가 과문한 탓인지, 금메달 딴 선수나 그 부모님이 아깝게 메달을 따지 못한 선수를 위해, 한순간의 실수로 메달이 날아가버린 선수가족을 위해 위로하고 위안을 보내는 간증이나 기도는 들은 적이 없습니다.

운 좋게 태어나서 감사하다는 이야기나, 다리 아팠던 친구 이야기나, P선수 이야기나, 올림픽 금메달 이야기나 모두 이기심의 성취에서 비롯된 감사라는 공통점이 있습니다. 그리고 그 이기심의 성취로 인해 다른 사람들의 좌절과 아픔이 배려되지 않는다는 점도 공통점입니다.

메달을 기대했던 자기 자식이 경기에서 실수하여 메달을 놓친 것만 해도 속상할 노릇인데, 누구는 '하나님의 은혜와 간절한 기도로 자식이 금메달을 땄다'고 간증을 통해 자랑한다면, 이를 받아들여야 하는 많은 선수들과 그들의 부모 마음은 어떨까요. 그들에게 하나님의 은혜를 받지 못했다는 한탄과, 기도도 간절하지 못했다는 자책까지 불러일으키는 간증이라면 차라리 침묵이 훨씬 가치 있는 간증이 아닐까요.

이기심의 성취로 기뻐하고, 이기심의 염원을 위해 기도하고, 이기심의 충족에 감사하는 신자들이라면, 그들에게 '하나님의 뜻'이 함께 하리라 생각하지 않습니다. 왜냐하면, 이들의 기쁨은 조건부 기쁨이고, 이들의 기도는 이기심을 위한 기도이며, 이들의 감사는 이기심의 충족에 대한 감사입니다. 결코, 항상 기뻐할 수 없는 기쁨이고,

쉬지 않고 기도할 수 없는 기도이고, 범사에 감사할 수 없는 감사이기 때문입니다.

'기쁨',

사실 저는 기쁨이라는 언어에 익숙하지 않은 것 같습니다. 환하고 순수한 기쁨을 연상할라치면 좀 낯설게 느껴집니다. 어린아이처럼 순진무구한 기쁨의 얼굴과 기쁨의 덩어리가 되기엔, 그동안 살아오며 너무나 많은 때가 묻어있기 때문이겠지요. 때로는 계산이 기쁨에 앞서기도 합니다. 그리고 기쁨이 있다 해도 조건부 기쁨이 대부분입니다. 때로는 기쁨이라는 단어를, 재미나 행운으로 또는 호기심의 충족이나 노력에 따른 성취의 결과로 이해하기도 합니다. 기쁨에는 그러한 면도 분명히 있습니다. 그러나 성서의 기쁨은 한마디로 사랑받는 자나 사랑하는 자가 느낄 수 있는 '신성한 자기 긍정'이 아닐까 싶습니다. 기쁨은 무엇보다 강한 힘이고, 무엇이든 넘어설 수 있는 능력이 되기 때문입니다. 니체는 어린아이의 웃음보다 더 강한 것은 없다고 말했습니다. 무섭고 두려운 용도, 용맹하고 사나운 사자도 어린아이의 천진난만한 웃음 앞에선 아무것도 아니라고 했습니다. 심지어는 도덕도 법률도 제도도 이런 어린아이의 웃음을 심판할 수 없다고 했습니다.[65]

이런 어린아이의 웃음같이 티 없는 기쁨을 누리려면 무엇보다 어린아이처럼 가벼워져야 할 것 같습니다. 절대자 앞에서 나의 욕망과 이

---

65) 고병권, 〈니체의 위험한 책 짜라투스트라는 이렇게 말했다〉, 그린비출판사, 2014, p.291

기심과 두려움을 늘 조금씩 덜어낼 수 있다면, 그래서 하나님과 손잡아 하나님의 사랑을 온 생명으로 느낄 수 있다면, 그 샘솟는 기쁨은 목마르지 않는 샘물 같을 것입니다. 나날이 나를 덜어내서 가벼워지는 그런 기쁨이야말로 보잘 것 없는 존재가 하나님의 신성을 조금씩 닮아가는 과정이고, 이러한 기쁨이야말로 하나님도 함께 기뻐하시는 기쁨이리라 생각합니다.

생각해 보면, 기쁨과 기도와 감사는 마치 삼위일체처럼 하나일 것 같습니다. 기쁨과 기도가 감사이고, 감사와 기쁨이 기도이며 감사와 기도가 기쁨이기 때문입니다. 그러나 이러한 해석은 기쁨과 기도와 감사의 의미가 투명하리만치 정결한 경우만 해당될 듯합니다. 이기심이나, 조건부가 아닌 경우만입니다.

그런 의미에서 '기도'를 생각해 봅니다.

안타까운 일이지만 기도 만해도 얼마나 많이 오염된 단어인지 모릅니다. 좀 지나친 말이 될지는 몰라도 많이 천박해진 의미일 수 있습니다. 남도 들을 수 있도록 큰 목소리로 외쳐야 직성이 풀리는 기도, 눈을 감자마자 폭포수처럼 쏟아지는 입술로만 하는 기도, 하나님을 향한 적당한 감사와 추상적인 회개의 수사로 사탕발림한 뒤에 본격적으로 요구되는 '주십시오, 주십시오.' 등.

이러한 청원기도 자체가 잘못되었다는 말은 아닙니다. 우리들의 약함으로 인해 누구나 청원기도에 매달릴 수밖에 없는 경우도 많고, 그로 인한 위안도 적지 않습니다. 그러나 문제는 그 청원기도 속에 우리가 하나님과 일치하고 싶다는 염원이 얼마나 들어있는지, 비록 어려운 처지일지라도 탄식보다는 하나님께 순응하며 마음 깊은 곳을

곰과 동정녀

열고 하나님의 음성에 귀 기울이는 겸손함이 먼저 있는 것인지, 하나님께 모든 것을 의탁하고 의지하려는 믿음과 얼마나 관련이 있는 것인지 한번 되짚어 볼 필요는 있지 않을까요.

많은 사람들이 기도를 오해하고 있는 것은 아닌지, 믿고 싶은 대로만 믿는 신앙과 같이, 기도도 자기 편한 대로, 자신의 형통함을 위해서 남용하는 것은 아닌지 의문이 듭니다. 이는 기성 교회에서 교회 성장을 위해 그렇게 오해하도록 조장하는 측면이 있다고 봅니다. 그런 교회의 목사님들이 즐겨 인용하는 성구가 요한복음 14장 13, 14절입니다.

『너희가 내 이름으로 구하는 것이면 무엇이든지 이루어주겠기 때문이다. 그러면 아들로 말미암아 아버지께서 영광을 받으실 것이다. 너희가 내 이름으로 구하는 것이면 무엇이든지 다 내가 이루어주겠다.』

무엇이든지 구하는 대로 다 이루어주시겠다는 말씀이니, 그야말로 기도는 요술방망이 그 자체입니다. 그러나 이렇게 되기까지에는 전제조건이 있으니, 바로 12절입니다.

『정말 잘 들어두어라. 나를 믿는 사람은 내가 하는 일을 할 뿐만 아니라 그보다 더 큰 일도 하게 될 것이다.』

예수님이 하신 일을 자신도 해야 할 경우인데, 이러한 전제를 쏙 빼고, 기도의 만사형통만 강조하는 경우를 종종 봅니다. 세상 교회에서 이렇게 아전인수식 성경해석을 너무나 흔하게 봅니다. 전제나 배경을 생략한 채, 달콤한 말만 뽑아 유혹합니다. 이렇게 해석된 기도 중에 가장 편리하게, 그리고 나쁜 의미에서 유용하게 사용하는 기도가 있는데 일부 중보기도도 여기에 속합니다.

'중보기도', 익히 알고 있는 단어지만 정확성을 위해 사전을 찾아보니, 「자기 자신을 위한 기도가 아니라 타인을 위한 중재의 기도」라고 나와 있었습니다. 타인을 위한 기도는 이웃 사랑의 실천이고 하나님의 자비를 빌어주는 경건한 행위입니다. 충심으로 드리는 중보기도는 기도하는 사람까지 경건하게 만들고 하나님을 만나게 합니다. 그러나 이렇게 좋은 의미의 중보기도도 잘못 사용되면 현실 속에서 우리를 나태하게 하고, 마땅히 우리가 해야 할 일을 하나님께 미루어버리는, 편리한 도구가 됩니다. '당신을 위해 기도하겠습니다.'라는 이 한마디 말로, 우리는 많은 의무에서 벗어날 수 있기 때문입니다.

누가 다쳤다고 말해도, 누구의 목숨이 경각에 달렸다 해도, 누가 몹시 어려운 처지에 있다 해도, 그냥 '당신을 위해 기도하겠습니다.'라는 한마디 말로 자신을 면책하는 경우를 흔히 봅니다. 사실은, '당신을 위해 내가 지금 달려가겠습니다.' 또는 '내가 현장으로 가겠습니다.' 해야 할 상황에서도 우리는 편리하게 중보기도를, 우리가 흘려야 하는 땀과 수고를 대신해서 사용함으로써 하나님께 책임을 전가한 채 번거로움을 피하고 있는 것은 아닌지 한번 돌아볼 필요가 있을 것 같습니다.

프랑스 소설가 **조르주 베르나노스**는 「하나님은 손이 없다.」라고 갈파했습니다. '손'은 인간에게 위임되었으니까요.

곰과 동정녀

기도에 관한 한, 저는 이사야 1장 15절부터 17절까지의 말씀이 오늘날 한국 교회와 우리들에게 하시는 말씀이 아닌가 싶습니다.

『두손 모아 아무리 빌어보아라. 내가 보지 아니하리라. 빌고 또 빌어보아라. 내가 듣지 아니하리라. 너희의 손은 피투성이, 몸을 씻어 정결케 하여라. 내 앞에서 악한 행실을 버려라. 깨끗이 악에서 손을 떼어라. 착한 길을 익히고 바른 삶을 찾아라. 억눌린 자를 풀어주고, 고아의 인권을 찾아주며 과부를 두둔해주어라.』

선행을 배우지 않고 정의를 구하지 않는 더러운 손으로, 피 묻은 손으로, 제아무리 많이 기도해도 듣지 않겠다는 말씀이 아닙니까.

서공석 신부는 기도를 이렇게 정의합니다.

「기도는 하느님의 자유를 부르는 인간의 행위이다. 기도는 우리가 받고 있는 제약과 우리가 만든 우상에 대한 애착에서 우리가 해방되는, 우리 자유 확인의 장소이다. 기도는 새로운 생존양식을 자기 안에 받아들이기 위해 자기 스스로를 비우고 내어주는 행위, 곧 봉헌의 시간이다. 기도는 나의 삶에서 하느님을 하느님으로 계시게 하는 시간이다.」[66]

---

66) 서공석, 〈하느님과 인간〉 서강대출판부, 2014, p.323

결국 쉬지 말고 기도하라는 말씀은, 쉬지 말고 하나님을 하나님으로 계시게 하라는 명령이고, 그 하나님 안에서 자유로워지라는 의미입니다. 그러기 위해서는 나의 내면을 응시하며 하나님을 찾아야 하고, 찾은 하나님과 대면하여 고개 숙일 때, 그 경건함이 기도이리라 생각합니다.

다음은 '감사'입니다.

감사는 내게 없는 것을 헤아리는 일이 아니라, 이미 있는 것을 헤아리는 일이라고 생각합니다. 찬송가 429장에 '받은 복을 헤어보아라 주의 크신 복을 네가 알리라'라는 가사가 있습니다. 감사를 이보다 더 잘 표현한 말이 있을까요?

어떤 특정한 조건이나 환경, 또는 특별한 사건에 대한 감사는 자연스러운 일이기는 하지만, 한편으로는 이기적일 수 있어서 조심스럽기도 합니다.

길희성 교수는 '감사'를 이렇게 정리합니다.

「하나님을 향한 감사의 마음 자체는 어떤 경우든 아름답지만, 자신에게 일어난 어떤 특정한 사건을 두고 함부로 하나님의 이름을 거론하는 것은 무척 자기중심적이고 이기적인 생각이며 결국 하나님께도 누를 끼치는 행위가 된다. 우리의 진정한 감사는 세상적인 화(禍)와 복(福), 행과 불행, 그리고 삶과 죽음을 초월하는 감사, 그야말로 '범

사에 감사'하는 감사가 되어야 하지 않을까?」⁶⁷

범사에 감사하는 감사는 고백이나 감정으로 그치는 것이 아니라 감사에 반응하는 구체적인 행위여야 한다고 생각합니다. 나에게 베풀어진 모든 은혜를 '감사'로 받아들이기만 한다면, 나는 들판의 나무 한 그루와 무엇이 다를까요. 아니, 나무 한 그루도 태양 빛과 비와 바람으로 산소를 만들어 신선한 공기에 기여하는데, 하나님의 자녀라는 사람이 무작정 받기만 해서 내 배만 불린다면 그것이 올바른 감사의 자세일 리 없습니다. 이는 이용가치만 따지는 감사일 것입니다.

하나님의 사람이라면, 내 안에 계시는 하나님의 시선과 세상에 충만한 하나님의 뜻을 온몸으로 느낄 때, 감사하지 않을 수 없을 것입니다. 그러한 감사는 나의 시선과 마음을 하나님께 향하도록 이끌어주고 하나님과 친밀한 교제의 길을 열어주며 살면서 걸어가야 하는 길의 방향을 잡아 주리라 생각합니다.

하나님의 은혜를 깊이 느끼는 사람일수록 감사 또한 깊어지리라 생각합니다. 깊은 감사를 느끼는 사람은 자연스레 자신의 삶으로 하나님을 드러내겠지요. 감사에 대한 보응(報應)이나 보답이 하나님의 모습일 테니까요. 그런 사람들에게는 하나님에 대한 전폭적인 신뢰를 쌓아가는 일, 진심을 다하여 하나님을 경배하는 일도 중요하겠지만, 그보다 더욱 중요한 일은 하나님이 우리에게 끊임없이 주시듯 자신의 관심과 사랑을 주위에 나누는 일일 것입니다. 이기심의 충족이 감

---

67) 길희성, 〈하나님을 놓아주자〉, 도서출판 새길, 2006, p.20

사의 조건이 아니라 오히려 이기심과 자기애착을 벗어날 수 있음에
감사하는 사람일 것입니다. 한마디로, 하나님에 대한 감사가 자신의
삶의 방향을 바꾸는 동력(動力)으로 기능하는 사람일 것입니다.

탁석산은 '감사'에서 생길 수 있는 고립감을 경계하며, '어떤 고마
움'이든 그 고마움을 구체화할 수 있어야 대상과의 관계가 성립된다
며 다음과 같이 말했습니다.

「햇볕에 감사하면 어떻게 해야 하나? 해를 보고 감사하다고 말해야
하는가. 부모의 사랑에 감사하면 어떻게 해야 하는가? 부모에게 감
사하다고 말하는 것에 그쳐야 하는가. 행복 지침서들에 따르면 모든
것에 감사하는 마음을 갖기만 하면 된다. 감사를 통해 자신의 마음
근육을 키운다 해도 어디 가서 한 번도 써먹지 못한다면 슬픈 근육이
될 것이다. 그 근육을 가지고 다른 사람을 위해 무엇인가 해야만 한
다. 그래야 고립에서 벗어날 수 있다.

우리는 감사의 마음을 가지는 것으로 충분하다고 여기는 때가 많은
것 같다. 하지만 고마움에 구체적으로 답을 할 때에야 비로소 진짜
관계가 성립된다. 관계란 상대가 존재해야 하고 그리고 구체적인 행
위가 있어야 한다.」[68]

고마움에 구체적으로 반응하며 관계 맺는 일이 감사가 맺을 열매일
것입니다. 그래서 감사가 깊어지면 질수록 하나님과의 관계가 깊어

---

[68] 탁석산, 〈행복 스트레스〉, 창비, 2014, pp.202-203

곰과 동정녀

지겠지요. 하나님과의 관계가 가장 깊었던 사람이 **예수**일 것입니다. 하나님과 동일시될 정도로 하나님과 하나 되기를 원했던 **예수**는 하늘 아버지의 사랑을 목마른 사람들에게 나누어 주기 위해 자신을 완전히 비우신 분이었고, 그들을 위해 생명까지도 내려놓으셨습니다. 그러면서 **예수**는 사람들에게 '서로 나누라' 가르쳤습니다.

『있는 것을 다 팔아 가난한 사람들에게 나누어 주어라. 그리고 와서 나를 따라라.』(누가복음 18:22)

예수처럼 비움의 삶이 아름다운 것은 알지만, 실제로 그렇게 살 수 있을까요. 아무 부끄러움도 없이, 양심의 가책도 없이 그렇게 살아왔다고 말할 수 있는 사람은 별로 없을 것 같습니다. 저 역시 그런 삶을 살고 싶지 않고 그럴 의지도 자신도 없습니다. 비우기는커녕 흘러내리는 것이 없도록 자꾸 욕심의 잔을 채워가며 삽니다. 언젠가는 그 큰 잔에 압사(壓死)당할지도 모르겠지만 그래도 자꾸 잔을 키워갑니다.

후일, 네가 언제 어디서 무엇을 희생했으며, 누구를 도우며 살았냐고 하나님이 물으실 때, 무슨 대답을 해야 할지 아직 잘 모릅니다. 적어도 하나님이 내 안에 계시다면, 그 계심에 감사해야 하는 것이 마땅하고, 나름대로 감사의 열매를 맺어야 함에도, 혹 그냥 넘어가도 되지 않을까 하는 세상 유혹에 갈등을 겪어왔고, 아직도 겪고 있기 때문입니다. 그 원초적이고 강렬한 유혹에 이기기 위해 기도가 필요하리라, 그래서 기쁨이 필요하리라 생각합니다. 기도와 기쁨으로 언젠가 감사의 열매를 맺을 수 있다면 얼마나 좋을까요. 그렇게 삶을 마감할 수 있다면 그보다 더한 축복이 있을까요.

유혹에 지는 사람도 하나님의 자녀임에 틀림없지만, 적어도 예수의 신실한 제자는 될 수 없을 것입니다. 예수의 제자라면 절대자 하나님이 우리 안에 계시다는 사실을 믿는 사람이고, 우리가 하나님 안에 머물며 살고 있다는 사실을 인정할 테니까요. 나눔과 희생을 실천하지 못하는 사람에게서 예수의 향기가 날 리 없고, 그런 사람을 신앙인이라 부를 수는 없습니다. 예수가 가지고 있던 연민, 예수가 행하였던 자비심을 옛날 이야기로 전하는 것이 아니라 우리가 살고 있는 세상에 부활시켜 아름답게 꽃을 피우는 것이 신앙인의 의무일 것이라고 생각합니다.

그 어렵고 어려운 '나눔'을 구체적으로 실천하기 위해, 그리고 '나만을 위한, 나의 것'이라는 이기심을 내려놓기 위해, 항상 기뻐하며, 기도하며, 범사에 감사하며 살아가라는 말씀이 '데살로니가 전서 5:16-18' 말씀의 본뜻이 아닐까요. 이렇게 사는 것이 '하나님의 뜻'을 이루는 삶일 테니까요.

'하나님의 뜻'은 앞서 15절 말씀처럼 선하게 살라는 말씀에 순종하는 것이고, 선하게 산다는 것은 결과적으로 '하나님 나라'를 이 땅에 임하게 하는 것입니다. 그리고 '하나님 나라를 이 땅에 임하게 하는 것'이 예수가 목숨을 버리면서까지 평생토록 원했던 하나님의 사업일 것입니다.

그런 의미에서 『기뻐하라, 기도하라, 감사하라』는 말씀은 '네가 네 속에 갇혀 하나님의 뜻을 행할 수 없을 때, 이 세 가지 처방을 통하여 울타리를 넘어서라'는 말씀이 아닐까 싶습니다.

참고로, 세계적으로 기독교가 기적같이 부흥한 나라가 '한국'이라
지만, 이는 외형적 모습일 뿐, 우리나라는 세계에서 일인당 기부액
이 최하위입니다.

11. 십자가와 예수

　세계의 수많은 도시 중에서 서울만큼 십자가가 많은 곳은 없다고
합니다. 밤에 조금 높은 곳에서 서울 시가지를 내려다보면 붉은색 네
온사인 십자가가 물결치듯 도시 위에 넘칩니다.

　운전을 하며, 또는 길을 걸으며, 수많은 십자가를 볼 때마다 이 많
은 교회가 무슨 의미로 십자가를 저렇게 많이 세워 놓았는가 생각하
게 됩니다. 가톨릭과 개신교의 십자가는 가로와 세로의 비례가 조금
다르지만, 거의 같은 모양의 십자가입니다. 십자가 중에서도 특히
대형교회에 높이 걸린 커다란 십자가는 거리를 압도하며 위세를 뽐
내기도 합니다. 거리의 간판처럼 너무나 흔한 십자가는 무슨 말을 하
고 싶은 것일까, 나는 그 십자가를 어떻게 읽어야 하나 가끔씩 자문
합니다.

　'십자가를 믿으면 구원을 받으니 방황하지 말고 어서 오십시오'라는

　　　　　　　　　　　　　　　　　　　　　　　곰과 동정녀

메시지 같기도 하고, '십자가에서 피 흘리신 예수의 고통과 구원 사역을 기념하라'라는 목소리를 대신하고 있는 듯 보이기도 합니다. 또는 단순히, '여기는 교회다'라는 표시인 것 같기도 합니다. 요즘은 십자가가 너무 많아 홍보효과가 별로 없어서 교회마다 더 높이, 더 크게 세우는 것인지도 모르겠습니다.

대부분의 사람들이 알고 있는 것처럼, 십자가는 로마시대 정치범을 처형하기 위한 사형 도구입니다. 십자가는 예수만 처형한 사형 도구가 아니라, 당시 로마에서는 때에 따라 한꺼번에 수십 명, 수백 명씩 처형하였고 십자가에서 죽은 사람만 수천 명에 달했다는 기록이 아직 남아있습니다. 비교적 자주 십자가 처형이 이루어진 것은 그만큼 로마제국의 공포정치와 폭압통치를 반증합니다.

이제 서울의 교회들은 로마시대에 사형을 위하여 세웠던 십자가의 전체 숫자보다 훨씬 더 많은 십자가를 세우고 있습니다. 그러면서도 십자가의 의미에 대하여는 사전적이고 교리적인 정의만 내릴 뿐, 그 내면의 의미나 상징 등 깊은 의미를 알리는 데는 무척 인색해 보입니다. 우리는 교회니까 무조건 십자가를 세워야 한다는 강박관념 같은 것이 없다면, 적어도 십자가의 의미에 대하여 신자와 일반인들을 대상으로 '누군가 깊이 있는 설명을 해주면 좋겠다.'라는 생각이 들기도 합니다.

사실, 기독교에서 십자가만 모호한 것이 아닙니다. 하늘나라, 천국, 구원, 영생, 대속, 보혈, 회개 등 여러 단어들에 대한 명쾌한 해석이 있으면 좋겠지만, 학자마다, 목회자마다, 신자들마다, 그리고 경우에 따라 조금씩 다릅니다. 보는 관점에 따라 다를 수밖에 없는 것이 당연한 것이고, 개인적인 성향이나 경험과 지식의 차이로 인해 같을 수 없다는 것도 당연합니다. 누구나 이렇게 관점이나 관념의 차이가 있을 수밖에 없음을 인정하면서도 일부 신자들은 자기와 다른 생각을 가진 사람을 대할 때, 대뜸 '엉터리 신자 아닌가', '이단 아닌가'라며 색안경을 쓰는 경우가 있습니다. 색안경을 쓰는 근거로 가장 흔하게 사용되는 언어가 '성경적이지 않다'느니, '교리에 어긋난다'느니 하는 말일 것입니다. 생각해 보면 성경 자체가 비유이고 상징인데, 성경적이지 않다는 말은 자신의 해석만 옳다는 교만에 가까울 수 있고, 게다가 문자주의에 집착한 해석인 경우 답답한 독선에서 한 치도 벗어날 수 없는 한계를 갖습니다.

신앙이라는 것은 어떤 의미에서는 평화를 만드는 일입니다. 그런 의미에서 십자가에 대한 저의 생각이나 느낌이, 자신이 생각하는 교리에 어긋나거나 지나치게 단편적인 시선이어서 좀 부족하더라도, '이렇게 생각할 수도 있구나'라는 이해를 받을 수 있으면 좋겠습니다.

일반적으로 많은 기독교인들이 십자가를 대하며 느끼는 것이 대속과 보혈이 아닐까 생각합니다.

'우리의 죄를 속하여 주기 위해 **예수**는 십자가에 달리셨고, 그 십자가에서 흘리신 피로 인하여 우리는 비로소 구원을 받았다. 이러한 사실을 믿는 사람은 하나님의 자녀가 되어 영생한다.'라고 십자가의 메시지를 요약하면 보수적인 정통교단의 관점에서 크게 틀리지 않을 것 같습니다.

그러나 이러한 전통적 십자가 이해에는 납득할 수 없는 많은 의문이 뒤따릅니다. 선악과로 인한 원죄론과 이에 따라 모든 인간은 태어

곰과 동정녀

나면서부터 죄를 지고 태어났다는 주장은 **어거스틴**에 의해 고안되고 생성되었다고 보는 것이 일반적인 학계의 의견입니다.

그리고 십자가를 대속의 도구로 인식하는 대속론은, 성서적이라기보다는 중세 신학자이며 대주교였던 '**안셀름**(Anselm, 10331109)'의 영향으로 생겼다고 합니다. 이는 많은 성서학자들의 공통적 견해입니다. 이러한 대속론은, **예수**의 삶을 앞세우기보다는 그가 십자가에서 죽어야만 했던 사명을 더 중요하게 여긴다는 문제점이 있습니다. 인간 **예수**의 삶과 메시지, 그가 겪었던 고통과 고뇌는 그야말로 통과의례인 셈이고 그의 진정한 목적은 십자가에서의 죽음이라고 단순화시키기 때문입니다.

「나는 분명히 **예수**가 우리를 구원하고 속량한다고 믿는다. 그러나 나는 그것이 유독 십자가 사건이 지닌 대속의 힘 때문이라고, 그가 흘린 보혈이 만인의 죄를 씻는 무슨 주술적인 힘이 있기 때문이라고는 생각하지 않는다. 더군다나 아들의 죽음이 보상을 요구하는 아버지의 정의감을 만족시켰기 때문이라고는 결코 생각할 수 없다. 나는 예수님의 삶의 이야기와 그의 가르침 전체가 우리를 죄악의 힘, 세상을 지배하는 것 같은 악한 힘으로부터 해방시키는 힘이 있다고 믿는다.」[69]

이러한 견해는, 전통적이고 교리적인 십자가 이해가 아니라, 십자

---

69) 길희성, 〈하나님을 놓아주자〉, 도서출판 새길, 2009, p.117

가에서 예수의 삶과 가르침을 보아야 한다는 의미로 요약할 수 있을 것입니다.

저는 십자가를 통해 예수의 고통과 비극을 봅니다. 십자가에 못 박히고 숨이 다할 때까지 느꼈을 엄청난 육체적 고통, 짧은 삶을 마감해야 하는 두려움과 절망감이 얼마나 컸을지 가늠할 수조차 없습니다. 그러나 어찌 보면, 그 당시 젊은 나이에 십자가에 못 박혔던 사람이 예수 한 분뿐이 아니었고, 또 기껏해야 몇 시간의 고통이었을 테니, 거기에서 역사적 의미라든지 미래의 모든 인류에 대한 영원한 대속의 고통을 가늠하기에는 좀 무리가 있을지 모릅니다.

어느 날, 가톨릭 성당에 높이 걸려 있는 십자가 고상을 보았습니다. 그리고 눈을 감았습니다. 고통을 함께 느끼고 싶었는지도 모르겠습니다. 그때, 갑자기 예수의 고통이 과거 한순간의 그것이 아니라, 역사 속에서 면면히 이어져 지금 이 순간까지, 내 바로 앞에서 몸부림치며 이어지고 있다는 느낌이 들었습니다.

청년 예수는 가장 불행한 사람이 되어 제 앞에 다가섰습니다. 다른 정치범처럼 십자가에 매달려 죽었다면 그렇게까지 불행하게 느껴지지는 않았을 것입니다. 그의 비극은 오히려 부활에서 비롯된 듯했습니다. 부활했기에, 이천 년 넘게 계속 고통을 당해야 했다는 사실이 밀물처럼 다가왔습니다. 그는 애처롭게도 부활하여 수없이 많은 거짓과 권모술수의 도구로 이용당해 왔습니다. 325년 니케아 공의회에서 기독교가 공인된 이후, 그의 삶은 사라지고 그의 죽음만이 가치 있게 되었고, 그 증거가 지금도 '사도신경'에 고스란히 남아 있습니다. '동정녀 마리아에게 나시고, 본디오 빌라도에 고난을 받으사

곰과 동정녀

십자가에 못 박혀 죽으시고'에서 보는 것처럼, 예수의 나고 죽음만이 중요할 뿐, 그의 귀한 삶은 오직 쉼표(,) 하나로 요약되어 훌쩍 건너 뜁니다.

예수는 기독교가 로마 국교로 정해진 이후 지금까지, 권력 유지의 편리한 도구로 다양하게 이용당해 왔습니다. 사랑했던 제자 베드로의 적통이라는 교황들은 수없이 많은 부끄러운 역사를 남겼고, 십자군은 헤아릴 수 없을 정도로 많은 사람들을 예수 선교라는 이름으로 죽였습니다. '살인하지 말라'는 계명도 예수라는 이름 앞에서는 무용지물이었습니다. 예수만 믿고 회개만 하면 모든 죄가 사하여진다는 막무가내식 싸구려 죄 사함의 표지가 되어버렸고, 예수를 앞세운 청교도와 유럽 제국주의자들에 의해 1억 명 가까운 아메리카 인디언들과 토착민들이 그 목숨을 비참하게 잃어야 했습니다. 인디언과 토착민들에게 예수와 십자가는 악마의 표지였습니다. 예수를 앞세운 유럽인들은 현지의 사람들을 무참하게 사냥하면서도 이를 '선교'라고, 예수를 위한 일이라고 포장했습니다.

'홀로코스트'도 마찬가지입니다. 6백만 명의 유대인을 가스실로 보내며, 히틀러는 '예수를 죽인 유태인을 죽여야 한다.'며 명분을 만들었습니다. 오늘날, 수없이 많은 십자가에 아직도 매달려, 예수 살아 생전의 회 칠한 무덤 같았던 성전(聖殿)보다 더 타락한 오늘의 교회 지붕 꼭대기에서 계속 지켜보아야 하는 고통을 예수는 감내하고 있었습니다.

이에 비하면 한순간의 십자가 고통은 오히려 가볍겠다는 생각이 십자가 고상을 바라보는 내내 떠나지 않았습니다. 차라리 예수는, 아브라함이나 모세처럼 부활하지 않았더라면, 자신의 이름으로 자행되었던 이천 년간의 참혹한 현실과 오늘의 일부 타락한 교회들을 외면할 수 있었을 것입니다.

불가(佛家)에 전해오는 이야기 중에 '지월(指月)' 일화가 있습니다.
'손가락으로 달을 가리키면 달을 보아야지 왜 손가락을 보느냐'라는 말씀입니다. 이와 비슷한 한자 숙어가 견월망지(見月忘指)인데, 見月望指라고도 씁니다. 뜻은 비슷해서, 전자의 경우는 '달을 보면 달을 가리키는 손가락은 잊어라'라는 의미이고, 후자의 경우는 '달을 보라는데 손가락을 바라본다.'의 의미입니다. 두 가지 모두 달의 중요성을 이야기하며 손가락은 수단에 불과하다는 뜻을 강조하고 있습니다.
불경에는 이와 비슷한 비유로 뗏목 이야기도 있습니다. '뗏목을 타고 강을 건넜으면 뗏목을 버려야지, 요긴하다고 계속 짊어지고 다녀서야 가야 할 길을 가겠느냐'라고 말합니다. 그리고 금강경에도 불취어상(不取於相)이라는 말이 있습니다. 상(相)을 취하지 말라는 말로, 여기에서 '상'은 사람의 오감에 잡히는 모든 것을 말합니다. 문자(文字)나 언어도 이에 포함됩니다.
저는 십자가가 예수(月)를 가리키는 손가락(指)이라고 생각합니다. 예수를 바라보아야지 자꾸 십자가를 바라본다는 느낌이 듭니다. 앞에서 이야기하였듯, 십자가는 사형을 집행하기 위한 형틀입니다. 어쩌면 로마 권력의 포악한 단면이고 사형수의 고통이 눈물겹게 묻어나는 것이 십자가 형틀인데, 어쩌다가 '사랑의 예수'를 상징하는 성스러운 표시가 되어버렸습니다. 그 처참하고 끔찍한 형틀이 어처구니

없게 장식품이 되어 젊은 여인들의 귀와 목에서 반짝이기도 합니다. 물론 예수를 기념한다는 의미에서 나름대로 의미와 가치가 있다는 것을 아무도 부정하지 못할 것입니다. 그러나 십자가로 상징되는 예수의 죽음이, 치열했던 예수의 삶보다 우선할 수는 없음에도 실제로는 한층 더 가치 있는 것으로 교인들에게 다가서는 듯합니다. 한마디로 한국 교회에서는 예수의 죽음을 예수의 삶보다 더 중요하고 가치 있는 것으로 여기고 있는 것이 아닐까 생각하게 됩니다.

이는 달보다 손가락을 더 중시하는 일입니다. 좀 과도한 비유일지 몰라도, 만일 예수가 올가미를 사용하는 교수형에 처해졌다면 오늘의 우리는 올가미를 앞장세울 수 있을까요? 만일 예수가 돌맹이에 맞아 죽는 처형을 당했다면, 우리는 돌맹이를 교회 지붕 꼭대기에 세워 놓아야 했을까요? 만일 예수가 아무 처형도 당하지 않고 장수했다면, 교회 지붕 위에는 무엇이 올라가 있을까요? 예수는 당신을 기념하라며 최후의 만찬에서 빵과 포도주를 들었지만, 십자가를 기념하라고 이야기한 일은 없었습니다. 마가복음 8장 34절에서

『예수께서 군중과 제자들을 한 자리에 불러놓고 이렇게 말씀하셨다. "나를 따르려는 사람은 누구든지 자기를 버리고 제 십자가를 지고 따라야 한다."』

라고 말씀하셨지만, 이때는 십자가 처형 이전으로, 십자가는 곧 이어지는 35절의 말씀처럼 목숨을 걸라는 의미였을 뿐입니다.

사실 십자가는 예수의 삶보다 대속의 죽음을 강조합니다. 그의 죽

음으로 우리들이 살아났다는 교리를 뒷받침하기에는 더없이 좋은 상징이지만, 예수가 평생 강조했던 '하나님 나라'를 나타내기에는 무엇인가 좀 부족한 듯 보입니다. 십자가에서 '하나님 나라'를 읽어내기엔 거리가 멀게 느껴지기 때문입니다.

이는 어쩌면 십자가의 과잉에서 비롯된 생각일지도 모릅니다만, 어쨌든 이천 년이 넘도록 십자가 끝에 매달려 고통받는 예수의 모습은 너무나 애처롭습니다. 예수는 죽음을 이기고 부활하였다고 기뻐하면서, 왜 아직까지 예수를 고통스러운 십자가에 매달고 있어야 하는지 누군가에게 묻고 싶습니다.

예수께 '이제 그만 십자가에서 내려오시지요.'라며 권하고 싶습니다. 예수의 십자가로 인해 우리가 구원받았다고 기뻐하는 믿음도 귀한 것이겠지만, 부활한 예수가 우리와 함께 호흡한다는 믿음이, 그리고 예수처럼 살아보겠다는 다짐이, 예수가 오늘의 우리에게 전하는 더 소중한 메시지일 것이라고 생각합니다. 거리에 넘치는 십자가에서 예수의 죽음을 기억하기보다는 '하나님 나라'를 위해 목숨을 걸었던 예수의 삶과 부활을 상기하는 것이 더 바람직한 신자들의 모습이 아닐까요.

그 삶을 자신에게 적용하려 애쓰는 그런 신자들일수록 "이제부터라도 예수의 가르침과 하나님의 사랑을 생활 속에서 실천하려고 노력할 테니, 그 모진 풍파의 교회 꼭대기 십자가에서 고통 받는 것을 이제 그만 그치시고 걸어 내려오셨으면 좋겠다."라고 말할 것 같습니다.

곰과 동정녀

12. 개미와 하나님

　개미는 상호 의사소통을 통해 서로 협력하며 살아가는 사회적 동물입니다. 개미를 연구하는 과학자들에 의하면, 개미는 기본적으로 페로몬이라는 화학물질을 분비하여 의사소통을 한다고 합니다. 이러한 화학적 방법 이외에도 촉각, 몸짓도 의사소통을 위해 활용하는 것으로 알려졌으며, 최근에는 개미를 전공하는 학자들의 활발한 연구로, 많은 종의 개미들이 인간의 청각으로는 들을 수 없는 소리를 내서 의사를 전달한다는 사실이 새롭게 밝혀졌다고 합니다. 이러한 나름대로의 언어체계로, 개미들은 자기들이 소속된 집단을 위해 조직적으로 사회활동을 하며 살아갑니다.

　그러나 개미들이 제아무리 의사소통을 원활하게 한다 해도, 오가는 대화는 개미들의 수준을 벗어날 리 없습니다. 그들이 알고 있는 공간개념이라야 개미굴 근처의 지형이나 먹잇감이 있는 장소 정도

일 것입니다. 예를 들면 설악산에 사는 개미는 설악산을 알 수 없습니다. 하물며 설악산에 사는 개미가 지리산을 알 리 없습니다. 아니, 그들은 그들의 집단이 산에 산다는 사실조차 모릅니다. 마치 물고기가 물에 사는 것을 모르는 것과 같은 이치입니다.

'하루살이'라는 곤충이 있습니다. "우리에게 내일은 없다!"라며 큰소리치는 곤충이라고 농담하지만, 사실 이들은 이름과 달리 성충이되어 평균 2–3일 정도를 산다고 알려져 있습니다. 하루살이는 그 짧은 평생으로 인해 사계절을 알 수 없고 일 년을 알 수 없습니다. 개미와 하루살이는 그들에게 허락된 시간과 공간의 범위만 알 수밖에 없습니다.

과학자들에 의하면 약 138억 년 전에 빅뱅이라는 사건이 일어나서 최초로 물질과 에너지, 시간과 공간이 생겨났다고 합니다.[70] 38억 년전, 지구에 생물이 생겨났고, 대략 15만 년 전에 인간이라 부를 수 있는 원시 사피엔스가 동아프리카에 출현했다고 말합니다.[71] 138억 년과 15만 년을 비교하면 인류의 장구한 역사라 해도 눈 깜빡할 순간도되지 못할 만큼 짧은데, 잘해야 100년을 사는 인간의 삶과 비교할 수조차 없습니다.

우리들이 살고 있는 지구, 그 공간도 마찬가지입니다. 달에서 지구를 보면 푸른색의 둥근 모습으로 제법 커 보이지만, 토성쯤에서 지구를 보면 그냥 반짝이는 수많은 별 중의 하나에 불과하답니다. 1997

70) 유발 하라리, 조현욱 옮김, 〈사피엔스〉, 김영사, 2015, p.18
71) 위의 책, p.42

년 발사된 무인 우주선인 카시니호가 토성 근처에서 보내온 지구 사진을 보면 빛이 있는 한 점이 지구입니다. 은하계를 벗어나면 모래밭의 모래 한 알갱이보다도 작은, 빛마저도 제대로 내지 못해서 식별하기조차 어려운 별이 지구라고 합니다.

그 먼지같이 작은 별에서 100년도 못 사는 인간들이, 어찌 보면 개미와 하루살이보다 더 나을 것이 별로 없는 인간들이, 감히 무한한 우주공간과 영원이라는 시간을 만든 창조주를 잘 안다고 주장합니다. 특히 기독교의 창조주는, 당초에는 특정 민족과 나라를 위해 기능했던 부족 신이었고, 하늘과 땅, 그리고 땅 밑이라는 삼층천(三層天)을 창조한 신에 불과했었지만, **예수**의 출현과 자연과학의 발전으로 인해 점차 영역과 경계를 넓혀 지구와 자연을 만든 하나님이 되었고, 지금은 온 우주까지 창조주의 창조물이 되었습니다.

우리 인간들의 삶을 무한한 공간과 시간에서 보면, 개미나 하루살이보다 뛰어날 것이 전혀 없습니다. 다만 우리들은 이 지구상의 모든 생명체가 갖고 있지 않은 특별한 지혜를 갖고 있는데, 그중 가장 대표적인 지혜는 자기 자신을 대상화할 수 있고, 자신에게 질문할 수 있는 지혜일 것입니다. **사르트르**는 이러한 능력을 가진 인간을 대자적 존재(對自的 存在)라고 부르기도 했습니다. 그에 의하면 인간은 본능에만 충실한 단순한 존재가 아니라, 존재를 물을 수 있는 존재이기에 실존(實存)합니다.

자기 자신을 대상화하여 질문할 때, 우리들이 가장 먼저 깨닫게 되는 것이 아마도 우리가 알 수 있는 것보다, 알 수 없는 것이 많다는 사실일 것입니다. 적당한 비유가 될지 몰라도, 별로 배우지 못한 사람은 자신이 모르는 것이 많다는 사실을 인정하지 않지만, 많이 배운 사람일수록 모르는 것이 얼마나 많은지 잘 아는 것도, 자신을 얼마나 철저하게 대상화할 수 있느냐의 문제에 일정 부분 기인하지 않을까 생각합니다.

개미와 하루살이는 대체로 그들 삶의 범위만 알 수 있겠지만, 인간이 그들과 다르게 좀 더 많이 알 수 있는 것도 자신을 대자화(對自化)할 수 있는 능력이나 지혜 때문일 것입니다. 물론 인간이 자신의 삶의 범위 밖을 헤아릴 수 있는 힘을 갖게 된 데에는 이밖에도 다양한 변수들, 즉 도구나 문자나 이성 등 여러 가지가 있었을 것입니다.

그럼에도 불구하고 인간이 창조주를 이해하고 안다고 하는 교만은 지나친 과대망상 아닐까요? 마치 어떤 개미나 특별한 하루살이가 지구를 이해하고 사계절을 다 겪어보았다고 말하는 것과 비슷합니다. 근본적으로 창조주는 시간과 공간이라는 좌표를 넘어서 있지만 인간은 그 좌표에서 한 치도 벗어날 수 없는 존재이기 때문입니다.

성서에서는 인간의 생명이 개미나 하루살이보다 못한 '안개'일 뿐이라고 말합니다. 야고보서 4장 14절 말씀입니다.

『당신들은 내일 당신들의 생명이 어떻게 되는지 알지 못합니다. 당신들은 잠깐 나타났다가 사라져버리는 안개에 지나지 않습니다.』

우리의 생명이 하루살이만도 못한 '안개'임을 받아들일 때, 겸손해지지 않을 수 없을 것 같습니다.

하나님을 잘 알기에, 간절한 기도를 통하여 자신의 뜻대로 하나님

곰과 동정녀

을 움직일 수도 있다고 생각하는 교만이 정직한 믿음일 수 없습니다. 정직하지 않은 과대망상의 근원은 불행하게도 교회에 그 책임이 있지 않을까 생각합니다. 교회가 하나님에 대한 겸손을 먼저 교인들에게 가르쳤다면, 창조주 하나님을 잘 안다는 교만은 당초 교회에 발붙일 수 없었을 것입니다. 교회는 교리를 가르치기에 앞서, 그리고 하나님을 설명하기에 앞서, 하나님 앞에서 스스로 겸허해져야 마땅하지 않을까요?

교회는 하나님을 의인화하여 우리 인간들과 비슷한 성정이 있는 하나님, 희노애락의 하나님, 우리 수준에서 충분히 판단 가능한 하나님을 가르쳤고, '비나이다 비나이다 신령님께 비나이다' 할 때의 신령님 수준으로 하나님을 끌어내리지 않았나 생각합니다. 이것도 모자라 인간사 모든 일에 시시콜콜 간섭하시는 하나님으로 만들어버렸습니다. 소위 '생사화복을 주장하시는 하나님'이라는 말이 그것입니다. 생과 사, 화와 복을 하나님께 전적으로 맡긴다는 의미라면 몰라도, 생사와 화복을 주관하시는 하나님이니 그 앞에서 무릎 꿇고 간구해야 형통할 것이라는 주술적 의미라면, 중세 암흑기의 신앙관과 무엇이 다르겠습니까.

저는 하나님은 이해의 대상이 아니라 느낌의 대상이라고 생각합니다. 많은 사람들이 하나님을 이렇게 저렇게 설명할 때, 그들의 준거는 대부분 성경이고 교리입니다. 성경은 하나님을 향한 방향을 알려주는 책이지만, 대다수 근본주의 신앙인에게 성경은 움직일 수 없는 역사적 사실을 기록해 놓은, 오류가 없는 완벽한 책으로 받아들여집니다.

이에 대해 **톨스토이**는,

「신이 6일 만에 세상을 창조하였다거나, 해보다 빛을 먼저 창조하였다거나, 노아가 모든 동물을 방주에 가두었다거나, 예수도 신의 아들로 시간이 존재하기 전에 모든 것을 창조하였다거나, 이 신이 **아담**의 죄를 보상하기 위하여 땅 위에 내려왔다거나, 그가 죽음에서 일어나 하늘로 올라가 신의 오른쪽에 앉아있다가 구름을 타고 세상을 심판하러 올 것이라고 하는 등등의 명제는 사실, 4세기경에 다듬어진 것이다. 당시 사람들에게는 특별한 의미가 있었겠지만, 지금 이 시대의 사람들에게는 아무런 의미가 없다. 현대인은 그들의 입술로 이 말을 반복할 수는 있어도 그것들을 온전히 믿을 수는 없다. 왜냐하면, 신이 하늘에 산다거나, 하늘이 열리고 어디에선가 목소리가 울려 퍼져 어떤 내용을 말했다거나, 그리스도가 부활하여 하늘의 어딘가로 올라갔다거나, 다시 구름 위 어디로부터 돌아올 것이라거나 하는 등등의 문장이 우리에게는 실로 아무런 의미가 없기 때문이다.

하늘을 단단하며 유한한 천장으로 여기는 사람은 신이 하늘을 만들었고, 하늘이 열렸으며, 그리스도가 하늘로 올라갔다고 믿거나 말거나 할 수 있지만, 지금 우리에게 이 모든 구절은 도대체 아무런 의미가 없다. 현대인은 오로지, 정말로 그들이 그래야 한다면 이것을 믿어야 한다는 것만 믿을 수 있을 뿐, 실제로 믿지는 못한다. 그들에게는 이것이 아무런 의미가 없기 때문이다.」[72]

---

72) 레프 니콜라에비치 톨스토이, 박홍규 옮김, 〈신의 나라는 네 안에 있다〉, 들녘, 2016, pp.138-139

톨스토이는 성경을 '사실적 진실'이라고 믿는 한 아무런 의미도 없다고 말하는 것입니다. 우리들이 성경에서 찾아야 할 것은, 당시 사람들이 생각했던 하나님의 위대성과 하나님에 대한 경외심이지, 3, 4세기경 그들 나름의 신앙 고백적 신화를 현대인에게 고스란히 되살려 사실로 믿으라고 강요하는 것은 아무런 의미도 없다고 강조합니다.

1859년 찰스 다윈이 〈종의 기원〉을 발표하기 전까지만 해도 서양 기독교인들은 지구의 기원에 대해 기원전 4004년 10월 23일에 신에 의해 창조되었다고 믿었습니다.[73] 이는 1650년에 아일랜드 교회의 제임스 어셔 대주교가 성서의 기록을 비롯한 여러 가지 유물을 신중하게 검토해서 〈구약성서 연대기〉라는 책을 발간했을 때 이 책에 기록된 창조 날짜였습니다. 그후 어셔의 주장이 과학적이라는 미신과도 같은 믿음이 19세기까지 이어졌다고 합니다.[74]

과학화되고 문명화된 대명천지에 이미 퇴색해진 구시대의 창조론을 아직도 고수하는 사람들이 있고, 이를 사실적 진실로 받아들이는 기독교인들도 있습니다. 그리고는 믿으라고 강요합니다. 이는 마치 '단군신화'를 사실로 믿으라고 강요하는 것과 비슷한 일이겠지요. 단군신화는 대략 5천 년 전의 이야기이고, 창세 신화는 대략 6천 년 전의 설화입니다. 단군신화를 역사적 사실로 믿는 사람은 한 사람도 없겠지만, 성서의 창세신화는 실제 사실이라고 굳게 믿는 기독교인들이 뜻밖에 많습니다. 어처구니없게도, 이를 믿지 않으면 '믿음 약한

73) 네이버 블로그, '배철현과 함께 가는 심연', 2019. 6. 5, '신념(信念)'

74) 빌 브라이슨, 이덕환 옮김, 〈거의 모든 것의 역사〉, 까치글방, 2019, p.87

자'라고 지탄할 사람도 있을 것입니다.

신화나 비유는 어디까지나 그것을 통해서 느끼거나 보는 것이지, 믿음의 대상은 아니지 않습니까. 신화를 만든 그들은, 그 당시의 사회적 환경과 교육적 수준에서 나름대로 신화와 비유를 통해 하나님의 위대함을 강조한 것입니다. 하나님에 대한 외경(畏敬)의 표현이라고 이해할 수 있습니다.

외경(畏敬), 엄청나다고밖에 말할 수 없는 광막한 우주를 만드신 하나님, 아름다운 지구별의 자연과 생명들을 만드시고 유지하시고 소멸시키시는 하나님에 대한 외경은 너무나 당연한 신앙의 첫걸음이리라 생각합니다.

김기석 목사는 말합니다.

「하나님의 이름을 망령되이 부르지 말라'라고 할 때, '망령되이'라고 번역된 단어의 기본적인 의미는 '공허하게, 헛되이, 불성실하게, 경솔하게'이다.

많은 이들이 자기 이익을 극대화하기 위해 하나님을 동원하고, 죄 없는 사람들의 피를 흘리고, 또 우상을 섬겨 땅을 더럽히면서도 하나님의 이름을 부른다. 사람들의 마음에 두려움과 욕망의 씨앗을 심어 지배를 영속화하려는 종교상인들, 말씀의 해석권을 독점하려는 종교권력, 하나님의 이름으로 전쟁을 일으키는 자들도 하나님의 이름을 사용한다. 제2차 세계대전 당시 독일군들의 군복에는 'Gott mit Uns(우리와 함께 계신 하나님)'라는 글귀가 새겨져 있었다고 한다. 기가 막히지 않은가? 하나님의 이름은 두렵고 떨림으로, 그 뜻에 순종하려는 마음으로 발설되어야 한다.」[75]

물론, **예수**처럼 하나님을 "아빠"라고 친숙하게 부를 수도 있어야 합니다. 그러나 그렇게 부를 수 있는 관계를 만들려면 아들이 철저하게 아들답게 될 때만 가능한 것이 아닐까요?

우리들이 아들답게 되는 길을 배우는 곳, 그 배움으로 우리들의 삶이 변화되도록 만드는 곳이 교회여야 한다고 생각합니다. 그것만이 교회의 존재 이유였으면 좋겠습니다.

정진홍 교수는 아들이 아버지의 이름을 함부로 부르는 것은 생각해 볼 일이라고 말합니다.

「제 말씀을 한마디로 줄이면, 기독교 신자들이 하나님의 이름을 너무 쉽고 흔하게, 그래서 값싸게 부르고 있는 것은 아닌가 하는 말로 요약할 수 있겠습니다. 다시 말하면, 귀한 분의 이름을 너무 자주 부르는 것은 아닌지, 그래서 결과적으로 그 이름이 너무 흔해 천해진 것은 아닌지 하는 그런 걱정이 생기는 것입니다.」[76]

물론 하나님을 친숙하게 느끼는 일상은 중요합니다. 그러나 근본

---

75) 김기석, 〈광야에서 길을 묻다〉, 꽃자리, 2015, p.229

76) 정진홍, 〈잃어버린 언어들〉, 당대, 2004, p.247

적으로는 하나님 앞에서 '저는 아주 작은 피조물이고, 생각하면 할수록 사실은 아무것도 모릅니다.'라는 내면의 고백과 겸손이 신앙과 생활에서 먼저 묻어나야 하리라 생각합니다. 아들답게 살지도 않으면서 외경(畏敬)은커녕 너무도 쉽게 '하나님'을 아빠라고 부르는 것은 오히려 불경(不敬)에 가까운 일이겠지요.

우리가 상상은 할 수 있다지만, 사실은 전혀 실감할 수 없는 무한대의 우주 공간과 장구한 시간, 또 무한대로 작은 미세한 시간과 그 공간 속에서 만들어지는 생명, 이 모두를 만드신 창조주를 너무 값싸게 흔하게 부르는 것은 어쩌면 하나님을 망령되이 부르는 것은 아닐까 하는 의구심이 생깁니다.

하나님에 대한 오해 중에서 가장 크고 흔한 오해가, 앞서 **톨스토이**의 이야기처럼 하나님을 근본주의나 성서주의에 가두는 일일 것입니다. 하나님을 성서 안에 가두고, 교리로 묶어서 움직이지 못하게 확실히 잡아두는 것이 근본주의이고 정통이라는 이름의 보수주의자들의 근본 속성이라고 생각합니다.

서공석 신부는 하나님에 대하여,

「우리는 하느님을 우리의 체험과 동일시하지 말아야 한다. 하느님은 우리 모든 사람의 하느님이시다. 우리는 그분을 우리가 속하는 집단, 곧 교회 안에만 계시는 분으로 생각하기 쉽다. 그러나 그것은 하느님을 하나의 종교질서 안에 유폐시키는 우를 범하는 것이다. 하느

곰과 동정녀

님을 한 시대, 한 문화의 표현 안에 유폐시키지 말아야 한다.」[77]

라고 말하며 하나님에 대한 '열림'을 강조하고 있습니다. 이는 교회로부터 하나님을 해방시켜야 한다는 뜻일 것입니다.

배철현 교수도 하나님을 성서로부터 해방시켜야 한다고 주장합니다.

「성서에 담긴 이야기는 과학적인 사실이나 역사적인 사실이기보다 저자가 속한 신앙공동체에 정체성을 주기 위한 신앙고백이다. 그렇기 때문에 성서의 배경이 되는 시대의 사회, 경제적인 상황을 면밀히 살펴야 그 의미를 파악할 수 있다. 과학과 고고학의 등장으로 성서가 이전의 위상을 잃게 되자 일부 그리스도인들은 '근본주의'로 무장해서 성서의 내용을 자신들처럼 축자적으로 믿지 않는 다른 그리스도인들을 '이단'으로 낙인찍는 어처구니없는 일들이 발생했다. 그러고는 자신들만이 유일하고 바르게 신을 믿는 사람들이라는 시대착오적인 발상으로 자신들만의 담을 쌓고 우물 안의 개구리처럼 그 안에서 살아간다. 오늘날, 이 '근본주의'라는 이데올로기를 설교하고 배운 종교인들은 자신들이 무엇을 믿는지, 자신들에게 설교한 종교인들의 의도가 무엇인지 묻지 않는다. 종교 구성원들 스스로가 자신이 신봉하는 진리를 깊이 묵상할 능력이 없다는 이유로 그 사회의 당면한 문제를 해결하지 않는다면, 그들이 속한 종교는 도태될 뿐만 아니라 사

---

77) 서공석, 〈하느님과 인간〉, 서강대출판부, 2014, p.90

라질 위기에 봉착한다.」⁷⁸

무엇에도 묶이지 않고 가두어지지 않는 하나님이라는 생각은 너무나 평범하고 상식적이며 보편적인데도 이것이 무슨 '주장'이 되는 그 자체가 우스운 일입니다. 성서 속에 있는 하나님만 하나님이고, 자신이 생각하는 하나님만 하나님이라면 그런 하나님은 너무 작고 초라한 하나님이 아닐까요.

온 우주를 주관하시는 '큰 하나님', 경외의 대상으로서의 하나님은, 또 다른 시선으로 보면 아주 '작은 하나님', '내면의 하나님', '사랑의 하나님'이기도 합니다. 개미들에게 살아갈 힘과 능력을 주신 하나님이시고, 하루살이에게 생명을 부여하시는 분도 하나님이십니다. 당초부터 이들을 만드신 분이 하나님이십니다.

따라서, '크다, 작다'라고 설명할 하나님은 존재할 수 없습니다. 하나님은 '절대(絕對)이시기에 크다, 작다 같은 비교가 당초부터 불가능하기 때문입니다. 비교 대상이 있어야 비교가 가능한 것인데, 대(對)를 절(絕)한 상태에서는 '크다, 작다'의 개념이 성립될 수 없기 때문입니다. 구태여 비슷한 개념을 든다면 아마도 모든 것을 포함하는 '충만'이라고 설명할 수밖에 없을 것 같습니다. 물론 이를 자연이나 자연법칙 또는 섭리 같은 단어를 써서 단편적으로나마 표현이 가능하겠지만, '절대'를 제대로 표현할 수 있는 단어는 '절대' 없으리라 생각합니다.

---

78) 배철현, 〈인간의 위대한 질문〉, 21세기 북스, 2015, p.258

곰과 동정녀

우리 인간은, 개미와 하루살이는 물론이고 다른 모든 생명들과 달리, 절대자 하나님을 느낄 수 있는 특별한 존재입니다. 어쩌면 그것이 '성령'의 본래 의미가 아닐까 싶습니다.

권정생 선생의 이야기로 마칩니다.

「기독교가 있기 때문에 하느님이 있고, 교회에 가서 울부짖는다고 하느님이 역사하시는 것으로 착각하고 있다. 기독교가 있든 없든, 교회가 있든 없든, 하느님은 헤일 수 없는 아득한 세월 동안 우주를 다스려왔다.

선교사가 하느님을 전파하면 하느님이 거기 따라다니며 머물고 같이 사는 게 아니라, 기독교가 전파되기 전부터 하느님은 어디서나 온 세계 만물을 보살펴오셨다. 하느님은 지식으로 아는 것이 아니라 자연스레 느낌으로 알 수 있는 것이 인간들의 마음이다.

종교는 하느님의 섭리에 따르려는 의지이지, 종교가 요구하는 대로 하느님의 섭리를 바꾸는 게 아니다. 하느님의 섭리는 바로 자연의 섭리가 된다. 하느님은 누구에 의해 만들어진 분이 아니라 스스로 계시는 분이라 했다.」[79]

---

79) 권정생, 〈우리들의 하나님〉, 녹색평론사, 2015, p.27

13. '예수의 죽음'을 보는 눈

'제 눈에 안경'이라는 말이 있습니다. 사람에 따라 어떤 현상이나 사상, 또는 사물이나 사람을 볼 때, 이를 판단하거나 공감하거나 인식하는 것이 다 다르기 때문에 생긴 말일 것입니다. 대부분의 사람들이 옷을 살 때, 멋있고 예쁘고 잘 맞는 옷을 기준으로 고른다 해도 다양한 옷이 다양한 사람들에 의해 선택되는 이유도 '제 눈에 안경' 때문이겠지요.

연세대 원로교수이신 **한태동** 교수는 대학 신문 '연세춘추' 인터뷰에서

「모든 사람은 한 가지 사물을 보더라도 각자 보는 것이 다르고, 그래서 이해하는 것도 다르다. 그것은 인지구조의 차이 때문인데, 한 사람이 바라보는 여러 사물과 사건을 잘 살피면 그 사람의 인지구조

곰과 동정녀

까지도 알 수 있다. 그리고 이것은 단지 사람에게만 일어나는 일이 아니라 집단도 마찬가지이다. '같은 것을 봐도 다르게 이해한다.'라는 차이를 인정하지 못하면 인간은 인간과, 집단은 집단과 서로 대립하며 반목할 수밖에 없다.

따라서 나와 다르더라도 서로를 인정하고 각자 이해한 것을 나누면서 어떤 본질을 찾아가는 것이 바람직하다」고 말했습니다.

'제 눈의 안경'으로 갈라디아서 2장 16절을 인용합니다.

『그러나 우리는 사람이 하느님과 올바른 관계에 놓이는 길이 율법을 지키는 데 있지 않고 **예수 그리스도**를 믿는 데 있다는 것을 알고 있습니다. 그래서 우리는 율법을 지킴으로써가 아니라 그리스도를 믿음으로써 하느님과 올바른 관계를 가지려고 **그리스도 예수**를 믿은 것입니다. 율법을 지키는 것으로는 누구를 막론하고 하느님과 올바른 관계를 가질 수가 없기 때문입니다.』

모든 사상이나 문화가 그러하듯이 기독교에서도 어떤 특정 교리가 강조될 때에는 그 교리를 강조해야만 하는 역사적 상황과 시대배경이 있게 마련입니다.

사도 **바울**이 갈라디아서에서 이렇게 믿음에 의한 하나님과의 올바른 관계를 강조하게 된 이유는, 당시 유대교의 율법, 곧 할례법이나 안식일 법, 정결 법을 지키지 않는 사람은 구원받지 못한다고 하는 '유대민족 중심의 폐쇄적 민족주의', 그리고 '예루살렘 성전 제사중심주의'의 교권에 대항하기 위해서였다고 알고 있습니다. 이방인 선교에 주력하던 사도 **바울**로서는 율법을 지킴으로 구원을 이룬다고 하는 이 폐쇄적 교리를 부정해야만 했던 상황이었음을 감안해서 읽어야 하는 성구입니다.

사도 **바울**은 여기서 오로지 '믿음'만을 강조했지만 신앙의 실천과 행위에 소홀한 삶을 살지는 않았습니다. 오히려 누구보다도 행위에 있어서는 철저했던 사람이었다고 평가받고 있습니다. 그런데, 오늘날 이 '오직 믿음만으로 구원에 이른다.'라는 가르침은 그 당시의 역사적 상황이 무시된 채, 문자로만 해석됨으로써, 한국 교회에 매우 잘못된 메시지와 영향을 주고 있습니다.

한국 교회에서 가장 안타까운 점은 대부분의 교단이 채택하고 있는 근본주의일 것입니다. 정통주의라고 포장된 보수적인 근본주의는 문자주의에 집착하는 것도 문제지만, 더 큰 문제는 독선이 아닐까 싶습니다. 나의 주장과 교리만 옳고 그밖에는 '다 옳지 않다'라는 교만이 그 뒤를 받치고 있습니다. 이는 무엇인가 현실적인 이익이 있기 때문이 아닐까요.

배철현 교수의 지적입니다.

「근본주의자들은 신을 믿는 것이 아니라, 자신의 정치적인, 경제적인 이익을 위해 종교를 도용하는 파렴치한 인간들이다. 자신들이 믿고 싶은 것을 유일한 진리라고 주장하는 무식한 자들이다. (중략)
믿음은 자신하고는 상관없는, 누군가 수천 년 전에, 수백 년 전에 만들어 놓은 규율을 수용하는 것이 아니다. 예를 들어 '내가 신을 믿는다.'라는 문장은 무엇을 의미하는가. 믿음은 자신의 삶에서 소중한 것을 가려내는 능력이며 그것을 삶의 원칙으로 지키려는 '충성'이다.

히브리어에서 '믿음'은 '피스티스(pistis)'이다. 피스티스의 본래 의미는 '설득'이다. 믿음은 자신을 설득하여 삶의 가장 중요한 원칙으로 수용할 때 등장한다. 로마인들은 이 믿음을 라틴어 '피데스(fides)'로 표시하였다. '피데스'는 충성이다.」 [80]

믿음은 누군가 오래 전에 만들어 놓은 규율이나 교리를 수용하는 것이 아니라는 견해는 근본주의자들에게 받아들여질 리 없습니다. 왜냐하면 그들에게는 '내 눈의 안경'으로 보이는 교리만이 절대 기준이기 때문입니다. 근본주의에서 '남의 눈에 안경'은 전혀 용납되지 않습니다.

사도 **바울**은 '하나님과 올바른 관계를 가지려고 **그리스도 예수**를 믿는 것'이라 말했고, '하나님과의 올바른 관계 맺음'이 모든 기독교인들이 바라는 '구원'이라는 단어의 실질적 의미라고 생각합니다.

그러나 근본주의 신앙에서는 교리를 받아들이지 않으면 받을 수 없는 것이 '구원'입니다. 구원을 받기 위한 근본 교리는 4영리로 아주 간단하게 요약되는데, 이를 받아들이지 않는 신앙인이라면 '기독교인'이라는 칭함도 받을 수 없을 것입니다.

첫째, 하나님은 인간을 구원하기 원하신다.

---

80) 배철현 블로그, '배철현과 함께 가는 심연', 2019년 6. 15, "신념"에서 인용.

둘째, 그런데 인간은 원죄와 더불어 죽어 마땅한 죄인이다.

셋째, 그래서 하나님이 **예수**라는 인간이 되어 인간의 죄를 대신 지고 십자가에서 죽었다.

넷째, 그러므로 인간은 **예수**를 믿어야 구원받는다.

이런 이야기는 대부분의 교인들이 아주 어릴 때부터 들어왔고, 또 대부분의 신자나 교회들이 4영리를 기정사실화해서 받아들이고 있기 때문에 이에 의문을 품거나 반기를 드는 것은 한국 교회에서 용납되지 않습니다. 이런 사람들은 당연히 교회의 아웃사이더로 몰리게 마련입니다.

여기 4영리에서 핵심 중의 핵심은 '하나님이 **예수**라는 인간이 되었다'라고 표현되는 **예수**의 신성과, '인간의 죄를 대신 지고 십자가에서 죽었다'라는 대속 사상일 것입니다.

우리들은 하나님은 한 분이라고, 또는 하나라고 모두들 말하지만, 저는 평소부터, 사람에 따라 또는 교회에 따라 관점이 다를 수밖에 없기에, 표현되는 방법과 방점을 찍는 부분을 어디에 두느냐에 따라 조금씩 다른 하나님이 아닐까 생각해 왔습니다.

유명한 사람을 예로 들자면, **한경직** 목사님의 하나님과 **함석헌** 선생님의 하나님은 그 바탕은 같지만, 그 바탕 위에 세워진 건축물은 제가 알기에 조금 다릅니다. 진보적인 향린교회의 하나님과 여의도 순복음교회의 하나님도 조금 다르다고 생각합니다. **예수**의 삶에 대한 관점도 마찬가지입니다. 사람마다 다를 수 있습니다.

한마디로, 저는 '제 눈의 안경'으로 4영리를 받아들이지 않습니다.

예수의 신성을 전혀 인정하지 않고, 예수의 대속을 문자대로는 받아들이지 않고 예수와 하나님을 믿습니다. 저는 오히려 예수가 철저하게 사람이었다고 믿고 있습니다.

325년 니케아공의회 즈음에, 아리우스와 아타나시우스 그룹 간에 예수의 신성 여부로 격렬한 논쟁과 권력 쟁취를 위한 암투가 있은 후, 콘스탄티누스 1세 황제의 정치적 고려에 의해 예수가 반은 신이고 반은 인간이라는 어정쩡한 교리로 정착되기는 했지만 저는 반쪽의 신성도 믿지 않습니다.

예수의 신성 여부는 '4영리'의 성립 여부와 깊은 관련이 있습니다. 다시 말해서 예수의 대속행위 여부와 밀접한 관련이 있습니다. 예수가 신이 아니라 한 명의 인간일 뿐이었다면, 그의 대속은 설명하기 곤란하기 때문입니다. [81] 어쩌면 원죄의 대속이라는 가장 기본적인 교리를 충족시키기 위해 예수의 신성이 불가피했을 것입니다.

예수가 신(神)으로 승격(?)된 또 다른 계기는 기독교가 로마의 국교로 인정되었기 때문입니다. 대 로마제국의 황제가 숭앙(崇仰)하기에는 변두리 식민지였던 유대 땅, 그것도 시골 촌구석이라 할 수 있는 갈릴리의 초라한 '목수의 아들 예수'로는 부적합하였을 것입니다. 더구나 로마에 저항한 정치범으로 십자가형을 받아 죽은 젊은이를 제국의 황제가 예배할 수는 없었을 것입니다. 황제와 황족들, 로마의 권력자들보다는 조금 더 높은 위상을 예수에게 부여하여야 그들이 예배할 수 있었기 때문입니다.

---

81) '속죄와 대속'에 관하여는 졸저 〈신앙, 그 넓고 깊은 바다〉 pp.239-252를 참조.

당초에 로마 황제는 그 당시 하나님과 동격이었으나 기독교가 국교가 됨에 따라 자신의 위치를 하나님보다 한 단계 내려야 했고, 다시 예수보다 내려야 했을 것입니다.

예수는 성서에 기록된 대로 '하나님의 아들'이었습니다. 하나님의 아들이신 예수가 제자들을 '형제'라 불렀고, 현재를 사는 우리들 또한 하나님의 자녀라 칭함 받고 있습니다. 이렇게 볼 때, 당연히 예수만 하나님의 아들이 아니었습니다. 물론 예수를 '독생자'라 하여 하나님 자녀 중에서 특별한 위상을 부여하고는 있지만 그렇다고 하나님과 동격이라고까지는 말할 수 없다고 생각합니다. 우리들 속에 하나님이 계시듯, 예수의 내면이 하나님으로 가득 차 있었다는 의미에서 하나님과 동등하다는 의미라면 몰라도, 예수가 하나님의 우편에 앉아 계시다가 언젠가 우리를 심판하러 오신다는 이야기처럼 하나님과 동격이라는 교리에는 동의하지 않습니다. 그러한 신앙고백이 의미적 진실이라면 당연히 받아들일 수 있지만, 문자적으로 사실적 진실이라고 주장한다면 그냥 웃어넘길 수밖에 없을 것 같습니다.

'대속' 또한 문자 너머에 있는 진실이라면, 즉 예수가 죽음을 받아들이기까지 하나님의 뜻에 순종했고, 그러한 순종의 전형으로서 오늘 우리 앞에 살아 있는 의미의 대속이라면 고개 숙여 겸허하게 받아들일 수 있지만, 인간의 원죄를 탕감받기 위한 희생으로서 사실적 진실이라고 주장한다면 저는 고개를 저을 수밖에 없습니다.

자식을 죽여야 직성이 풀려서 우리의 원죄를 없애주시는 하나님이라면 너무도 잔인한 하나님이고, 어떤 조건이 충족되어야 권한을 행사할 수 있는 좀 모자란 하나님일 것입니다. 그런 하나님을 어찌 전능한 하나님, 사랑의 하나님이라 할 수 있을까요.

예수는 사람의 아들인 인자(人子)이되 하나님의 사람이었습니다. 하나님의 뜻에 따라 모든 사람의 종이 되어 우리의 으뜸이 되셨습니다. 우리를 섬기려 십자가에 달리셨으니까요.

마가복음 10장 45절에

『"사람의 아들도 섬김을 받으러 온 것이 아니라 섬기러 왔고, 또 많은 사람들을 위하여 목숨을 바쳐 몸값을 치르러 온 것이다." 하셨다.』

같은 구절의 가톨릭 성서 번역입니다.

『인자도 섬김을 받으러 온 것이 아니라 오히려 섬기고, 또한 많은 사람을 대신해서 속전으로 자기 목숨을 내주러 왔습니다.』[82]

자세히 읽어보면, 예수의 대속의 대상이 인간의 원죄라든가 그 대속이 미래의, 십자가 사건 이후 수천 년간 이어질 인류의 항구적 대속이라는 표현은 성서 어디에도 없습니다.

그럼에도 불구하고 예수의 십자가가 인간의 원죄에 대한 대속이라는 주장은 강화되어 왔고, 역사적으로 볼 때, 교회의 성장에 필수적

---

82) '속전'은 죄를 사하여 주는 것이 아니라 노예나 포로를 해방시키기 위해 지불하는 돈을 말합니다. 요즘 말로 하면 '몸값'입니다.

인 교리로 성장했을 것입니다.

로빈 마이어스의 이야기입니다.

「교리는 교회로 하여금 구원사업에서 아무런 경쟁 없이 영원한 대리인의 위치를 차지하도록 만든다. 우리는 어쩔 도리가 없는 죄인으로 태어났으며, 우리를 구원할 수 있는 유일한 '품목'을 '구입하지' 않는다면 영원한 저주를 받도록 판결을 받았다. 다른 선택의 여지가 없다.

애니 딜라드(Annie Dillard)의 '팅커 크릭의 순례자(Pilgrim at Tinker Creek)'에서 에스키모인이 사제에게 묻는다.

"만일 내가 하나님과 죄에 대해 모른다면, 나는 지옥에 가게 되나요?" 사제는 대답한다. "아니요, 당신이 모른다면 지옥에 가지 않습니다." 그러자 에스키모인이 다시 묻는다. "그렇다면 도대체 왜 당신은 나에게 그런 걸 가르쳤습니까?"」[83]

'병 주고 약 주는 것'이 예수의 죽음이 갖는 의미일 수는 없습니다. 예수의 죽음은, 예수의 삶-하나님으로 충만했던 삶-을 투영하는 반사경의 의미라고 생각합니다. 예수의 죽음을 통해 예수의 삶이 완성되었기 때문입니다.

83] 로빈 마이어스, 김준우 옮김, 〈예수를 교회로부터 구출하라〉, 한국기독교연구소, 2013, p.155

　　　　　　　　　　　　　　　　　　곰과 동정녀

14. 대상(對象)이 아닌 하나님

한창 무더운 여름날이었습니다. 교회에 갔는데, 주보에 간편복으로 예배에 나오라는 안내문이 있었습니다. 에너지 절약 차원에서 여름에 에어컨을 약하게 틀 테니 가급적 시원하게 입고 교회로 나오라는 내용이었습니다.

그 안내문을 읽다가 대략 30여 년 전의 일이 생각났습니다. 그 당시 제가 다니던 조그만 교회에서 어쩌다가 헌금위원을 자주 하게 되었습니다. 무더위가 한창일 때, 제가 간편복으로 교회에 갔고, 그 즉시 저는 헌금위원에서 제외되었습니다. 당시 목사님은 설교를 통하여 "하나님 앞에 나올 때는 아무리 더워도 최대한 예의를 갖추는 복장이어야 합니다."라고 말해서, 가벼운 옷차림으로 나온 교인들을 무색하게 했던 일이 있었습니다. 한여름 교인들의 복장에 대한 완전히 상반된 견해입니다.

2018년 6월 23일자 한국일보에 침례신학대 기민석 교수가 '모세를 죽이려 한 신, 하나님의 일을 인간이 안다고 하지 말라'라는 칼럼을 실었습니다. 그 글을 읽으며 한여름 교인들의 옷차림에 대한 견해처럼 몇 가지 상반된 생각이 들었습니다. 칼럼에서 인용한 글입니다.

「너무나 많은 이들이 하나님의 뜻은 이렇다 저렇다 쉽게 단정 짓는다. 마치 우리가 하나님의 섭리를 다 이해할 수 있는 것처럼 말이다. 그러나 신은 인간의 이해 속에 파악되는 순간 더이상 신이 아니다. 하나님이 진정한 신으로 존재하려면, 인간의 이해로부터 자유로워야 한다. 인간이 노력하여 신을 규정할수록 그 신은 점점 더 작아질 뿐이다. 초월과 신비가 없다면 그 신은 신이 아니다. (중략)

하나님을 아는 길은, 하나님을 공부하는 것이 아니라 그 앞에 무릎을 꿇는 수밖에 없다. 그래서 신은 이해의 대상이 아니라 믿음의 대상인 것이다.」

필자는 하나님에 대한 공부가 중요한 것이 아니라 말하고 있지만, 하나님에 대한 깊은 공부가 아니었다면 이런 글이 나올 수 있었을까 하는 생각이 먼저 들었습니다. 신문 독자 또한 하나님에 대한 깊은 이해가 없다면 이 글에 결코 공감하기 어려웠을 테고, 그 내용의 깊이를 충분히 헤아릴 수 없었을 것 같았습니다.

하나님은 '이해의 대상'이 아니라 '믿음의 대상'이라는 필자의 말은 하나님에 대한 근원적 신뢰를 담고 있어서, 마치 '내 뜻대로 마시고 아버지 뜻대로 하옵소서.'라고 기도했던 겟세마네 동산에서의 예수의 믿음이 연상되기도 합니다. 그리고 하나님을 규정하는 것이 얼마나 하나님을 작고 초라하게 만드는 것인지 설명하고 있습니다. 나의 이기심을 충족시키는 하나님이 아니라, 나의 형통함을 보장하는 하나님이 아니라, 어떤 경우라도, 심지어 하나님이 내 생명을 졸지에 거두어 가신다 해도 하나님에 대한 신뢰가 결코 흔들리지 않을 그런 믿음을 말하고 있는 것으로 보입니다.

교회에서 교인들 사이에 흔히 쓰이는 말로, '믿음이 좋다'라는 말이 있습니다. 이 말은, 성서에 대한 폭넓은 이해가 있는 사람, 교회에 순종하거나 교리에 충실한 사람을 지칭하는 경우가 많습니다. 그러나 기 교수는 위의 글에서 보듯 하나님에 대하여 '잘 안다'라는 교만을 경계하며 무엇보다 무릎 꿇는 순종과 전폭적 믿음이 우선이라고 강조합니다. 당연하고 옳은 말이기에 충분히 공감하면서도 한편으로는 필자의 논지가 악용될 수도 있겠다 싶어 좀 염려스럽기도 했습니다.

많은 사람들이 하나님이 아닌, 하나님에 대한 견해에 대하여까지 '묻지마 믿음'을 강요할 근거가 되지 않을까 싶었기 때문입니다. 그렇지 않아도 한국 교회에서 '하나님은 그냥 무조건 믿어야 한다.'라는 말이 흔하게 오갑니다. 상식과 이성을 팽개치는 일이 하나님께 가까이 가는 지름길이라도 되는 듯이 말합니다. 이 경우, 하나님에 대한 무조건적인 믿음, 그 자체는 너무나 옳은 말입니다만 대부분은, '하나님'이 아니라 '하나님에 대한 자신의 견해'를 믿으라, 따르라, 강요하기 위하여 이런 논리를 내세우는 경우일 것입니다. 자신이 보는 시선의 범위 안에 있는 하나님, 자신이 정하는 틀이나 성격이나 교리로 한정되는 하나님이라면 기 교수의 말처럼 점점 작아져서 마침내 우상으로 전락하는 하나님이 되지 않겠습니까.

성경을 하나님의 말씀 그 자체라고 우기는 사람들에게, 그리고 성경에 대한 역사비평적 접근이나 다양한 해석을 극도로 경계하는 사람들에게, 하나님은 '공부의 대상이 아니다'라는 말은 무척 편리하게 사용될 수도 있겠다는 노파심이 생깁니다.

성경해석이나 교리, 그리고 이에 따른 신학적 해석이 시대상황에 따라 변화되어온 것이 너무나 당연하고, 그 모든 해석이 인간들의 것임에도 불구하고, 그런 것들에 하나님을 대입하여 상대방의 입을 다물게 만드는 도구로 작용할 수 있기 때문입니다. 상대방에게 주어져 있는 '다른 의견을 말할 권리'를 빼앗기 좋은 논리로 악용될 수 있다는 말입니다.

기 교수의 말대로 하나님은 우리 인간의 이해 대상이 아니지만, 그리고 인간의 머리와 가슴으로 이해할 수 있는 하나님은 이미 하나님이라 할 수 없겠지만, 하나님께 가까이 다가가기 위한 여러 갈래 길들과 견해들은 분명 우리의 선택이라 할 수 있고, 올바른 선택을 위해서는 여러 가지 종교적 모색과 실천이 당연히 뒤따라야 하지 않겠습니까.

겟세마네 동산에서의 예수의 기도와는 반대로, '하나님, 당신 뜻대로 마시고, 나의 뜻대로 하옵소서'라는 기도가 우리들의 일상이 된 지 오래입니다. 우리가 하나님을 섬기는 것이 아니라 하나님께 우리를 섬겨달라고, 그래서 우리의 욕망을 이루어달라고 애원합니다. 그래서 목소리 높여 "믿습니다!"를 외칠 뿐, 아무런 신앙적 깊이도 행함도 없는 신자들이 양산되는 한국 교회 실정에 '하나님은 공부할 대

　　　　　　　　　　　　　곰과 동정녀

상도, 이해할 대상도 아니다'라는 말은 위험할 수 있습니다.

예수 당시의 제사장들이 율법을 악용하여 개인의 이익을 취했듯, 현대의 일부 목회자들도 성서에 있는 편리한(?) 말씀을 악용하여 개인의 욕망을 자극하고 이를 통해 교회를 부흥, 발전시키고자 하지 않습니까. 예수는 물론이고 석가모니나 마호메트도 '너희 욕망 충족을 위하여 나를 믿으라'라고 말한 적이 없는데도 교회나 사찰들은 자신과 신자들의 욕망을 충족시키기 위한 도구로 신앙을 이용하고 있지 않습니까.

하나님을 알기 위하여 공부하지 말라는 말은, 교회 발전이라는 말이 신앙 성숙이 아니라 오로지 교회의 양적 성장만 의미하는 현실에서, 일부 목사들의 성서와 하나님에 대한 자기편의적 해석에 면죄부를 줄 우려가 있습니다.

'산은 산이고, 물은 물이다'라는 말은 누구나 할 수 있지만, 오랜 참선과 수련을 거친 고승의 한마디이기에 무게가 있는 것이지, 만일 초등학생이 같은 말을 했다면 아무런 의미도 없었을 것입니다. 듣는 사람의 입장에서도 마찬가지입니다. 아무리 고승의 무거운 말 한마디라도 들을 귀가 있는 사람에게만 들리게 마련입니다. 그 말을 유치원생이 듣는다면 은유의 깊은 의미를 알 리 없고, 단순히 문자적으로만 받아들여 이해할 것입니다. 똑같은 말이라도 이렇듯 다릅니다. 고승이 아닌 불자나 일반인들이 고승의 말을 받아들이고 이해하려면 최소한 초보적인 인식 수준은 벗어나 있어야 하지 않을까요. 비슷한 이유로 '하나님은 이해의 대상이 아니다'라는 말을 이해하기 위하여, 그리고 체감하기 위하여 신앙적 훈련과 공부가 필요하지 않겠습니까.

사실, 하나님은 당초부터 어떠한 대상(對象)도 될 수 없습니다. 어떤 무엇이 '대상'이 되려면 그 대상보다 더 큰 시간과 공간이라는 바탕이나 배경이 있어야 하는데, 하나님보다 더 큰 배경은 없기 때문입니다. 따라서 하나님을 믿는다는 것은, 하나님을 어떤 대상으로 믿는 것이 아니라, 자신이 하나님 안에 들어가 있는 존재라는 인식을 가리킨다고 생각합니다. 하나님에게 포함되는 것, 그것을 하나님 품에 안긴다고 표현하기도 하고, 하나님 앞에 무릎 꿇는다고 말하기도 하는 것이겠지요.

'믿는 사람은 영원히 산다.'라는 표현도 '하나님과 영원히 함께 있을 것이다.'의 의미로 해석하면 좋을 것 같습니다. '하나님 안에 함께 있는 사람'은 죽어서도 하나님과 함께 있으리라는 믿음으로 삽니다. 그런 믿음이 천국이라는 단어가 갖는 의미가 아닐까요.

'천국'이라는 말, 좀 유감스럽게도 많은 사람들이 천국을 지옥과 대립되는 개념으로 생각합니다. 화려한 보석으로 치장된 곳, 저 높은 보좌 위에 앉으신 하나님, 그 우편에 앉아 계신 **예수님**, 이러한 상상은 이천 년 전 사람들에게는 너무나 당연한 모습이었을 것입니다. 적어도 하나님이라면 로마제국의 황제보다 더 높고 화려한 곳에 위치하는 것이 자연스러웠을 것이기 때문입니다.

우리 주위에는 아직도 이렇게 천국과 지옥의 모습을 상상하며 신앙생활을 하는 신자들이 있습니다. 이러한 유혹과 위협으로 교회를 성장(?)시키려는 목회자들도 있습니다. 이들은 성서의 묵시적(默示的)이고 은유적인 표현을 사실적 진실로 왜곡하고, 시적(詩的) 표현을 문자적으로 해석합니다. '산은 산이고 물은 물이다'를 유치원생처럼 이

곰과 동정녀

해하여 결과적으로 하나님의 이미지를 형편없이 작게 만들어 버립니다. 그들의 유치한 억지주장으로 인하여 비록 일부 신자들이겠지만, 심지어는 이천 년 전에 실제로 **예수**님이 하늘로 번쩍 들어 올려졌다고 생각하는 사람들도 있으니까요.

독실한 신자가 되면 하나님 품안에서 마음껏 자유를 누릴 수 있다고 말합니다. **예수**라는 선한 목자가 있기 때문에 양들이 마음껏 편하게 초원을 누빌 수 있다고 말하기도 합니다. 하나님과 **예수**에 대한 믿음만으로 양들처럼 평강을 누리고 사후도 보장받는다고 믿는 사람들도 있습니다.

그러나 저는 이러한 편리한 믿음에 쉽게 동의하지 못합니다. 하나님 품안으로 들어가기 위해, 하나님이 기뻐하시는 자녀가 되기 위해, 현실 생활에서 얼마나 많은 것들을 내려놓아야 하는지 알기 때문입니다. '나'를 중심으로 살다가 '하나님 중심, **예수** 중심'으로 삶의 중심을 바꾸는 것이 얼마나 어려운 일인지 알기 때문입니다.

부끄러운 고백이지만, 남들에게 잘 보이고자 하는 허영과 부질없는 욕망을 내려놓는 일이 어디 그렇게 말처럼 쉽겠습니까. 그래서 하나님을 향한 길은 걷기 쉬운 탄탄대로가 아닌 좁은 길이고, 대부분의 사람들이 가지 않는 오솔길입니다. 좀처럼 내키지 않는 길입니다. 비록 그 길이 진리와 지혜의 길이고 하나님 나라를 만드는 길이며 하나님을 향하여 가는 길이라 해도, 신앙이 아닌 세상의 관점으로 보면 영리하지 못한 바보 같은 처세이고 자진해서 손해 보는 어리석은 생활방식이기 때문입니다.

세상에 어느 누구도 십자가를 지고 싶은 사람은 없습니다. 그러나 하나님은 십자가를 우리 앞에 놓고, 어서 지라고 다정하게, 간곡하게 말씀하십니다. 너는 내 아들 딸이 아니냐 하시는 말씀이 들리기도 합니다. 하나님과 공감하면 할수록, 하나님을 이해하면 할수록 그 목소리는 점점 더 크게 들립니다. 제 나름대로의 생각이지만, 그 소리를 들을 수 있도록 귀를 열어주는 힘이 성령이라고 생각합니다. 교회 안에서 사람들이 성령을 은혜라고 말하지만, 어찌 보면 성령은 너무나 두렵고 감당할 수 없을 만치 버겁습니다. 성령은 곧 영성이기 때문입니다.

인성이 아닌 영성으로 가장 철저하게 살아냈던 사람이 **예수**일 것입니다. 그런 **예수**도 어떻게든 피하고 싶었던 것이 십자가 아니었습니까. 그러나 그의 가슴에 끊임없이 들리는 목소리가 있어 모든 유혹을 극복할 수 있었던 사람, 그래서 하나님의 독생자라는 위치로까지 추앙받은 사람이 **예수**였습니다.

영성으로 무장된 사람의 삶은 무척 자유로울 것 같습니다. 선한 목자의 목소리를 들을 귀가 있는 양이라야 비로소 그 양에게 평안이 있을 것입니다.

『내 양들은 내 목소리를 알아듣는다. 나는 내 양들을 알고 그들은 나를 따라온다.』(요한복음 10:27)

그러나 현실은 전혀 반대입니다. 들을 귀가 없기에 선한 목자의 목소리가 들리지 않고, 어쩌다 들린다 해도 자꾸 귀를 막고 싶어집니다. 내 멋대로 사는 것이 너무도 익숙하고 편해서, 내가 가지고 있

곰과 동정녀

는 모든 것들이 자꾸 귀하게 여겨져서, 무엇보다 하나님에 대한 신뢰가 그리 깊지 않아서, 푸른 초장으로 인도하는 목소리를 외면하게 됩니다. 그러나 그러다가도 혹시 하는 마음으로 귀를 세울 때가 있기도 합니다. 귀를 쫑긋 세워보는 시간이 우리들의 예배시간이 아닌가 싶기도 합니다. 그러면서 갈등합니다. 이러한 갈등의 반복이 신앙생활이라 주장한다면 좀 지나친 감이 있겠지만, 그래도 그것이 좀 더 솔직한 신앙고백이 아닐까 싶습니다.

하나님 안으로 들어간다는 말은 '하나님 나라'의 백성이 된다는 의미로도 번역할 수 있을 것입니다. 이런 경우, '하나님 나라'는 크게 두 가지 뜻으로 나뉩니다. 그 첫째는 이 땅에 도래해야 하는, 이 땅 위에 이루어져야 하는 나라, 하나님의 정의와 평화와 사랑이 실현되는 세상을 말하는 것이고, 두 번째로는 하나님이 지배하는 나라, 즉 인간은 물론, 모든 생명체와 자연의 존재에 근본바탕이 되는 시간과 공간을 초월하여 있는 나라, 아직은 우리들이 알 수 없고 이해할 수 없지만 우리의 생명이 끝나는 날, 하나님의 손길 아래 거두어지리라 희망하는 세상을 의미하는 것이라고 저는 구분하고 있습니다.

특히 두 번째 의미는, 믿는 사람들에게는 희망이 아니고 '확신'일 것입니다. 확신이 있기에 하나님을 신뢰할 수 있는 것이겠지요. 신뢰가 없다면 아무도 십자가를 짊어질 이유가 없습니다. 인간이기에 때로는 갈등이 없을 수 없겠지만, 기도와 묵상으로 이겨나가는 사람, 그래서 묵묵히 십자가를 지고 가는 사람, 그런 사람이 진정한 의미의 신자일 것이고, 하나님의 길을 하나님과 함께 제대로 걷는 사람들일 것입니다. 지금 이 순간에도 이름 없는 신실한 신자들이 있어 세상을 아름답게 하고 하나님을 기쁘시게 합니다. 극심한 유혹을 극복하는 그들이 진정한 의미의 자유인이고 참 신자일 것입니다.

「하나님을 아는 길은, 하나님을 공부하는 것이 아니라 그 앞에 무릎을 꿇는 수밖에 없다. 그래서 신은 이해의 대상이 아니라 믿음의 대상인 것이다.」

라는 **기민석** 교수의 말은 바로 참 자유인을 지향하는 사람들에게, 그리고 이미 자유인이 된 이들에게 적용되는 언어가 아닐까 생각합니다.

오히려 갈등하는 일반인들에게는 **길희성** 교수의 한마디 말이 더 적절할 것 같습니다.

「성경의 이야기들이나 교회의 가르침과 교리가 납득이 안 가다 보니 무조건 믿어야 한다는 '묻지 마 신앙'이 한국 교회에 판을 치고 있다. 생각이라는 것을 하지 못하게 하고, 묻지도 따지지도 않는 신앙이 참다운 신앙으로 간주되는 것이 우리나라 대다수 교회의 모습이 아니라고 누가 말할 수 있겠는가. 목사님의 말은 무엇이든 하나님의 말씀으로 복종하는 것이 신앙이라 통한다. 이런 맹종이 맹신을 낳고, 맹신은 잘못된 확신을 낳으며, 그릇된 확신이 지나치면 광신을 낳는다. 진정성 있는 신앙은 정직한 신앙에서 오며, 정직한 신앙은 묻고 의심하고 고민하는 신앙에서 온다. 의심과 비판을 두려워하고 백안시하는 신앙은 결국 관습적 신앙, 그야말로 믿기 위해서 믿는 신

곰과 동정녀

앙, 사회생활의 일부가 된 교회생활을 위한 신앙이 되고 만다.」 [84]

신앙은 묻고 의심하고 고민하는 신앙에서 온다는 말이 저에게는 더 위안이 되는 것 같습니다. 영성은커녕 인성도 제대로 갖추지 못한 풋내기 신자이기 때문이겠지요.

그리고 한편으로는 이런 생각도 들었습니다. 아무리 하나님 앞에 무릎 꿇고, 하나님에 대한 두터운 믿음으로 산다 해도, 그리고 '묻지마 신앙'에서 벗어나 정직한 신앙을 추구한다 해도, 그 믿음이 자신의 삶의 패턴을 바꾸지 못한다면 이 모든 것들이 도대체 무슨 의미일까 하는 생각 말입니다.

언젠가 우리들의 귀가 성령의 힘으로 활짝 열리기를, 그래서 들려오는 그 음성에 따라 우리들의 존재 양식이나 삶의 방식이 변화된다면 얼마나 좋을까요. 그래야 진정한 의미의 자유인이 될 것 같기 때문입니다. 모든 욕심에서 해방된 자유인이 될 때, 그때는 더이상 하나님을 공부하는 것이 아니라, 전폭적인 믿음으로 하나님 앞에 무릎 꿇는 기쁨을 누릴 수 있으리라 생각합니다.

---

84) 길희성, 〈아직도 교회에 다니십니까〉, 대한기독교서회, 2015, p.5

15. 한국 교회의 어두운 그림자

교회와 목회자는 어찌 보면 공통점이 있는데, 함부로 입에 올려 비판하기에는 나름대로의 성스러움과 권위와 거룩함으로 단단하게 싸여 있어서 자칫 말하는 사람이 다치기 쉽다는 점일 것입니다. 섣부른 비판은 이단이나 사이비 시비에 휘둘리기 쉽고, 아니면 '네가 무얼 안다고'라는 식의 비아냥을 감수하지 않을 수 없기 때문에, 무척 조심스럽습니다.

그 때문인지 몰라도 무관의 제왕이라는 매스컴조차 한국 교회에 대하여 시시비비를 가리는 일은 삼가고 있는 듯 보입니다. 정치적, 사회적인 문제에는 서슴없이 칼날을 들이대다가도 초대형 교회의 많은 비리와 문제점들에는 외면하거나 두루뭉술 넘어가는 경우가 많습니다. 아마 그들도 종교적 문제는 함부로 다룰 수 없기 때문일 것입니다.

강남의 초호화판 대형교회의 불법 건축 때도 그러했고, 최근 부자

곰과 동정녀

세습으로 문제된 몇몇 대형 교회의 일도 매스컴에서는 비중 있게 다루지 않았습니다. 아주 작은 교회의 힘없는 목사가 저지른 비리나 성범죄 같은 것이라면 몰라도, 이렇게 초대형 교회와 그 교회의 목회자 비리를 다루기에는 힘에 버거웠을지도 모르겠습니다. 대법원에서 확정판결이 난 명성교회의 800억 비자금 사건도, 일간지에서 크게 다루는 것을 못 봤습니다. 아마 정치권에서 누군가가 800억 비자금을 만들었다면, 그렇게 유야무야 넘어갔을까요. 어쩌면 교회와 목회자는 '하나님의 보호하심' 때문에 그 덕을 톡톡히 보고 있는지도 모르겠습니다.

교회는 당초 그리스어 에클레시아(ecclesia)가 그 기원이라 합니다.

이 말은 아테네 시민들의 총회인 '민회'를 의미했는데, 'ek(밖으로)'와 'caleo(부르다)'의 합성어로 '어떤 문제를 결정하기 위해 밖으로 부름 받은 자들의 모임'이라는 뜻이었습니다. 그러다가 로마의 '민회'가 점차 쇠퇴하였고, 그 후 기독교인의 모임을 의미하는 말로서 의미가 변화되었다고 전해집니다.

지금도 '교회'라는 말은 건물이라기보다는 '모임'을 의미한다고 보는 것이 일반적입니다. '모임'은 예수의 '부름을 받은 자들'이 모이는 곳이고, 그 모임에서 해야 할 일은 어떻게 하면 예수를 닮는 삶을 살 수 있을까 의논하고 서로를 격려하는 일이었을 것입니다. 교회는 당초 그렇게 시작되었습니다. 지금처럼 진리를 독점하고 하나님을 독점하는 그런 모습은 아니었습니다. 교회가 하나의 신앙 기준으로 자리매김한 것은 중세 유럽의 정치적 사회적 환경 때문이었다고 이찬수 교수는 말합니다.

「기독교에서는 오랫동안 '교회 밖에는 구원이 없다'는 구원론을 견지해 왔다. (중략) 교회가 조직 및 제도와 동일시되면서, 교회라는 조직 밖에 있는 이들은 신으로부터 구원받지 못한다는 해석이 등장했다. 기독교가 문화이고 정치이자 생활의 근간이었기에 실제로 교회 밖에서 산다는 것은 상상하기 힘들었던 중세 유럽의 분위기를 비기독교권 지역에 일방적으로 적용하면서 벌어진 일이다. 교회가 진리를 독점하는 신성한 조직이자, 타자에 대한 배타를 당연시해도 되는 주체라는 자기중심주의가 급속히 확대되어 온 것이라고 할 수 있다.」[85]

이찬수 교수는 교회의 자기중심주의가 급속히 확대되어온 이유를 주로 외부적 요인으로 보았지만, 좀 더 솔직하게 볼 필요도 있을 것 같습니다. 사실 교회의 독점적 지위가 강화되면 될수록 교회를 이끄는 목회자들의 권위와 교회권력도 강화될 수 있었고, 배타성이 강해지면 강해질수록 교인들을 높은 담장 안쪽으로 편리하게 가둘 수 있었기 때문이기도 할 것입니다.

독점적 지위나 배타성의 대표적인 해악은 또 다른 흐름이나 동류와의 교류를 무시하거나 배제하는 속성일 것입니다. 한마디로 담장 안쪽에 끼리끼리 고여 있는 물이기에 썩을 수밖에 없습니다. 부패한 지금의 교회 모습에 대하여 묘사한 글이 있습니다.

「교회 주변을 둘러보면, 예수가 생각했던 것을 생각하고, 꿈꿨던

---

85) 이찬수, 〈평화와 평화들〉, 도서출판 모시는 사람들, 2016, p.65

208

곰과 동정녀

것을 같이 꿈꾸며, 이루려고 했던 것을 같이 이루고자 하는 수행자들이나 제자들이 보이지 않는다. 종교를 직업으로 삼는 사제들, 목회자들만 있고, 예수를 이용해 이생과 내생에서 득을 보려고 하는 신자들로만 넘쳐난다. 이것이 우리가 사는 종교적 삶의 실상이다. 진실한 제자들은 보이지 않고 종교를 권력화하려는 사제들, 목회자들만 눈에 띈다. 이생에서도 잘 살고 내생도 보장받으려고 하는 무리들이 교회를 가득 메우고 있다.」[86]

　쉬운 신앙의 길은 없습니다. 일주일에 한번 교회에 나가서, 찬송 몇 곡 부르고 설교 듣고 헌금하고 집에 돌아오는 것이 신앙의 길일 수는 없습니다. 지극히 상식적인 이 말이 한국 교회에서는 좀처럼 받아들여지지 않습니다. 예수의 진실한 제자가 된다는 일은 쉬운 일일 수 없습니다. 아니, 지극히 어려운 십자가의 길입니다. 그래서 모임이 필요했고, 그 모임이 교회였습니다. 교회에서 서로를 위로하고 격려하고 공감하며 구성원들은 어려운 길을 걷는 데 대한 위안과 확신을 받았습니다.
　그러나 오늘의 교회에서 가르치는 십자가의 길은 너무나 쉬운 길입니다. 한마디로 '예수 믿고, 은혜 받고, 헌금하고, 천당으로 가는 포장도로'만 교회에 존재합니다. 교회는 어쩌면 고속도로 톨게이트 같은 존재로 전락해 버린 것은 아닌가 싶습니다. 일단 등록하고 교회에 속하기만 하면 목적지까지 탄탄대로를 보장해 주니까요. 그렇지

---

86)　이정배, 〈차라리 길 잃은 한 마리 양이 되라〉, 도서출판 동연, 2016, p.100

않고 비포장도로를 가게 되면 그곳은 위험이 가득하고 결국엔 지옥으로 떨어지는 길이라고 교회는 위협합니다. 사실, 목적지는 가봐야 알 수 있지만, 많은 목회자들은 '예수만 믿으면 천국'이라는 목적지에 무조건 가게 될 것이라며 천국을 바겐세일하고 있는 것은 아닌가 의심스러울 때가 있습니다. 그것도 모자라, 무서운 지옥 불로 위협하고 영원한 처벌로 겁을 주기도 합니다. 그렇게 단순하게 이성과 지성을 무시하고 무조건 교회에 다녀서 사후에 이상적인 목적지에 닿는다면 얼마나 좋겠습니까.

다음은 **강남순** 교수의 지적입니다.

「한국 사회의 많은 교회들이 정의, 환대, 용서 등의 기독교적 가치가 아니라 물질적 성공이나 자기중심적 구원, 개인주의화된 축복 등 자본주의화 된 가치를 기독교 정신으로 왜곡해서 가르친다. 이 점은 반드시 비판적으로 짚고 넘어갈 필요가 있다. 포용과 환대가 아니라 배제와 증오를 신의 뜻으로 가르치는 교회들이 너무나 많다. 제대로 된 기독교라면 타자에 대한 포용, 환대, 용서 등을 가르치고 실천하고자 한다는 사실을 잊어서는 안 된다.」[87]

무척 조심스러운 말이지만, 신앙은 '무엇을 믿는 것'이라기보다는 '어떻게 사는 것'에 관한 문제라고 생각합니다. '하나님을 믿는다.' 또

---

87) 강남순, 〈용서에 대하여〉, 도서출판 동녘, 2017, p.183

곰과 동정녀

는 '예수를 믿는다.'라고 말하며 전혀 교인답지 않게 살아가는 신자들을 가끔 봅니다. 겉으로는 독실한 신앙인의 모습을 하고 있지만 생활은 무신론자보다 못한 삶을 사는 교인들, 그들을 참 신앙인으로 키워내야 할 의무가 목회자에게 있지만, 그런 잔소리를 하면 교인들이 떨어져 나간다며, 한사코 쓴 소리를 기피하는 목회자들이 있습니다.

그런 목회자들은, 현실의 삶은 하나님 나라에서 영생을 누리기 위한 정거장일 뿐이라며 그 의미를 축소합니다. 무조건적인 믿음과 사후에 가게 될 하나님 나라에 대한 소망을 구원이라 착각하도록 교인들을 훈련시키면서 이 땅의 현실에서 발을 뺍니다. 이들은 교인들의 삶을 변화시키려 노력하지 않습니다. 물론, 신앙으로 변화된 삶을 살아가야 하는 주체는 교인들이지만, 그런 변화된 삶을 살도록 격려하고 인도해야 할 책무는 교회와 목회자에게 있지 않겠습니까.

어쩌면 목회자들이 가장 선호하는 교회와 교인은 이런 사람들이 아닐까요.

「교회에 열심히 참석합니다. 목숨 걸고 나옵니다. 부모가 위급해도, 이웃이 곤경에 처해도 하나님이 최우선이라며 예배에 참석합니다. 새벽기도에 열심입니다. 새벽기도로 유명한 교회 근처의 아파트 값이 오를 정도로 많은 사람들이 열심으로 참석합니다. 그 교회 모든 교인들이 다 그 근처 아파트를 살 수 없어 먼 지역에 사는 사람들을 위해 지역별로 기도처소라는 곳을 세우기까지 합니다. 십일조 열심히 합니다. 남에게 진 빚 못 갚아도 십일조 먼저 합니다. 건축헌금 열심히 합니다. 집 팔아 전세로 가고 전세에서 월세로 옮길 정도로 열심히 헌금합니다. 선교헌금도 열심히 합니다. 환갑잔치 안 하고, 돌잔치 안 하고 그 돈 모아 헌금합니다. 가난한 나라에 교회도 세우고 그 나라의 가난한 사람들도 돕습니다. 그런데 그분들이 그러면서 바라는 것이 무엇입니까? 세상에서 성공하는 것입니다. 무병장수하는 것입니다. 자손들 잘되고 잘사는 것입니다. 돈 더 많이 버는 것입니다. 그러면서도 하나님 나라의 확장과 하나님의 영광을 위해 그렇게 하고 있다고 철석같이 믿고 있습니다.」[88]

교회에서 설교를 통해 사랑과 헌신을 강조하기도 합니다. 마땅히 해야 할 일이라고 생각합니다. 그러나 때로는 그 사랑과 헌신의 의미에 대해 의문이 들 때도 있습니다. 주로 '책임지는 사랑'이 아니라, 겉으로 보이기 위한 '자기 위안적 사랑'인 경우가 많기 때문입니다. 노숙자들에게 식사를 제공하는 봉사를 하기도 하며, 독거노인들에게 반찬을 만들어 배달하는 봉사도 합니다. 훌륭한 일입니다. 그러나 정작 자신이 책임져야 할 배우자나 노부모, 시부모, 형제들에게 소홀하다면 그 이웃 사랑은 진실성을 의심할 수밖에 없게 됩니다.

책임져야 할 사랑이 우선이고 책임 없는 사랑은 그 이후여야 마땅함에도, 책임을 외면하고 불쌍한 이웃을 돌보는 일은 자신을 선량한 사람이라고 포장합니다. 그래서 **니체**'는

「"나는 선량하고 정의롭다!"라는 자부심 속에 정신이 갇혀 있거든.

---

88) 최태선, 〈행복한 바보 새 되어 부르는 노래〉, 대장간, 2011, p.165

곰과 동정녀

정신을 가두는 이 우둔한 자부심은 한없이 교활해.」

라며 자신이 기독교인들을 싫어하는 이유를 말하고 있습니다. 아울러, **니체**는 교회와 목회자들에게도 일갈합니다.

「형제 여러분! 저는 간청합니다! 땅에 충심을 바치라고 간청합니다!
땅이 아니라 저 하늘 밖에 존재한다는 희망에 대해 말하는 사람들을 믿지 마십시오! 그런 말을 하는 사람들은 독을 퍼뜨리는 사람들입니다. 자기 스스로 무슨 짓을 하고 있는지 알든 모르든 독을 퍼뜨리고 있습니다.」[89]

어쩌면 **니체**야말로 가장 독실한 종교적 심성을 가지고 있었던 것이 아닐까 생각하게 됩니다. 하늘 밖의 희망이 아니라 땅의 희망을 노래하고 있기 때문입니다.

김기석 목사는 신앙이 이 땅위에서의 삶을 변화시킬 수 없다면 그것은 죽은 신앙이라고 일관되게 주장합니다. 삶으로 번역된 신앙만이 참 신앙이라고 강조합니다. 그러면서 미혹하는 교회와 목사에 대하여 경계합니다.

「우리는 교회를 그리스도의 몸이라고 고백합니다. 하지만 미혹하는 영에 사로잡힌 목사들이 사람들의 영혼을 옥죄고 있습니다. 그들

---

89) 프리드리히 니체, 백석현 옮김, '짜라두짜는 이렇게 말했지', 야그, 2007, p.38

은 은혜 혹은 영적 권위를 빙자해 자기들의 파렴치한 욕망을 충족시키려 합니다. 먹잇감에 독을 주입해서 옴짝달싹 못하게 만든 후 잡아먹는 거미와 다를 바 없습니다.

사람들은 '영적'이라는 말의 함정에 일쑤 빠지곤 합니다. 물론 신앙에는 상식을 뛰어 넘는 차원이 있습니다. 그렇기에 신앙은 역설을 포함합니다. 하지만 신앙이 몰상식이 되어서는 안 됩니다. 사람들의 일상적 관계나 삶을 파괴하는 가르침은 어떤 경우에도 거짓 영성에 가깝습니다.

신앙은 사람들이 서로를 귀히 여기고, 정성스럽게 사랑하도록 만듭니다. 특정한 사람들을 혐오하고 배제하도록 선동하는 이들은 신앙의 이름으로 신앙을 배신하는 자들입니다.」 [90]

'독거미 같은 목회자'라는 표현은 섬찟합니다. 그러면서도 일부일 뿐이라고 믿고 싶지만, 한국 교회의 모습과 목회자들의 단면을 이렇게도 날카롭고 아프게 지적한 표현이 또 있을까 공감하게 됩니다. 불행한 공감입니다.

이러한 독거미 같은 목회자가 안주할 수 있는 근거가 한국 교회의 독특한 장유유서(長幼有序)식 상하문화와 함께 기독교 근본주의라는 울타리일 것입니다. 한국 교회에서 목사를 하나님에 버금가는 정도로 알고 있는 교인들이 있습니다. 얼마 전, 교회 세습으로 문제가 된 명성교회 **김삼환** 목사도 교인들의 3대 중심이 하나님과 교회 그리고

---

90) 김기석, 〈끙끙 앓는 하나님〉, 꽃자리, 2017, p.99

담임목사라며, 담임목사의 말을 잘 따라야 참 교인이라는 엉터리 부자세습의 변을 늘어놓았습니다. [91]

이렇듯 한국 교회에서 담임목사를 비판하는 것은 오랫동안 금기시되어 왔습니다. 담임목사는 저 높은 강단 위에 계시기에 하나님 다음쯤 되는 높은 분이라고 무의식 속에서 자리매김했기 때문일 것입니다.

교회에서 가장 낮은 곳에 있어야 할 담임목사의 자리가 비판의 무풍지대인 높은 곳으로 옮겨간 것입니다. 매스컴에 보도된 일부 목회자들의 성추문이나 교회자금 빼돌리기 같은 추한 모습도 어쩌면 빙산의 일각이 아닐까 싶을 때가 있습니다. 담임목사는 알게 모르게 '교회 어른'의 자리에 올라가 있어서 아랫사람들이 함부로 입에 올려서는 안 되는 존재가 되었기 때문입니다. 어쩌면 일부 목회자들은 하나님을 빙자하여 자신을 우상의 자리에 올려놓고 있는 것은 아닌지 의심스럽기도 합니다.

그 대표적인 사례가 목회자 세습입니다. 한국 교회에서 목회자가 세습된 교회가 2019년 7월 현재로 무려 285곳이나 된다고 알려져 있습니다. [92] 이는 북한의 **김일성** 일가가 우상화를 통하여 정권을 3대째까지 세습하고 있는 것처럼, 교회에서도 목회자에 대한 우상화가 이

---

91) 2017년 3월 19일자 '뉴스앤조이' 기사
"교인은 3대 중심이 있어요. 하나님, 교회, 담임목사 중심. 운동선수가 감독의 코치를 받듯 교인은 결정할 때 목사 말을 잘 따라야 해요."라고 말했습니다.

92) '교회세습반대운동연대'에 의하면 2017년 11월 현재 143개 교회가 세습되었(다고 밝히고 있습니다. 그러나 2019년 8월 10일자 '일요신문'은 교계신문인 '뉴스앤조이'가 2019년 7월에 공개한 자료에 의거하여, 그 사이에 285곳의 교회가 세습되었다고 보도했습니다.

루어지지 않았다면 불가능한 일입니다.

2019년 9월 26일, 한국 최대의 개신교단인 **예수**교 장로회 통합측 정기총회가 포항에 있는 기쁨의 교회에서 열렸습니다. 여기서 그동안 많은 논란에 휩싸였던 명성교회의 세습이 공식적으로 인정되었습니다. 교회도 기업처럼 대물림되는 것이 옳다는 판단은 도대체 누구의 판단인지 모르겠습니다. 초대형 교회인 명성교회의 교단 탈퇴 위협에 교단이 굴복한 상황은 '개신교는 부패했다'라는 사실을 공식적으로 선언한 것이고, 더이상 위선(僞善)도 필요 없어진 한국 교회의 벌거벗은 모습을 세상에 드러낸 것이라 생각합니다. 돈과 권력 앞에 맥없이 무너져 내린 한국 교회를 이보다 더 적나라하게 보여줄 수는 없을 것입니다. 그러면서도 어느 누구도 부끄러움을 고백하지 않습니다. 오히려 뻔뻔하게 얼굴을 들고, 앞으로 아무렇지도 않게 교회라는 기업을 세습하게 되겠지요. 앞으로 교회의 종소리가 조종(弔鐘) 소리로 들릴 것 같습니다.

한국 교회를 부패하게 만드는 또 다른 부끄러운 모습은 '근본주의'입니다. 소위 정통이라는 이름으로 교회 위에 군림하는 근본주의는 한국 교회의 근간을 이루고 있는 일종의 복고주의라고 할 수 있습니다.

「안타깝게도 많은 한국 그리스도인 중에는 새로운 종교 환경을 일체 고려하지 않은 채 지금껏 교회에서 가르치던 배타주의, 계급의식, 기복주의, 맹목적인 믿음, 천국·지옥의 내세관, 예수 믿으면 만사형통이라는 교리 등을 문자 그대로 받아들여야 하고, 그렇지 않으면 참된 그리스도인이 아니라고 고집하는 이들이 있다는 것입니다. 오늘 같은 개명천지에서 이런 식으로 새로운 빛을 거부하고 일체의 변화에 저항하는 것이 믿음을 지키는 것이고, 심지어 남도 그렇게 하도록 하는 것이 자기들이 부여받은 사명이라고 믿는 사람들이 바로 기독교 근본주의자들입니다.」[93]

근본주의자들은 나름대로 매우 편리한 믿음을 가지고 있는 것으로 보입니다. 움직일 수 없이 확실한 정답을 갖고 있기에 아무런 신앙적 갈등도 있을 수 없고, 모든 일을 하나님이 도우시리라는 믿음은 생활의 고단함을 충분히 보상하고도 남기 때문입니다. 무엇을 하든 하나님이 도우실 것이라는 믿음은 전형적인 나르시시즘이거나 자아도취의 모습입니다.

하나의 예로, 누군가가 식당이나 가게를 오픈할 경우, 교회나 교인들이 선물하는 대표적인 품목이 액자나 장식품인데 거기에 적힌 성경 구절은 대체로 『네 시작은 미약하였으나 네 나중은 심히 창대하리라』(욥기 8:7)라는 구절입니다. 욥기 앞뒤의 문맥은, 정직하고 깨끗하게 살아가는 사람을 위로하는 의미인데, 이런 의미보다는 어쩐지 '이곳의 상업적 성공은 하나님이 보장하고 있다'는 부적 같은 느낌으로 다가옵니다. 그뿐이겠습니까. 교회 목사님이 찾아와 개업 현장에서 축복 기도를 해주지 않으면 서운해 할 교인이 하나 둘이 아닐 것입니다.

하나님을 한없이 왜소하게 만드는 교인과 목회자들, 이들은 자신의 이익을 보호해주는 수호신 정도로 하나님을 추락시킵니다. 하나

---

93) 오강남, 〈불교, 이웃 종교로 읽다〉, 현암사, 2006, p.313

한국 교회의 어두운 그림자   217

님은 예수를 통하여서 '나눔'을 가르쳤지만, 잘못된 교인들은 예수를 믿는다면서 '독점'을 욕심내고 이기심을 채우려 합니다. 이들은 하나님에 대한 믿음과 자신의 욕심을 거래하는 듯 보입니다. 무엇인가를 얻기 위해 하나님을 믿는 것은, 얻고자 하는 그 무엇인가가 현실적 욕망이라면 거래에 불과할 뿐입니다. 심지어는 두려움도 거래합니다.

「한국 교회 헌금에는 일종의 두려움이 내재되어 있다. 하나님께 헌금을 잘 드리지 못하면 재앙이 닥칠 것이라는 암시가 작동하는 것이다. 이는 절대 지존자인 하나님에 대하여 인간이 갖는 피조물로서의 조응(照應)이나 실존적 두려움, 그로 인한 경외의 신앙이 아니다. 하나님을 발복(發福)의 근원으로 삼으려는 하등종교의 신 관념이 한국 교회에 침투한 것이다. 이에 따라 지존자 하나님은 인간에게 제물을 요구하고 그에 따라 복이나 저주를 내리는 저급한 잡신(雜神)으로 추락하고 말았다.」[94]

이 두려움은 현실의 두려움도 포함하지만, 내세의 두려움도 그에 못지않게 기능합니다. 영원한 형벌의 장소를 마련해놓고 있다는 것인데, 이는 나와 같은 생각을 갖지 않는 사람들에 대한 복수심의 반영이기도 하지만, 공포감을 조성해 물질적 이익을 노리는 것은 아닌가 싶기도 합니다. 좀 더 심하게 이야기하자면 세상 권력과도 관계가 깊습니다.

---

94) 김선주, 〈한국 교회의 일곱 가지 죄악〉, 도서출판 삼인, 2009, p.248

곰과 동정녀

「언뜻 교회는 천국이나 지옥 같은, 이 땅에서의 삶이 끝난 뒤에 일어나는 문제에 관해서만 이야기하는 것으로 보인다. 하지만 앞서 말했듯, 인간은 모두 죽음을 맞이한다. 따라서 교회의 이야기는 모두와 관련된 문제이며 누구도 회피할 수 없는, 반드시 맞닥뜨려야 하는 이야기다. 사람들은 삶을 살아가는 가운데 이 문제와 관계 맺지 않고서는 살 수 없다. 죽음에 관한 이야기를 하면서 교회는 실제로는 현세도 지배하는 절대적인 권력이 되어갔다.」[95]

마치, 『오직 너희를 위하여 보물을 하늘에 쌓아두라』(마태 6:20)라는 말씀을 깊은 의미로 해석하지 않고 문자 그대로 해석하여 교회의 재정확충을 도모하는 것과 비슷합니다.

소위, 교회의 양적 발전의 기준이 되고 근거가 되는 헌금 액수는 헌금의 동기가 무엇이냐, 어떻게 사용하느냐는 따지지 않고, 다다익선의 대표적 사례로 기능합니다. 그렇게 확충된 재정의 96%는 교회 자체가 사용하고, 4%의 극히 미미한 금액만 구제비로 사용된다는 통계는 한국 교회의 가장 부끄러운 자화상입니다.

「도심 여기저기에 들어선 화려하고 드높은 사찰과 교회당들이 보란 듯이 그 풍족한 재정을 자랑하고 있습니다. 그러나 그 많은 교회와 절간들이 과연 '소유'의 의미와 가치를 올바로 파악하고 있는지, 영혼의 등불로서 '섬김과 나눔'이라는 스스로의 존재 의미를 제대로 이해

---

95) 후카이 토모아키, 홍이표 옮김, 〈신학을 다시 묻다〉, 비아, 2018, pp.76-77

하고 있는지, 이 땅의 종교적 지도계층이 과연 신앙의 참된 리더십과 순교적인 청지기 정신으로 자기를 죽이고 공동체를 위해 헌신하고 있는지 깊은 의문이 듭니다.

그 이해가 없다면 그네들은 그 많은 재정과 화려한 건물과 지도자의 권위를 진정으로 소유한 것일 수 없습니다. 거꾸로, 재물과 명예에게 소유당하여 영혼의 참 자유를 상실한 것밖에는 아무것도 아닙니다.」[96]

재물과 명예에게 소유당하지 않았다고 자신 있게 말할 수 있는 교인들과 목회자들이 있을까요? 아니, 그 길로 가는 것이 올바른 방향이라고, 조금씩 그 방향으로 가자고 독려하는 목회자가 있을까요?

있습니다. 한국에 분명히 그런 교회와 목회자들이 있습니다. 다만 그런 분들이 좀 더 늘어나고, 저변이 확대되는 모습을 보고 싶습니다.

그리고 교회는 좀 더 넓어져야 한다고 생각합니다. 서로 사랑한다며 끼리끼리 문화가 항상 존재하는 곳이 교회입니다. 내 신앙만이 옳고 목사님 말씀 이외의 다른 이야기는 들을 필요도 없다는 식의 의식구조가 기본적으로 바탕에 깔려 있어야 '충성된 종'이 될 수 있는 곳, 따라서 항상 목사님의 말씀만 있고 교인들은 무조건 '아멘!'으로 화답해야하는 종속적인 예배가 드려지는 곳이 교회입니다.

비교적 가까운 교우들끼리라 해도 신앙에 관하여 의견을 나누는 일이 자연스럽지 않고 무언가 어색한 것이 한국 교회의 풍토입니다. 신

96) 이우근, 〈톨레랑스가 필요한 기독교〉, 포이에마, 2009, p.234

앙에 대한 다양한 관점이나 견해는 교회 안에서, 그리고 교인들 간에 너그럽게 용납되지 않습니다. 교인들이 신앙에 관한 서적을 폭넓게 읽으면 불필요한 오해가 생길 수 있다며, 가급적 경계하라고 가르치는 목회자들이 있기도 합니다. 교회에는 대부분의 경우 주어진 정답만 있을 뿐, 또 다른 의미나 답을 찾아가는 과정은 불필요한 오해의 소지로 여기는 문화가 있는 듯 보입니다.

저는 교회가 좀 더 다양해지면 좋겠습니다. 정치에 보수와 진보가 있고 좌익과 우익이 있듯이, 사회도 다양한 생각들이 어울려 풍성해지듯이, 교회도 획일주의적이고 복고주의적인 전통에서 벗어나 신자들이 좀 더 자유롭게 선택할 수 있도록 교회의 스펙트럼이 넓어져야 합니다. 신학은 진보적이고 자유주의적인 신학이 있지만, 교회는 거의 일률적인 조직과 정통 보수의 교리중심으로 되어 있어서 이 교회나 저 교회나 별로 다를 것이 없는 것이 현실이기 때문입니다.

앞서 이야기한 근본주의적 신앙이 몸에 잘 맞는 옷처럼 익숙한 신자들이 한국 교회에 많은 것이 사실입니다. 그들에게는 그것이 익숙하고 그러한 신앙이 큰 위안이 될 것입니다. 어느 누구도 그들의 신앙이 잘못되었다며 질타할 수는 없다고 생각합니다. 비록 다양한 신학을 접하지 못했기 때문에 그들의 그러한 신앙이 생성되고 고착된 것이라 해도, 그 안에서 충분한 기쁨과 소망을 갖고 신앙생활을 이어가고 있다면 당연히 존중받아야 한다고 생각합니다. 그러나 그렇지 않은 사람들을 위한 교회, 양식과 지성을 희생하지 않는 열린 신앙인들을 위한 교회, 예배도 중요하지만 그것보다는 우리의 삶과 생활 속에서 실천이 더 중요하다고 생각하고 행동으로 옮기고 싶은 사람들을 위한 교회도 당연히 있어야 한다고 생각합니다. 하나님과 **예수님**을 높이 두고 숭배만 하는 교회도 있어야겠지만, 문자주의에서 벗어나 좀 더 폭넓게 하나님을 이해하는 사람들을 위한 교회가 아쉽습니다. 물론 그런 교회가 있습니다. 저도 몇몇 교회를 압니다. 그러나 너무 드뭅니다.

　여기, 활짝 열린 교회를 꿈꾸는 사람이 있습니다.

「내가 만약 교회를 세운다면, 뾰족탑에 십자가도 없애고 우리 정서에 맞는 오두막 같은 집을 짓겠다. 물론 집안 넓이는 사람이 쉰 명에서 백 명쯤 앉을 수 있는 크기는 되어야겠지. 정면에 보이는 강단 같은 거추장스런 것도 없이 그냥 맨 마룻바닥이면 되고, 여럿이 둘러앉아 세상살이 얘기를 나누는 예배면 된다. ○○교회라는 간판도 안 붙이고, 꼭 무슨 이름이 필요하다면 '까치네 집'이라든가 '심청이네 집'이라든가 '망이네 집' 같은 걸로 하면 되겠지.

　함께 모여 세상살이 얘기도 하고, 성경책 이야기도 하고, 가끔씩은 가까운 절간의 스님을 모셔다가 부처님 말씀도 듣고, 점쟁이 할머니도 모셔와 궁금한 것도 물어보고, 마을 서당 훈장님 같은 분께 공자님 맹자님 말씀도 듣고, 단옷날이나 풋굿 같은 날엔 돼지도 잡고, 막걸리도 담그고 해서 함께 춤추고 놀기도 하고, 그래서 어려운 일, 궂은일도 서로 도와가며 사는 그런 교회를 갖고 싶다.」[97]

97)　권정생, 〈우리들의 하나님〉, 녹색평론사, 2015, p.22

　　　　　　　　　　　　　　　　　　　　　곰과 동정녀

16. 하나님의 위상(位相)

　이른 봄이었던 며칠 전(2019년 3월 2일), 강남에 있는 봉은사의 홍매화가 첫 봄소식을 전하며 아름답게 피었다 해서 절에 들렀습니다. 경내에 들어가니 초대형 미륵대불이 가장 먼저 보였습니다. 그리고 반원형의 병풍처럼 둘러진 커다란 석벽이 미륵대불을 아늑하게 두르고 있었습니다. 그 석벽에는 작은 책꽂이처럼 빽빽하게 칸이 나누어져 있었고 아주 작은 각 칸마다 30-40센티 정도 크기의 미륵부처님 조각상이 모셔져 있었습니다. (아직 빈칸도 있었습니다.) 불교에서는 이렇게 불심을 표현하는구나 싶어 경외심마저 들었습니다. 그러다가 눈에 띈 것이 '봉은사 미륵대불 용화정토 원불 봉안 불사'라는 긴 제목으로 게시판에 게시된 안내문이었습니다. '불사 모연'이라는 소제목 아래 이렇게 기록되어 있었습니다.

원불명	원불수	불사동참금	비고
미륵불	3,999위	100만원	1인 1위
미륵가족불	22위	1,000만원	1가족(8인) 1위
보살 입상	23위	5,000만원	가족
금강역사	2위	5,000만원	1인

아울러 "미륵부처님의 원력으로 삼세의 업장 소멸과 나와 내 가족이 서원하는 모든 소원, 건강, 행복을 지킬 수 있도록 발원코자 합니다."라고 쓰여 있었습니다. 그러고는 3월 2일 현재 1,000만 원짜리 '미륵가족불'과 5,000만 원 하는 '금강역사'는 '원만 성료' 되었음을 알리고 있었고, 100만 원 하는 '미륵불'은 현재 377위가 남아있으며, '보살입상'은 10위가 남아있을 뿐이라고 적혀 있었습니다.

제가 불제자가 아니기 때문일까요. 경내에 화창하게 피어있는 홍매화가 갑자기 어둡게 느껴졌습니다. 절에서 나오다 보니, 작고 초라한 반쪽짜리 '컨테이너'가 일주문 근처에 있었고, 거기에는 '경비실'이라고 명패가 붙어있었습니다.

제가 감히 절이나 불교를 비판하려는 것이 아닙니다. 그럴 능력도 없고 지식도 없습니다. 다만, 부처님이 이런 불사(佛事)를 기뻐하실까 생각하다가 자연스레 교회 현실이 떠올랐을 뿐입니다.

안수집사 되면 얼마를 헌금해야 하고, 장로 장립되면 최소한 얼마를 헌금해야 한다는 일부 한국 교회의 불문율이 생각났습니다. 하나님은 그 헌금을 기뻐하시기는커녕 둘러엎고 싶지 않으실까요. 그래서 하나님을 어떻게 자리매김하느냐는 참 중요할 것 같습니다.

곰과 동정녀

예전에 제가 다니던 교회에서 있었던 일입니다. 교회에서 동남아 지역 봉사와 선교를 위하여 청년들로 조직된 봉사대를 파견한 일이 있었습니다. 봉사하던 중 한 청년이 몹시 배가 아파서 급히 귀국시키기로 결정했고, 교회에서는 이 청년을 위해 승합차량을 공항으로 보냈습니다. 그 차량에는 교인들 일부와 그 청년의 아버지가 함께 탑승했고, 공항에서 환자를 받았습니다. 공항에서 돌아오는 길에 교회의 집사님이셨던 그 아버지는 아들을 위해 하나님께 간절히 기도했습니다. 그리고는 큰 소리로 외쳤습니다. "예수의 이름으로 명하노니 사탄아 물러가라!" 이어서 병원이 아닌 기도원으로 차를 돌리라고 운전하시는 분께 부탁했습니다. 다른 교인들이 청년의 아버지를 만류하고 설득하여 결국 병원으로 가기로 했고, 병원에서는 맹장염 진단이 내려졌습니다.

또 다른 사례입니다. 제 친구가 교통사고로 크게 다쳤습니다. 자동차가 형체도 알아보기 어려울 정도로 큰 사고였기에 이 친구 목숨을 구하기가 어려웠습니다. 급히 병원으로 달려갔지만, 의사마저도 고개를 옆으로 저었습니다. 그때, 꽤 크고 전통 있는 교회의 권사님이신 그 친구의 어머니가 달려오셨습니다. 그 어머니가 아들을 붙잡고 이름을 부르며 한참동안 통곡하셨습니다. 그러고는 갑자기 의연하게 머리를 들고 우리들에게 말씀하셨습니다. "내 아들은 안 죽는다. 절대 안 죽는다. 병원으로 오는 길에 전화를 받았는데, 교회에서 전 교인 모두가 한 목소리로 하나님께 기도하기로 했으니, 하나님께서 안 들어주실 리가 없다."

그러나 아쉽게도 며칠 만에 친구는 숨을 거두었습니다.

한국의 많은 교인들은 하나님을, 내 부탁을 들어주시는 큰 어른쯤으로 생각하는 것은 아닌가 하는 의구심이 들 때가 있습니다. 기도를 통하여 하나님을 설득할 수 있다고 믿는 사람들은 하나님을 도구로 생각하여 나의 욕망과 바람을 투영합니다. 안타깝게도 오늘날 교회에 다니는 많은 사람들이 자신의 욕망을 이루기 위해, 또는 이루어지지 않은 욕망에 대하여 위로받기 위해 교회에 다니는 것이 아닌가 싶습니다. 신앙이 하나님과의 거래가 될 수 있는 것이 아님에도 실제로는 나의 편리함이나 어떤 보상(報償)을 바라며 예배하고 헌금하는 사람들이 있습니다.

기도는 하나님과의 대화이고 호흡이라 말하면서도, 실제로는 미친듯이 큰 소리로 울며불며 하는 기도를 흔하게 봅니다. 그들의 기도 내용은 무엇인가 달라는 것뿐입니다. "주시옵소서, 주시옵소서" 소리만 들리는 기도가 호흡일 수는 없습니다. 하나님을 이용하여 내 뱃속과 잇속을 챙기려는 아우성에 불과한 고함이고 호소일 뿐입니다.

다음은 대가(代價)를 바라는 믿음은 자신을 섬기는 믿음이라고 지적하는 글입니다.

「인간은 신이나 타인과 관계를 맺는다면, 어떤 대가를 기대하기 마련이다. 신에 대한 믿음 자체가 중요한 것이 아니라, 신과의 관계인 신앙을 통해, 자신의 이익을 취하기를 노예처럼 기대한다. 만일 죽음이 인생의 종착역이며 지옥이나 천국이 없다면 유일신 종교(유대교,

　　　　　　　　　　　　　　　　　　　　곰과 동정녀

그리스도교, 이슬람교)를 신봉하는 사람들은 혼돈에 빠질 것이다. 그들 대부분이 영생이라는 대가를 바라고 신을 신봉하기 때문이다. 기원 전 3세기 헬레니즘 시대에 살았던 유대인 **안티고노스**(Antigonos)는 사후세계에서 자신이 누릴 대가를 기대하고 신을 섬기는 것은 신성모독이라고 말한다. 그런 자는 궁극적으로 신이 아니라 자신을 섬기는 자다. 2세기에 활동한 스토아 철학자 **에픽테토스**는 '선한 자는 누구에게 보이기 위해 일하는 것이 아니라 선을 행하기 위해 일한다. 대가(代價)? 선한 사람이 선하고 의로운 일을 하는 것보다 더 큰 대가는 없다'라고 말한다.」 **98**

대부분의 교회에서는 '중보기도'의 중요성을 강조합니다. 중보기도 강좌를 열기도 하고 중보기도 팀을 운영하는 교회도 있습니다. 중보기도는 '나'를 위한 기도는 아닙니다만, 대체로는 '우리'라는 범주를 벗어나기 어려운 주변의 사람들을 대상으로 합니다. 물론 국가나 사회를 위한 중보기도도 있을 수 있지만, 대부분의 경우 경제적으로 어려운 사람들, 병든 사람들, 고통받는 주위사람들을 위해 두손 모으는 기도입니다. 아름다운 모습입니다. 특히 여러 가지로 고통을 받고 있고 갈등을 겪고 있는 이웃을 향해 안타까운 마음과 연민의 시선으로 전심을 다해 하나님께 호소하는 중보기도는 하나님을 감동시킬 수 있다고 생각합니다. **예수**의 중보기도가 전형적인 사례일 것 같습니다. 감히 중보기도의 효용을 의심하기 어려운 대목입니다.

---

98) 배철현 블로그, '배철현과 함께가는 심연', 2019년 5. 28, "능동"에서 인용.

그러나 다시 한 번 생각해보면 무엇인가 좀 다르다는 느낌이 옵니다. 예수의 중보기도는 한 번의 기도 그 자체로 끝나지 않았고 예수께서는 삶 전체로 기도하셨습니다. 마태복음 19장 21절에서 『네 소유를 팔아 가난한 자들에게 주라』라고 말씀하셨고, 자신의 삶도 모든 것을 나누었기에 머리를 누일 집 한 칸 없이 사셨습니다. 심지어는 제자들에게도 그렇게 살라고 말씀하셨습니다. 그런 삶으로 기도하셨습니다.

'하나님, 저 어려운 사람을 (제 대신) 도와주시기 바랍니다. 간절히 기도합니다. 아멘'으로 마치고 더 이상 관심도 신경도 쓰지 않는 우리들의 중보기도와 많이 다른 것 같습니다. 중보기도회를 마치고 다함께 맛있는 음식점을 찾아 즐거운 시간을 갖는 우리들의 중보기도와 예수의 중보기도는 전혀 다른 기도가 아니었을까요.

마음속으로, 침묵 속에서 상대방을 위한 간절한 기도와 염원과 호소는 아름답고 귀하지만, 타인들 앞에 드러내놓고 하는 중보기도에 대하여는 개인적으로 그다지 신뢰하지 않습니다. 특히 통성으로 하는 소란스러운 중보기도는 공해처럼 느껴질 때도 있습니다.

물론 때에 따라서는 "우리의 중보기도로 저 사람의 암이 고쳐졌다", "죽을병이 나았다"라는 말도 들었습니다만, 우연의 일치라고 볼 뿐입니다. 실제로는 간절한 중보기도에도 불구하고 그냥 사망하는 일이 대부분이기 때문입니다. 선택적으로 유리한 부분만 부각시키는 것이 기도의 효용이라면 차라리 없느니만 못할 것입니다.

이는 '간증'도 마찬가지입니다. 망했다는 간증은 들어본 일이 없으니까요. 기독교인의 욕망을 반영하는 기도나 간증이 그 효험을 입증

곰과 동정녀

하려면 기독교인의 교통사고 사망률이 비기독교인보다 훨씬 낮다든가, 암으로 사망하는 숫자가 기독교인의 경우 적다면 기도나 간증의 능력을 인정할 수밖에 없겠지만, 그런 통계는 우리나라는 물론이고 세계 어느 나라에도 있을 수 없기 때문입니다.

또 다른 측면에서도 중보기도는 하나님을 도구화할 위험이 있습니다. 많은 사람들이 어느 한 사람 중병에 걸린 이를 위해 간절히 기도하여 하나님이 그 사람을 완치시켰다면, 하나님은 참으로 공평하신 분일 수 없습니다. 아니, 편파적이고 차별하는 하나님이 됩니다. 대체로 가난하고 어려운 사람들은, 부유하고 유식하고 사교성 많은 사람들에 비해 외로운 경우가 많을 테고, 아무래도 자신을 위해 기도해주는 사람이 별로 없을 것입니다. 여러 명이 함께하는 중보기도가 능력이 있다면, 하나님은 무엇인가 많이 소유한 사람의 편이 될 수밖에 없기 때문입니다.

제 생각에 그런 하나님은 없습니다. 다만 두려움을 이용하여 잇속을 챙기려는 사람, 욕망을 부추기는 신앙, 선량함을 위장하는 모습이 있을 따름입니다. 출세와 권력을 탐하는 신앙, 돈과 명예 그리고 치유의 은사를 탐하는 믿음이 있을 뿐입니다.

무엇인가 내게 결핍이 있을 때, 『구하라 그러면 너희에게 주실 것이요』(마태 7:7)라는 말씀은 큰 힘이 될 수 있습니다. 그래서 열심히 기도합니다. 그러나 예수님이 가르쳐주신 주기도문에는 '나'를 위한 기도는 어디에도 없습니다. 처음부터 끝까지 '우리'가 있을 뿐입니다.

여기에서 말하는 '우리'는 '끼리'로 오해받기 쉽습니다. 그러지 않아도 한국 교회는 끼리끼리 병폐가 일상화되어 있는 것처럼 보일 만큼 아주 흔합니다. 여기서 '우리'를 '서로'로 읽어낼 수 있어야 한다고 생각합니다. 어쩌면 우리를 끼리로 읽기 시작하면서부터 중보기도가 싹 튼 것이 아닌가 의심스럽습니다.

사실 성서의 말씀은 매우 다양하기에 취사선택하기에 따라서는 전혀 다른 말씀일 경우가 많습니다.

예를 들면, **예수**는 『아버지는 나보다 위대하다.』(요한복음 14:28)고도 말씀하셨지만 다른 한편으로는 『아버지와 나는 하나이다.』(요한복음 10:30)라고 말씀하기도 했습니다. 그리고 『너희는 아버지께서 내 안에 계시고 또 내가 아버지 안에 있다는 것을 확실히 알게 될 것이다.』(요한 10:38)라고도 하셨지만, 『**예수**께서 이르시되 네가 어찌하여 나를 선하다 일컫느냐 하나님 한 분 외에는 선한 이가 없느니라.』(누가 18:19)라고 말씀하시어 하나님과의 관계를 설정하고 있기도 합니다. 어느 쪽으로 읽느냐에 따라 다를 수밖에 없습니다. 물론 이 모두가 은유이므로 그 깊은 쪽을 살피면 모두가 같은 의미겠지만 문자적으로 읽으면 시비가 생길 수도 있다는 것입니다. 그래서 내면의 의미를 헤아려야 합니다. 그때 도움을 줄 수 있는 것이 목회자의 위치입니다. 그러나 유감스럽게도 많은 목회자들조차 성서를 문자적으로 읽고 이해하는 경우가 많습니다. 그래서 '구하라 그러면 너희에게 주실 것이요'가 모든 기도의 동기가 됩니다. 그리고 결과를 기다리게 됩니다.

우리가 부모 되어 아이들에게 할 수 있는 것은 조언과 격려 그리고 돌봄일 뿐, 아이들이 자신의 성향과 책임으로 성장하는 것처럼, 저는 하나님도 우리의 삶에 개입하거나 간섭하시지 않는다고 생각합니다.

곰과 동정녀

우리가 어렸을 때, 부모님께 의지하듯 하나님을 믿고 의지하지만, 이는 마치 바다 위 거센 풍파에 배가 견뎌줄 것을 믿는 것과 같다고 생각합니다. 푸른 바다를 헤쳐 나가는 것은 온전히 우리 몫이듯, 우리 삶은 하나님이 내게 만들어 준 여건이나 환경을 고맙게 받아들이고 그 속에서 걸어 나가는 것이라고 믿습니다. 받아들이게 하는 힘을 주심이 격려이고, 험한 역경을 견딜 수 있게 하는 힘이 돌보심이라고 생각합니다. 예수님조차도 "수고하고 무거운 짐 진 자들아 다 내게로 오라. 내가 그 짐을 들어 주리라." 말씀하신 적이 없습니다. 단지 쉬었다가 다시 가라 말씀하실 뿐입니다. (마태 11:28)

길희성 교수는 기도에 대하여 아래와 같이 말합니다.

「기도는, 자기의 뜻을 접고 하나님의 뜻을 구하는 것이다. 자기 뜻을 먼저 구하는 이기적 욕망의 기도를 드린다면, 하나님의 마음은 움직이지 않을 것 같다. (중략)
기도란 나의 뜻을 굽혀 하나님의 뜻에 맞추는 것이지 하나님의 뜻을 굽혀 나의 뜻에 맞추려는 행위가 아니다.」[99]

우리 한국 사람들에게는 알게 모르게 유교전통이 핏줄에 흐르고 있고, 그 전통을 가장 잘 드러내는 것이 아마도 장유유서(長幼有序)와 충효(忠孝)사상일 것입니다. 이들 사상의 공통점은 인간관계에서 '평

---

99) 길희성, 〈하나님을 놓아주자〉, 도서출판 새길, 2009, p.170

등'보다는 대체로 높고 낮음의 서열을 중시한다는 점에 있습니다. 그 때문인지 하나님을 매우 높은 분으로 상정하는 경향이 있습니다. 마치 임금님이나 양반 댁 상전처럼 높이고 나서, 어떻게든 읍소하고 회유하여 '나의 뜻'을 이루어 내겠다고 매달리는 사람들이 있습니다. 좀 부끄러운 현실이지만, 앞서 예를 든 집사님이나 권사님 같은 분이 한국 교회에서 '신앙이 좋다'라고 평가받는 분들 아닙니까.

김기석 목사는 '나의 뜻'을 앞세우는 사람들에 대하여 말합니다.

「하나님이 어떻게 나에게 이러실 수가 있지? 하나님이 계시다면 어떻게 이런 일이 벌어지지? 이해할 수 없다 하여 그것을 하나님 탓으로 돌리는 것은 '영적인 유아기'를 벗어나지 못한 이들의 일반적 태도입니다. 영적인 유아기에 머물러 있는 이들은 온 우주가 나서서 자기를 도와주어야 한다고 생각합니다.」[100]

교인들을 영적인 유아기에 머물게 하는 책임, 성장시키지 못한 책임에서 한국 교회와 목회자는 자유로울 수 없다고 생각합니다.

주기도문 첫머리가 '하늘에 계신 우리 아버지'입니다. 하나님은 하늘에 계시다는 기도문의 첫머리를 초월이나 고백의 의미로 읽지 않고 문자적으로 받아들이면 자칫 아주 작은 하나님으로 인식하기 쉽습니다. 이럴 경우, **카렌 암스트롱**이 그의 책 〈신의 역사〉에서 말했

---

100) 김기석, 〈세상에 희망이 있느냐고 묻는 이들에게〉, 꽃자리, 2016, p.372

듯, 인간이 무한한 사랑의 하나님을 닮은 것이 아니라 오히려 하나님이 인간의 성정을 닮아 작은 하나님으로 자리매김될 수 있다고 생각합니다.[101]

이렇듯 2천 년 전의 신앙고백을 아직도 의미로 이해하지 않고 문자로 이해하는 사람들이 있습니다. 이렇게 문자적 해석에서 벗어나지 못하면, '영적인 유아기'에서 벗어날 수 없고, 오히려 무한하고 무량한 하나님을 이해하는 데 방해가 될 뿐 아니라, 본의 아니게 악용당하기도 쉽습니다.

그래서 **달라이라마**는 말합니다.

「무릇 종교는 사람에게 해를 끼치거나 사람을 이용해 먹는 일면을 가지고 있다. 그것은 종교 자체의 결함이 아니다. 종교를 신봉하는 자들이 만든 해독일 따름이다.」[102]

높디높은 하나님은 높아지면 질수록 이를 이용하는 사람들로 인해 우상으로 전락하기 마련입니다. **서공석**은 그의 책, 〈하느님과 인간〉에서 지적합니다.

「하나님은 높으신 분도 아니고, 우리의 정성과 희생을 기다리고 계신 분도 아니다. 하나님을 섬겨야 하는 높은 분으로 만든 것은, 섬겨

---

101) 카렌 암스트롱은 그의 책 〈신의 역사〉에서 당초 인간이 하나님의 모상(模像)이었지만, 점차 하나님이 인간의 모상으로 바뀌었다고 말했습니다.

102) 텐진가쵸, 심재룡 옮김, 〈달라이라마 자서전〉, 정신세계사, 2012, p.338

야 하는 사람들이 많던 과거 군주사회의 사고방식이었다. 옛날 사람들은 그들 위에 군림하는 많고 많은 높은 사람들보다 더 높은, 지극히 높은 분으로, 또한 모든 것의 근본으로 하나님을 생각했다. 그렇게 설정된 지극히 높으신 하나님은 그 사회의 권력자들을 정당화해 주는 머릿돌이 되었다. 하나님의 지극히 높으신 권위를 배경으로 사람들은 사람들에게 늑대가 되었다. 복음은 지켜야 할 높으신 분의 계명으로 전락하고, 신앙은 권위를 가진 사람들에게 하는 순종과 동일시되었다.」

중세시대 암흑기는 이렇게 초래되었습니다. 한국 교회에서 하나님은 암흑기를 얼마만큼 벗어난 위치에 계신 것인지 자문하게 됩니다.

조금은 조심스럽지만, 제 생각에 하나님을 하나님 되시게 하는 것은 '높은 곳', '위엄이 가득 찬 곳'을 우러러보는 행위가 아니라, 그리고 교회에서의 예배가 아니라, 이 땅 위의 '우리들의 삶'일 것입니다. 어떤 교리도, 제 아무리 깊은 신학도 삶을 떠나서는 공허한 관념의 유희이고 시끄러운 꽹과리일 뿐이라고 생각합니다. 하나님이 당초부터 높은 곳에 계시다고 생각할 것이 아니라, 우리의 삶을 통하여 하나님을 점차 높은 곳으로 올려 드릴 수 있어야 하지 않을까요. 하나님의 위상은 처음부터 고정되어 있는 것이 아니라 우리들의 삶 속에 자리한다고 생각합니다.

많은 사람들이 살아가면서 하나님을 필요로 합니다. 그 필요가 '나'를 채우기 위함이라면, 그리고 편리한 삶의 방편이고 수단이라면, 하나님은 무당이 불러내는 귀신과 크게 다를 것 같지 않습니다. 우상으로 전락한 하나님일 것입니다.

제가 바라보는 하나님은 비움과 나눔을 반기시는 하나님입니다. 내가 '나'라는 존재로 가득하다면 하나님이 들어설 자리가 있을 수 없습니다. 조금이라도 비어 있는 그곳으로 하나님이 들어서신다면, 높은 곳에 있는 물이 자연스레 낮은 곳으로 흐르듯 나눔 또한 하나님의 자연스러운 모습이리라 생각합니다. 나눔과 비움을 위한 연습이 예배이고 기도가 되어야 하지 않을까요. 욕망의 덩어리인 나를 한걸음 옆에서 가만히 바라볼 수 있는, 또 다른 나의 시선이 있을 때, 하나님 시선과 조금씩 닮아지는 것이 아닐까요.

불교 삼법인(三法印)에 제법무아(諸法無我)가 있습니다. 나를 비우고 없애야 비로소 진리가 존재할 수 있다는 의미라고 알고 있습니다. 하나님도 마찬가지 아닐까요. 그런 뜻에서 **길희성** 교수가 바라보는 하나님은 저에게 무척 많은 가르침과 공감을 줍니다.

「많은 신앙인들이 개인의 관심이나 인생사와 무관한 신이 무슨 소용이 있는가라고 의문을 제기하겠지만, 나는 바로 이 '소용없는' 신이야말로 오늘의 세계가 요구하는 신이라고 답하고 싶다. 현대인이 필요로 하는 신은 인간의 무한한 욕망을 충족시켜주는 권능의 신이 아니라 욕망으로부터의 자유를 가르쳐주는 무욕의 신이며, 개인이나 집단의 끝없는 자기 확장을 부추기는 신이 아니라 조용한 관조와 자기성찰을 요구하는 신이다.」[103]

---

103) 길희성, 〈하나님을 놓아주자〉, 도서출판 새길, 2009, p.33

17. 예수 믿고 구원받으세요

'땅 끝까지 전파하라'[104]는 말씀에 순종하기 위해 거리로 나온 사람들이 있습니다. 지하철에서, 거리에서, '예수 천국, 불신 지옥'이라는 팻말을 들고 시위(?)하기도 하고, '예수 믿고 구원 받으세요'라고 외치기도 합니다. 자발적으로 나왔는지, 누군가의 부탁이나 지시를 받고 나왔는지 몰라도 대부분의 그들은 당당하고 자신의 믿음에 확신이 가득합니다.

지금 그들을 비난하거나 폄하하려는 것이 아닙니다. 그들의 충만한 자신감이 부러울 때도 있습니다. 그러나 제 경우는 그들을 대할 때마다 그들의 언어가 무엇을 뜻하는지 자꾸 의미를 헤아리게 됩니다.

---

104) 이 말씀은 예수의 말씀이 아니라는 학자들의 주장도 있습니다. 백여 년 이상 지난 후 뒤늦게 첨가된 구절이라고 주장하는 학자들은 그 근거로 마태복음 10장 5절에 있는 '예수께서 이 열둘을 내보내시며 명하여 이르시되 이방인의 길로도 가지 말고 사마리아인의 고을에도 들어가지 말라'라는 말씀을 제시합니다.

곰과 동정녀

"예수 믿고 구원받으세요."라는 외침에 일부 비아냥거리는 사람들은 "줘야 받지. 주지도 않고 받으라 하네." 하며 농을 치기도 합니다.

예수, 믿음, 구원의 세 단어로 이루어진 간단한 문장이지만 그 어느 것 하나도 쉽게 넘어갈 수 없는 단어들입니다. '예수'는 어떤 예수를 믿으라는 말인지, 믿는다는 것은 구체적으로 무엇을 말하는 것인지, 구원이라는 단어는 어떻게 해석해야 하는지, 각 단어마다 생각하면 할수록 무슨 뜻인지 막연해지기 때문입니다.

그들이 말하는 요지는 아마도 '예수는 우리들의 죄를 사하기 위해 십자가에 달리신 분이고, 그 사실을 받아들이고 믿으면 죽어서도 천국 간다.'는 뜻일 테고, 그 바탕에는 소속된 교회의 강론과 교리 교육, 그리고 사도신경에 나와 있는 축약된 신앙고백 등이 있으리라 생각합니다. 물론 다양한 신앙경험과 심오한 신앙이론이 뒷받침 된 경우도 있을 것입니다. 적어도 거리에 나오기 위해서는 각자 가지고 있을 단단한 신앙이나 이론이 없이는 어려울 테니까요. 그들 나름대로 거리 전도라는 행위를 결단하기까지 쉽지 않은 결정이었으리라 생각합니다.

그러나 그들이 얼마만한 성과(?)를 거둘 수 있을지는 의문입니다. 어느 누구도 그 팻말이나 외침을 듣고 개과천선(?)하여 개종하거나 새롭게 믿기로 결심할 것 같지는 않기 때문입니다. 제가 알고 느끼기에는 대부분의 사람들이 그들의 믿음의 언행에 대하여 점수를 주기보다는 무형의 폭력에 대하여 반감을 느끼지 않을까 싶습니다. 폭력은 물리적인 것만이 아니라 자신이 가진 지위나 지식, 신앙을 가지고 타인에게 자기 의사를 강요하는 것이니까요.

그러나 많은 사람들은 그들의 그러한 폭력에 분개하거나 그들의 믿음을 선망의 눈초리로 보는 것이 아니라, 오히려 연민에 가까운 시선으로 그들을 바라보는 듯합니다. 기독교인이 아닌 사람은 물론이고, 기독교인이라 해도 마찬가지일 것입니다. 어쩌면 극히 일부분의 사람들은 그분들을 훌륭하다고 볼 수도 있겠습니다만 제가 보기에는 이러한 막무가내식 일방적 전도는 조직적으로 행하여지는 것은 아닌 듯합니다. 그러나 때에 따라서는 조직적으로 움직이는 전도나 선교의 모습도 보이는데, 예를 들면 거리에서 조용하게 전도지를 나누어 주거나, 지나가는 행인에게 친근하게 다가서기 위하여 주택가 골목이나 거리에 가판대 같은 것을 설치한 후, 그 곳에 차를 준비해 놓고, "차 한 잔 드시고 가세요." 하면서 대화를 유도하는 경우를 들 수 있겠습니다. 저도 차 한 잔 얻어 마신 일이 있습니다. 차를 잠시 마시며 살펴보니 많은 사람들이 그냥 지나가거나 현장에서 차 한 잔 얼른 받아 마시거나 마지못해 받아 들고 가는 분들이 대부분이었습니다. 아쉽게도 이 경우 역시 소기의 목적을 거두기는 어려워 보였습니다.

차를 받아 마시는 사람들은 이 사람들이 무슨 말을 하려는지 이미 알고 있기 때문인 듯, 그들의 대화 초대를 외면했고, 그들 나름의 자기주장에 말대꾸하기 귀찮다는 표정이었습니다.

예수를 믿으라지만, 예수가 '내 죄', '너의 죄'를 위하여 십자가에 달려 돌아가셨다는 말이 지나가는 사람들에게 설득력이 있을 리 없습니다. 기독교인이 아닌 경우, 내가 단 한 번도 내 죄를 위하여 십자가에 달려 돌아가십사고 예수께 부탁드린 일도 없는데, 왜 내가 십자가의 죽음에 감사해야 하는지 전혀 알 수 없기 때문입니다. 그리고

곰과 동정녀

공연히 차 한 잔 마시고, 구원을 받으라는 권유를 들어야 하니, 어느 누구도 그런 대화를 반가워할 리가 없습니다.

차를 나누어 주는 사람들이 말하고자 하는 요지는, 공연히 멀쩡한 사람을 죄인으로 만들어 놓고, 예수가 당신의 죄를 대신하여 십자가에서 죽음으로서 당신이 죄에서 벗어났다는 주장으로 이어질 것이고, 그 사실을 받아들이지 않으면 구원받지 못한다는 협박성 이야기일 것이라는 사실을 많은 사람들이 이미 알고 있을 것입니다. 그리고 그들이 말하는 구원받지 못한다는 의미는, 죽어서 지옥으로 떨어진다는 것의 또 다른 표현이라는 것도 이미 웬만한 사람들은 익히 아는 사실일 것입니다.

그런 교리적인 이야기는 전도에 나선 교인들의 기독교적 언어일 뿐인데, 이를 모든 사람에게 적용하여 일반화하기에는 넘어야 할 산이 너무 많은 것 같습니다. 자신의 언어가 보편성을 가지고 있다는 착각, 그 착각을 넘어설 수 있어야 그나마 대화는 이어질 수 있을 것입니다.

길거리에서 차를 대접하는 사람들 중에 자발적으로 나온 사람들이 있을까요. 혹시 누군가에 의해 등 떠밀려 나온, 아래와 같은 사람들이 있지 않을까요.

「목사는 교인들을 삐끼처럼 길거리로 내몰아 전도지를 돌리게 하면서 그것을 하나님의 거룩한 일에 대한 최선의 행위인 양 설교한다. 성경과 복음에 대해, 또한 그러한 정신과 삶에 대해 스스로 실천할 수 있는 영적, 신앙적 태도도 없고 경건의 능력도 없는 교인들을 길거리로 내몰아서 그들의 신앙심을 시험대에 올려놓는다. 그러므로 교인들은 자신의 신앙심을 증명하기 위해서라도 저급한 세일즈맨처럼 아무나 붙잡고 떼쓰듯이 자기 말만 쏟아 내는 것이다.」[105]

결국 조직화된 '차 대접'도 "예수 믿고 구원받으세요."라고 외치는 차원의 단순한 선교로 그친다면, 앞으로도 많은 사람들로부터 외면당하게 될 것입니다.

그들의 언어가 처음부터 잘못된 것은 그들의 탓이라기보다는 그들에게 그런 언어를 주입한 일부 한국 교회의 잘못일 것입니다. 겸허와 겸손으로 받아들이는 신앙이 아니라 교만과 권위주의적 독선으로 유지되는 믿음, 유대인도 아니면서 유대인에 버금갈 정도로 강력한 선민의식을 교회에서 배양시켜왔기 때문일 것입니다. 이성을 앞세우는 믿음은 무시되고 허위의식이나 자기최면 같은 교조적 믿음만이 귀하다고 알아왔기 때문입니다.

며칠 전에 길거리에서 '초코파이'가 함께 들어있는 '전도지'를 받았습니다. 거기에는 이렇게 인쇄되어 있었습니다. 「사람이 암 걸릴 확률은 30%인데 암보험 드셨죠? 사람이 죽을 확률은 100%인데 천국보험 드셨나요?」라는 큰 글자로 된 제목 밑에 친절한 설명이 붙어 있었습니다. 「자신이 죄인임을 인정하고, 우리 죄를 위하여 십자가에서 죽어주신 하나님의 아들이신 예수님을 믿고 사는 것이 천국보험입니다.」

---

105) 김선주, 〈한국 교회의 일곱 가지 죄악〉, 도서출판 삼인, 2009, p.199

곰과 동정녀

그들의 말대로 보험료 꼬박꼬박 내며 천국보험에 가입한 사람만 천국에 입장시키는 하나님이고 예수님이라면 이는 전형적인 차별이고 지나칠 정도로 편파적인 일일 것입니다. 이렇게 일종의 두려움을 매개로 거래하는 전도는 오히려 하나님을 모독하는 것이 아닐까 생각합니다. 왜냐하면 그들 말대로 천국에 기독교인들만 우글거리고 모든 비기독교인은 모두 지옥으로 가야 한다면 그런 하나님은 사랑의 하나님이 아니라 증오의 하나님이 될 수밖에 없을 테니까요. 그럴 리가 없다고 서공석 신부도 그의 책 〈하느님과 인간〉에서 담담하게 이야기합니다.

「예수는 차별을 없애는 운동을 하다가 목숨을 잃었다. 차별에서 안전과 보람을 찾는 그 사회의 기득권자들이 예수를 제거한 것이다.

오늘날 교회가 선포하는 예수그리스도는 과연 차별을 없애는 분인가? 그래서 그분은 우리에게 기쁜 소식이고 또 우리가 배워야 하는 진리인가? 예수를 믿는 사람은 구원을 받고, 예수를 믿지 않는 사람은 구원을 받지 못한다고 말하면, 예수는 차별을 만드는 분이지 모든 사람을 위한 구원이 아니다.」

서공석은 위의 글에서 '예수 믿고 구원받으세요.'에서 사용하는 세 단어, 즉 예수와 믿음과 구원이라는 단어를 일반화하여 설명하고 있지만 세 단어의 의미는 결코 헤아리기가 쉽지 않습니다.

'예수'만 하더라도 역사적인 예수와 신앙의 대상으로서의 예수가 전혀 다르고, 사람으로서의 예수와 하나님의 아들로서의 예수, 삼위일체에서 일위를 차지하는 **예수**가 각각 다릅니다. 특히 부활 이전의 **예수**와 부활 이후의 **예수**는 달라도 아주 많이 다릅니다. 공관복음에서의 **예수**와 바울 서신의 **예수**는 그 지향점이 다르고, **예수**를 그린 성서 자체도 전승되면서 시대상황에 따라 변화되어 왔다는 것을 부정할 수 없습니다.

'믿음' 또한 그 의미의 폭이 매우 넓습니다. **마커스 보그**는 그의 책 〈기독교의 심장〉에서 '믿는다는 것'에 대하여 이렇게 말하고 있습니다.

「믿음은 어떤 명제나 선언이나 주장이 옳다고 믿는다는 뜻이 아니다. '믿는다(believe)와 사랑한다(belove)'는 서로 연관된 말이다.

'믿음'으로 번역되는 라틴어 credo나, 피델리타스, 휘두시아는 마음으로부터의 헌신과 신뢰를 뜻한다.」

라고 말하며 믿음을 네 가지로 분류합니다.

「1. 승인, 동의(Assent, Agree) - 우리가 직접 경험하거나 확인할 길이 없는 것에 대한 진술이나 명제를 사실이라고 인정하는 것. 반대는 의심.

2. 턱 맡김(Trust) - 상대방의 신의나 능력을 믿는 것. 반대개념은 불안, 초조, 두려움. 예수님이 강조한 믿음.

3. 성실성으로의 믿음(Faithfulness) - 믿음직스럽다, 믿을 만하다 할 때의 믿음

4. 봄으로써의 믿음(Conviction) - 직관, 통찰, 예지, 의식의 변화

등을 통해서 얻어지는 확신.」

이민규 교수는, 우리말에서 주로 '믿음'으로 번역되는 헬라어는 피스티스(pistis)인데, 피스티스는 유대문화의 '에무나'에 해당한다고 말합니다.

「에무나는 기본적으로 성실, 신실, 순종을 뜻하지만, 우리말에서는 전혀 다른 범주로 이해한다. 그러나 히브리 문화에서 '믿는다'는 것은 지적인 동의 이외에도 성실, 순종을 포함한 통합적 개념이다.」[106]

한국 교회에서 주로 사용하는 '믿음'은 마커스 보그의 첫 번째 믿음 즉 승인, 동의(Assent, Agree)에 해당하는 믿음입니다. 교회에서 흔히 '의심하지 말고 믿으라' 할 때의 그 믿음입니다. 사후세계에 대한 믿음, 기적에 대한 믿음 등으로, 'Trust'나 '에무나'와는 상당히 떨어져 있는 개념이라 할 수 있습니다. 그러면서도 길거리의 전도자들처럼 '믿으라' 합니다.

이러한 승인이나 지적인 동의를 뜻하는 믿음은 그냥 인정하는 것 이외에 아무것도 아닙니다. 자신을 변화시키는 힘이 있는 것도 아니고 자신을 희생할 필요도 없습니다. 참 편리하기는 합니다. 그러나 그런 믿음으로 인해 세상은 전혀 달라지지 않습니다. 예수님이 가장 힘주어 말씀하신 '하나님 나라'는 그들에게 아무 관계없는 나라입니

---

106) 이민규, 〈신앙, 그 오해와 진실〉, 새 물결 플러스, 2014, p.248

다. '나 하나 예수 믿고 천당 가면 그뿐'인 믿음입니다.

　이러한 사람들일수록 자신의 믿음만이 진짜이며 다른 견해를 가진 동료 신자들의 신앙은 별로 인정하지 않습니다. 더구나 타 종교는 사탄이나 우상의 집단으로 매도하여, 이해하려고 노력하기는커녕 징치(懲治)하기에 바쁩니다.

올더스 헉슬리가 말했습니다.

「자기 종교가 진리의 전매특허나 받은 것처럼 생각하는 일은 적어도 지각 있는 사람 사이에서는 무지하고, 천박하고, 미숙하고, 오만하고, 자의적이며, 심지어 위험하기까지 하다.」

　전도하고자 길에 나선 자신이 옳은 길을 가고 있다고 느끼는 것은 자유입니다. 그렇지만 자신의 길만이 유일한 길이라고 믿고 다른 사람에게 강요하는 것은 교만이고 폭력입니다. 그들의 신념은 '오직 예수'에서 비롯되는 듯합니다. '오직 예수'는 기독교 신앙인에게는 진리이고 무엇과도 바꿀 수 없는 신앙의 요체입니다. 성공회 윤종모 주교는 '오직 예수'의 위험성에 대하여 아래와 같이 이야기했습니다.

「신앙인의 입장에서 '오직 예수'가 나쁜 것이라 볼 수는 없다. 그렇지만 '오직 예수'가 배타성을 띠면 곤란하다. 예수의 영성은 사라지고, 자신들이 만들어 놓은 배타성과 폐쇄성만 드러나기 때문이다. 그럴 때는 '오직 예수'가 우상이 되고 만다. 그건 바르게 예수를 믿는

　　　　　　　　　　　　　　　　　　　　　곰과 동정녀

것이라 보기 어렵다.」[107]

세 번째 단어가 '구원'입니다.

많은 기독교인들이 구원을 사후에 가게 되는 천국과 동일시하는 경우를 흔하게 봅니다.[108] 마치 예수만 믿으면 구원은 '따 놓은 당상'같이 생각하며 뽐내는 것 같기도 합니다. "당신 구원받았어? 나? 나야 이미 구원받았지"라며 으스대기도 합니다. 구원이 무엇인데, 받았다 안 받았다 말할 수 있는 것인지 저로서는 전혀 그들의 언어를 받아들이거나 이해할 수 없습니다. 그들은 자신들이 구원의 의미를 이미 잘 알고 있는 것으로 간주합니다. 그러고는 구원을 마치 무슨 물건처럼 소유하거나 주고받는 것으로 이해합니다. 교회에서 구원받으라는 말은 많이 들었어도, 구원이 무엇인가에 대하여는 들어본 일이 거의 없을 테니까요.

구원의 의미는 누구나 알고 있다고 생각하기 때문인지, 교회에서는 구체적 설명이나 정의(定意)를 생략하고 넘어가는 일이 흔합니다. 그러나 무엇이 구원이냐고 반문할 때, 답하기 쉽지 않다고 생각합니다. 더구나 사람마다 조금씩 다른 의미로 받아들이거나 사용하는 경우가 많습니다.

〈표준국어대사전〉에서 '구원'을 찾아보면

---

107) '오직 예수가 배타성을 띨 때 우상이 된다' (2019년 3월 6일자 중앙일보)

108) 한국 기독교인의 70% 이상이 이렇게 생각하고 있다는 통계가 있습니다. (이원규, 〈한국 교회 무엇이 문제인가〉, 감신대출판부, 2002, p.159)

「1. 어려움이나 위험에 빠진 사람을 구하여 줌.

 2. 인류를 죽음과 고통과 죄악에서 건져 내는 일. (기독교)」

이라고 나와 있습니다. 전혀 주고받을 수 있는 그 무엇이 아닙니다.
'두산백과'에서 말하는 구원도 비슷합니다.

「신적인 존재의 힘이나 자신의 정진과 노력으로 삶에서 필연적으로
나타나는 부정적인 상황에서 벗어나는 일.」

이렇게 사전적으로 보면 '사후에 천국으로 가는 일'이라는 의미와는
거리가 멉니다. 폴 틸리히의 구원에 대한 설명입니다.

「구원이 지옥으로부터의 도피나 소위 내세(來世)라고 잘못 불리고
있는 천국으로 받아들여지는 것을 의미하지 않는 것은 분명합니다.
 신약성경은 내세가 아니라 영생(永生)에 관하여 말하는데, 그것은
죽음 이후에도 계속되는 삶을 의미하지 않습니다. 영생은 과거와 현
재와 미래 너머에 있습니다.」[109]

한마디로, '구원'이 무슨 소유할 수 있는 물건쯤 되는 양, 줄 테니
받으라는 언어는 구원의 의미를 모르거나 왜곡하는 것은 아닐까요.
 구원은 단 한 번의 갑작스런 사건이나 은혜로 생기거나 받게 되는

---

109) 폴 틸리히, 김광남 옮김, 〈영원한 지금〉, 뉴라이프, 2008, p.185

곰과 동정녀

것이 아니라고 **채희동** 목사는 강조합니다.

「구원은 어느 날 갑자기 성령의 불을 받아서 이루어지는 것이 아니라 일생을 통해 자기 십자가를 짊어지고 가면서, 스스로 희생하고 헌신하며 세상을 아름답게 가꾸어가는 걸레의 삶을 살 때 가능한 것이다.」[110]

이민규 교수도 비슷한 의미로 구원에 대하여 말합니다. 그의 책 〈신앙, 그 오해와 진실〉에서

「구원은 그리스도인이 되면서 시작되어, 마지막 심판 날까지 평생 이루어지는 과정이다. 예수 그리스도 안에서 우리는 구원받았고, 구원받고 있으며, 구원받을 것이다. 따라서 성경에 '단박 구원'은 없다. 구원받았다는 말은 앞으로 펼쳐질 구원의 여정을 하나님의 은혜로 넉넉하게 마칠 것이라는 뜻이지, 구원을 이미 완전히 받았다는 뜻은 아니다. 구원의 원인은 믿음이지만, 결과는 행위(열매)이다.」

이 인용문에서 가장 큰 방점을 찍어야 할 부분이 '구원의 결과는 행위'라는 점입니다. 행위가 없는 구원은 있을 수 없다는 말이니까요.

길희성 교수의 말입니다.

---

110) 채희동, 〈걸레질하시는 예수〉, 대한기독교서회, 2015, p.47

「구원은 일방적으로 하나님에 의해 주어지는 기계적 사건이 아니며 단 한 번의 사건으로 즉시 이루어지는 기적도 아니다. 구원은 '하나 됨'이다. 죄의 용서와 화해의 사랑을 통해 이루어지는 하나님과 인간의 하나 됨이다. 그리고 단절되고 소외되었던 사람과 사람 사이의 관계 회복이고 하나 됨이다. 사랑 속에서 하나님과 사람, 사람과 사람, 그리고 사람과 하나님의 창조세계가 하나 됨이 구원이다. 이 하나 됨은 하나님이 베푸시는 일방적인 행위나, 나와 상관없이 나의 밖에서 이루어지는 어떤 외적 사건이 아니라, 나 자신의 끊임없는 영적 죽음과 부활을 통해서 이루어지는 과정이다.」111

이어서 **예수**와 **구원**의 관계에 대한 말이 이어집니다.

「구원은 나의 밖에서, 나와 무관하게 주어지는 어떤 자동적 사건이나 진리가 아니다. 또 예수에게 일어난 어떤 특정한 사건 자체가 우리의 구원을 성취시켜주는 것처럼 생각해서도 안 된다. 구원은 나의 의지나 경험과 상관없이 하나님께서 2,000년 전에 그의 아들 예수 그리스도를 통해 행하신 어떤 사건을 통해 저절로, 그야말로 '공짜'로 주어진 하나님의 선물이 아니다.

예수는 분명 인류를 위한 하나님의 선물이요 은총이다. 그러나 구원은 이 선물을 받고 은총을 대하는 나의 태도와 무관하게 주어지지

---

111) 길희성, 〈하나님을 놓아주자〉, 도서출판 새길, 2009, p.120

곰과 동정녀

않는다.」¹¹²

입으로 외치는 구원이 공허한 이유는 거기에 실천하는 인격이나 변화된 삶이 보이지 않기 때문이며 끊임없는 영적 죽음과 부활의 삶이나 태도가 보이지 않기 때문일 것입니다.

이 글의 첫머리, '땅 끝까지 전파하라'는 말씀으로 돌아가 봅니다.

선교와 전도는 몇 마디 말로 이루어지지 않습니다. 교리나 열정으로, 또는 나누어 주는 전도지나 따뜻한 차 한 잔으로 열매 맺어지지 않는다고 생각합니다.

'예수 믿고 구원받는다'는 것은 예수가 살았던 삶의 방식에 대한 신뢰와, 살아가면서 예수를 닮고자 하는 의지의 다른 표현이면 몰라도, 예수가 하나님의 아들이요, 구속자라는 교리를 믿으면 사후에 천국 가는 티켓을 받아 놓은 것과 마찬가지라는 메시지라면 그러한 선교는 경박하고 공허한 몸짓에 불과할 것입니다.

단절되고 소외되어 있는 사람에게 다가가는 일, 지독한 가뭄에 단비 같은 사랑으로, 삶 속에서 실천하는 일이 전도이고 선교일 것입니다. 그런 의미에서, '예수 믿고 구원받는 것이 아니라, 구원받으면 예수를 믿게 된다'는 말이 더 정확한 표현일지도 모르겠습니다.

그 대표적인 모범사례가 있어 소개합니다.

「인도네시아는 헌법상 종교의 자유가 두 가지로 나뉘어 있습니다.

---

112) 위의 책, p.118

신교(信敎)의 자유는 보장되지만, 선교(宣敎)의 자유는 엄격하게 제한되어 있습니다. 인도네시아 어느 시골 교회의 이야기입니다. 교회 벽에 그 지역의 지도가 그려져 있었는데, 인근 지역에 교회가 있는 곳마다 십자가가 그려져 있었고, 놀랍게도 그 교회 대부분이 일 년 안에 생겼다고 기록되어 있었습니다. 그래서 목사님께 여쭈어 보았습니다.

"선교의 자유가 없는데 어떻게 이렇게 교회가 늘어납니까?"

목사님의 대답은 간단했습니다. "바로 그 법 때문입니다. 그 법 때문에 저희는 말이 아니라 사랑을 실천하는 길밖에 없었습니다. 그래서 그렇게 했더니 교회가 늘더군요."113

---

113) 정진홍, 〈잃어버린 언어들〉, 당대, 2004, p.243

곰과 동정녀

18. 공평무사(公平無私)

라디오의 음악프로그램 같은 청취자 참여 프로그램에서, 진행자가 누군가의 사연을 읽으며 "만나서 반갑습니다."라는 멘트를 할 때가 있습니다. 저는 그럴 때마다 "누가 누구와 만나서 반갑다는 말이지?" 하는 의문이 저절로 생깁니다. 만남은 어떤 인연이나 필요로 만나든 서로간의 교류인데, 짧은 사연을 소개하는 것을 만남이라고 포장하는 것이 마뜩치 않기 때문입니다.

책 한 권을 읽는 것도 독자와 저자의 만남일 수 있다고 생각하는 사람들도 있겠지만, 독자가 저자와의 대화 채널이 없는 이상, 일방적인 만남이라면 몰라도, 일반적인 만남이라고 말하기는 어려울 것 같습니다. 공평하지 않기 때문입니다.

교회의 설교나 성당의 강론은 라디오의 청취자 참여 프로그램보다 훨씬 더 일방적입니다. 누구도 그 내용에 대하여 토를 달거나 자기 의견을 말할 여지가 없습니다. 오로지 '아멘'으로 화답하거나 침묵으로 무언의 거부나 동의를 할 수 있을 뿐입니다. 이러한 일방통행은 위와 아래가 나뉘어, 위에서 내리는 말씀을 아래가 무조건 받아들이는 구조이기 때문일 것입니다. 중세시대같이 위에 있는 사람이 성서와 지식을 독점하는 시대라면 몰라도, 현대는 그런 면에서 위와 아래가 거의 대등할 정도로 열려 있는 시대입니다. 어쩌면 4년제 신학대학 갓 나온 목사님보다 평생을 교회 다니신 할머니가 더 많은 지식과 소양을 갖추고 있는지도 모릅니다. 강단 아래에 있는 사람이 자기 성찰과 신학적 깊이가 더 깊을 수도 있습니다.

'너는 그냥 듣기만 해라'라는 식의 예배나 미사 형식에 대하여 좀 짓궂게 말한다면, 강단 위의 사람이 마치 무슨 영매(靈媒)나 하나님의 측근자처럼 자리매김되어 단 아래의 사람들에 대하여 일방적 가르침의 권위를 부여받은 듯 보입니다. 정장차림으로 단 위에 서는 목회자들도 있지만, 대부분은 권위의 상징처럼 성의(聖衣)와 스톨까지 착용한 위엄 있는 복장이기에 함부로 상호간의 평등한 대화를 주장한다는 것은 한국 교회에서 상상하기 어렵습니다. 마치 학교에서의 교사와 학생의 관계처럼 보입니다. 사실, 요즘의 학교는 교사의 권위를 말하기가 민망할 정도지만, 교회는 강단 위의 권위가 건재한 것 같습니다. 물론, 권위 있는 윗사람의 일방통행식 이야기라 해도 아래쪽의 듣는 사람들을 감동시킬 수 있습니다. 그러나 어떤 사람들에게는 공감을 통하여 한 식구로 동화되기는커녕 너의 세상과 나의 세상을 나누게 하고, 그로 인해 소외감만 깊어질 수도 있습니다.

도대체 강단에 서면 왜 근엄해지고 엄숙해져야 하는지, 왜 권위의 두루마기를 입어야 하는지 알 수 없습니다. 오히려 높은 곳에 설수록 자세는 더 낮아지고 마음은 열려야 하는 것이 아닐까요. 설교나 강론의 목적이 교인들을 하나님께 더 가까이 가도록 인도하는 것이고, 일상 속에서 하나님을 찾아 삶을 변화시키는 것이라면, 그들과의 인격적인 만남이 우선되어야 하지 않을까요? 평소 아무런 공감이나 교류나 열린 대화가 없다면, 구태여 교회 나올 필요도 없이 케이블 TV나 유튜브 등의 매체를 통해 얼마든지 훌륭한 설교나 강론을 들을 수 있지 않겠습니까? 어쩌면 이러한 만남이 없기에, 교회를 떠나 표류하는 '가나안 성도'[114]들이 점차 많아지는지도 모르겠습니다. [115]

강단 위에 서는 사람이 현실적으로 '어떻게 많은 사람들과 만남을 가질 수 있겠는가'라는 반론은 당연합니다. 사실 거의 불가능해 보이기도 합니다. 신자들이라 해도 사고방식이나 학식, 또는 견해의 차이가 무척 심해서 만남을 위한 열린 대화는 중구난방으로 전락할 것이 너무나 분명합니다.

그러나 정말 그래서일까요?

한국 교회에서는 담임목사의 설교를 비판하는 것이 금기시되어 있습니다. 사석에서라면 혹 몰라도 공적인 자리에서의 비판은 있을 수 없는 풍토입니다. 그러나 어떤 교회에서는 담임목사의 제안으로 자

---

114) 개신교계에서는 2000년대 들어 '(교회)안 나가'를 거꾸로 읽어 비꼬는 '가나안 신자'라는 단어가 회자되고 있습니다. 신앙을 버리지는 않았지만 교회 예배는 출석하지 않는 경우를 가리킵니다. 2017년 학원복음화협회의 리포트에 따르면 크리스천 대학생 30% 정도는 예배에 출석하지 않는 것으로 조사되었습니다. (2019년 9월 18일 조선일보 기사 참조)

115) '가나안 성도'는 대략 전체 성도의 20% 선인 200만 명 정도라고 추산합니다. 양희송, 〈세속성자〉, 북인더갭, 2018, p.200

신의 설교에 대해 비판이나 토론을 위한 시간을 정기적으로 갖기 시작했다고 들었습니다. 담임목사의 자신감과 열린 신앙에 대한 염원이 없으면 불가능했을 것입니다. 설교와 예배가 끝난 후, 자신의 설교 내용에 대하여 부목사님들과 허심탄회한 토론으로 신앙적 관점이나 잘못된 표현을 점차 다듬어가는 담임목사님이 있고, 그런 대화와 토론으로 성숙해지는 부목사님들이 있는 교회, 그런 교회가 바람직한 교회이고 성장하는 교회가 아닐까요.

개신교를 기준으로 생각해 보면, 신자 수가 많은 교회는 부목사님들도 몇 십 명씩 됩니다. 그리고 오피니언 리더라 할 수 있는 신자들도 분명 있습니다. 이를 활용하여 소그룹 모임으로 설교에 대한 의견이나 신앙에 관한 열린 대화를 활성화한다면 어느 정도는 활기 있는 교회가 되지 않을까요?

일부 대형교회에서 셀(Cell)을 조직하여 이를 활성화하거나 구역을 정하여 구역예배를 보는 등 소그룹 활동을 하고 있습니다. 그러나 아무리 소그룹이라 하더라도 그 내용은 형식과 권위에 의존하거나 이미 정해진 정답을 찾아가는 활동에 불과할 뿐, 토론은 어려운 풍토입니다. 윗사람의 말씀을 추인하거나 보충할 수는 있어도 감히 비판할 수 있는 모임은 아닙니다. 다양한 정답을 인정하는 일은 더더구나 있을 수 없습니다. 자칫 믿음이 약한 사람으로 낙인찍히기 쉽기 때문에 자신의 견해를 자유롭게 말하기 어려운 자리입니다. 한마디로 요약하면 군대 문화와 비슷한 상명하달(上命下達)식 문화가 교회에 있는 것이 아닐까요. 그래서 많은 사람들을 벙어리 신자로 만들고 있는 것이 아닐까요.

곰과 동정녀

모든 교회가 열린 교회로 바뀌는 일은 현실적으로 어렵습니다. 그렇다 하더라도 일부나마 그런 예배를 드릴 수 있는 교회가 있었으면 좋겠다는 바람이 있습니다. 눈치 볼 필요가 없는 열린 대화를 통해 자신의 견해에 대한 오류나 부족한 점을 인식할 수 있을 때, 비로소 신앙을 이성적으로 대할 수 있을 것이고, 좀 더 깊은 신앙적 관점이나 이해를 가질 수 있지 않을까요. 교회의 발전이라는 말이 물량적인 대형화를 의미한다기보다는 교인들의 성장과 성숙이라는 뜻이라면, 교회는 사랑을 바탕으로 한 열린 대화를 통해서 교인들의 영성에 도움을 주어야 하지 않을까 생각합니다.

　물론 신앙은 자기 고백적 성격이 강합니다. 예를 들면, '영성'이라는 단어도 다양한 스펙트럼을 가지고 있어 무엇이 정답이라 할 수는 없지만, 대체로는 개인적인 체험으로 '영성'을 이해하게 마련입니다. 이런 경향 때문에 많은 사람들이 신앙과 이성은 별개의 영역이라고 간주하는 경우가 많습니다. 오히려 감성의 영역으로 이해하기도 합니다. 부분적으로는 옳은 견해일 수 있다고 생각합니다. 성서의 대부분은 소설이 아닌 시(詩)처럼 고백과 은유와 신화로 이루어져 있어서 감성적인 해석이 우선할 때가 많기 때문입니다.

　그러나 시 한 편도 감성만으로는 감상이 이루어지지 않습니다. 이성과 지식의 뒷받침이 있어야 감성의 자리가 넓어지게 마련입니다. 이성의 뒷받침이 없는 감성은 실천이나 행위가 없는 무지갯빛 환상으로 머물게 됩니다. 무지개는 아름답지만 순간일 뿐입니다. 허망합니다.

　이성은 '객관화'를 요구합니다. '객관화' 또는 '객관적'이라는 말은 흔히 쓰이지만, 좀 더 깊은 의미로 살펴보면 어떤 객관도, 주관이 개입되지 않은 객관이 있을까 의문이 듭니다. 어떠한 객관도 사실은 주관적으로 판단한 결과이기 때문입니다. 대부분의 사람들이 '자기중심성'이라는 렌즈를 통하여 객관화하기 때문에 어느 정도는 일그러진 객관일 수밖에 없습니다. 여러 가지 렌즈로 본 결과를 종합할 때, 비로소 좀 더 온전한 객관을 찾을 수 있을 것입니다. 그래서 다른 사람의 렌즈도 중요합니다. 이런 의미에서 신앙은 이성적이어야 하고, 열려야 하고 좀 더 다양하게 객관성을 찾을 수 있어야 합니다.

객관적이지 못한 신앙은 독실하다는 포장을 벗기면 아전인수의 모습이 드러납니다. 자기 자신만을 위한 하나님, 자신의 과거와 현재와 미래의 형통을 책임지는 하나님, 언제나 나를 보호해 주시고 복주시는 하나님으로 하나님을 전락시키기 쉽습니다.

그런 하나님은 공평무사(公平無私)한 하나님이 아닙니다. 하나님을 '내 편'으로 해석하는 신앙은 아무리 객관을 외쳐도 그 속에서 자라나는 우상이 있습니다. 하나님은, 하나님을 사랑하는 사람만 사랑하는 하나님이 결코 아닐 것입니다. 만일 그런 하나님이라면 '사랑의 하나님'일 수 없습니다. 오히려 '편 가르기의 하나님'이나 '미움의 하나님'이 더 잘 어울리는 이름일 것입니다.

그러나 한국 교회 현실에서 공평무사한 하나님을 강조하기는 쉽지 않을 것 같습니다. 공평한 하나님이라면 누군가를 특별 대우하는 하나님이 아니기에 누구에게도 환영받지 못할 것이기 때문입니다. 오히려 나만, 우리만, 도우시는 하나님이 우리를 사랑하시는 하나님이고, 한국 교회나 신자들에게 필요한 하나님이 아닐까요. 사사로움이 없는 하나님이 아니라 사사로움이 있는 하나님이야말로 신앙의 대상으로, 기도의 대상으로 적합한 하나님일 것입니다. 공평무사한 하나님이라면 하나님을 믿는 사람들에게 그 존재가치나 의미가 반감되지 않을까 싶습니다.

'히브리 성서'라고 불리는 구약성서를 읽다 보면 '미움의 하나님'이 보이기도 합니다. 이스라엘 민족을 편애하시고 이스라엘의 적들을 격퇴시키는 하나님이 구약성서에 기록되어 있습니다. 선민(選民)이 하나님을 사랑하면, 하나님은 무한한 능력을 그들에게 부어주셨습니다. 부족신앙의 전형입니다.

아득한 3천 년 전의 이스라엘 부족신앙을 현재까지 적용하여 믿고 있는 사람들이 우리 주위에 있습니다. 그래서 어떠한 전쟁도 하나님께 기도만 하면 이길 수 있다고 장담하는 코미디언 같은 목회자들도 있습니다. 신자들을 앞장서서 우민화하는 사람입니다.

구약성서가 잘못되었다는 말을 하려는 것이 아닙니다. 그 당시의 역사적, 사회적 배경을 감안하지 않고 민족적 고백의 기록을 사실적 진실로 읽으면 엉뚱한 오해를 불러일으키게 된다는 말입니다. 구약성서에는 우리가 거기서 받아들여야 할 교훈과 아름다움이 풍성합니다. 구약성서 기자의 말을 의미나 비유로 받아들이지 않고, 역사적 사실인 양 받아들이는 사람이라면 '산타클로스'가 실재(實在)한다고 믿는 사람과 다를 바 없다고 생각합니다. 구약성서는 고백의 언어로 기록되어 있는 책이니만치, 의미적 진실을 담고 있는 책이지, 역사책처럼 사실과 사건의 기록이 아니라는 점은 너무나 분명하지 않습니까.

공평무사의 화신(化神)이 예수입니다. 예수 당시, 일부 지식층과 지배계층이 종교와 정치를 장악하고 있었습니다. 그들은 권력을 이용하여 수많은 이권을 챙겼고 독점적인 부(富)를 쌓아 올렸습니다. 아무 권력도 없는 사람들은 수탈의 대상이 되었고, 로마의 세금과 성전의 종교세 등 여러 가지 세목으로 가진 것을 빼앗긴 그들은 적빈자(赤貧者)로 전락했습니다. 그들은 오늘날의 거지나 노숙자와 다를 바 없었습니다. 그리고 병든 자와 과부와 아이들 같은 사회적 약자들이 그들과 함께 그늘 속에 움츠리고 있었습니다.

이때, 예수는 이들에게 말했습니다. "너희들에게 복이 있다."라고.

저는 이 말씀이 복음의 핵심이라고 알고 있습니다. 사회적으로 절대적 약자의 위치에 있는 그들에게 복이 있어야만 세상이 비로소 공평해지기 때문입니다.

당장에 먹고 살 것도, 누울 자리도 없는 그들이었지만, 그들에게는 하나님의 축복이 있었습니다. 예수는 이들과 함께 아파했고, 이들을 존중했습니다. 이들에게 희망을 주었습니다. 복음의 가장 직접적인 수혜자는 이들이었습니다.

그리고 예수의 공생애 첫마디가 '하나님 나라'였습니다. 예수가 말한 '하나님 나라'는 쉽게 풀이하면 '공평한 나라'라는 뜻이 아닐까요.

공평무사한 사회는 '나눔'이 있는 세상이고, 모든 사람들이 서로를 존중하는 사회이며, 적빈자나 사회적 약자가 그 질곡에서 벗어나는 사회입니다. 아니, 벗어나게 돕는 사회입니다. '하나님 나라'를 위해 이들에게 내미는 손길이, 하나님의 손길을 대신하는 신앙의 손길입니다. 그런 의미에서 신앙은 욕망의 해체에 가깝다고 생각합니다.

곰과 동정녀

적어도 '하나님 나라'를 바라보는 사람들이라면, 자신의 욕망 충족을 위해 기도에 매달리는 자신을 한번쯤 돌아보아야 하지 않을까요. 어쩌면 진정한 하나님의 은총은 자신만을 위한 욕망의 억제와 해체, 그리고 **예수**가 복이 있다고 말한 사람들에 대한 연민의 회복이리라 생각합니다.

그렇다 해도, 사실 이는 말로는 하기 쉽고, 관념적으로 생각하기는 쉬워도 구체적 실천은 너무나 어렵습니다. 너무나 어려운 일을 감당하기에 그 일을 하게 하는 믿음이 성스러운 것이고, 믿음으로 성스러움을 추구하는 사람들이기에 그 일을 하는 사람들을 성직자나 성도라 부르는 것이라고 생각합니다.

우리 한국 교회에 그런 의미의 성직자나 성도가 얼마나 있는지 의심스럽습니다. **권정생** 선생은 그의 책 〈우리들의 하느님〉에서 한국 교회의 단면을 보여줍니다.

「한국 교회는 70년대에 들어서면서 갑자기 권위주의, 물질만능주의, 거기다 신비주의까지 몰려와서 인간 상실의 역할을 단단히 했다. 조용히 가슴으로 하던 기도는 미친 듯이 떠들어야 했고, 장로와 집사도 직분이 아니라 명예가 되고 계급이 되고, 권력이 되었다. 같은 목사님인데도 큰 교회 목사님과 작은 교회 목사님에 대한 인격적인 차이까지 생겼다. 인간 차별은 평신도들까지도 서먹서먹하게 만들었다. 겉으로는 웃으면서 이야기를 해도 마음을 드러내놓고 얘기할 상대가 없어졌다. 하느님께 의지하는 믿음이 아니라 하느님을 이용하여 출세와 권력과 돈을 얻으려 하고, 이것이 바로 그 사람 믿음의 전부가 되었다.」

예수는 물질적 욕망이 없었습니다. 그래서 나누어 줄 것이 없었습니다. 다만 가진 것이라고는 가슴 속에 '하나님'밖에 없었습니다. 그가 병자를 치료한 것은 그의 가슴 속 깊은 곳에 있는 연민의 힘, 하나님의 힘이었습니다.

사실, 예수님이야말로 가진 것이 아무것도 없었습니다.

『여우도 굴이 있고 하늘의 새도 보금자리가 있지만 사람의 아들은 머리 둘 곳조차 없다.』(마태 8:20)

오늘의 일부 대형교회는 '무일푼 예수'를 기리기 위해 초호화판 교회를 짓습니다. 예수를 닮고자 하는 대신, 일부 목회자들은 가난했던 예수를 화려한 성전 안으로 감금합니다. 대리석 벽에 걸린 십자가 위에 금칠 은칠을 하고 높이 걸어 숭배합니다. 그러나 예수는 물론, 그의 제자들도 그렇게 하나님 나라를 전파하지 않았습니다.

열두제자를 파견하시며 예수는 이렇게 당부했습니다.

『그리고 여행하는 데 지팡이 외에는 아무것도 지니지 말라고 하시며 먹을 것이나 자루도 가지지 말고 전대에 돈도 지니지 말며 신발은 신고 있는 것을 그대로 신고 속옷은 두 벌씩 껴입지 말라고 분부하셨다.』(마가복음 6:8-9)

곰과 동정녀

『그러자 베드로는 "나는 돈이 없습니다. 그러나 내가 줄 수 있는 것은 이것입니다. 나자렛 예수의 이름으로 걸어가시오"』(사도행전 3:6 일부)

오늘날 예수의 제자라 칭하는 사람들 중에는 이렇게 고백해야 할 사람들이 있을 것 같습니다.

'금과 은은 내게 많으나 네게 나누어 줄 것은 아무것도 없도다.'

그래서 이들은 하나님 나라를 미래의 세계로, 사후의 세계로 바꿔 버렸습니다. 이 땅위에 이루어져야 하는 하나님 나라를 천국으로 용도 변경하여 사후에 누리는 영생으로 멀리 예치해버렸습니다. 그러면서, 가장 공평무사해야 할 교회가 예수의 가르침과 교리를 가장 활발하게(?) 활용하여 자신들의 배를 불립니다. 파벌을 만들고 이권과 권력을 챙기기 위해 싸움도 마다하지 않습니다. 감투싸움은 그러한 모습의 전형입니다.

사랑을 이야기하는 교회가, 교회 울타리 밖의 가난한 사람들에 대한 사랑과 연민이 과연 있기는 있는 것일까요. 일부 위선적인 선행을 걷어내면 어떠한 모습일지 조금은 두렵습니다.

교회라는 울타리 안에도 마찬가지입니다. 도시 교회와 농촌 교회의 빈부 격차는 '서로 사랑하라'는 말씀을 입에 올리기가 민망할 정도입니다. 한겨울에 난방비도 모자라 쩔쩔매는 농촌 교회, 최저임금의 절반에도 미치지 못하는 생활비로 근근이 살아가야 하는 가난한 목회자가 얼마나 많은지 모릅니다. 젊은이들이 떠나버린 농촌에서 노인들의 헌금은 초라할 수밖에 없지 않겠습니까. 그래도 일부 교회에서 아무런 자랑도 하지 않고 어려운 시골교회를 위해 따뜻한 손길을 보내기도 합니다. 그러나 서울의 규모 있는 교회 중에서 얼마나 많은 교회들이 이러한 손길을 내밀고 있는지는 조금 의심스럽습니다. 여러 교회들의 주보를 보면, 광고하듯 '우리 교회가 돕는 농촌 교회'라는 이름으로 여러 군데 시골교회 이름을 올려놓기도 하지만, 그 포장을 들추고 내용을 들여다보면 미미한 금액을 과대 포장한 과시나 허세인 경우가 대부분입니다.

초라한 시골 교회의 극도로 궁핍한 모습은 그들에겐 전혀 보이지 않습니다. 우선적으로 자기 교회를 더 넓히고, 대리석을 깔고, 초대형 스테인드글라스를 끼우고, 교인들을 위한 묘지를 확보하는 일이 우선이기 때문입니다.

예수의 마음, 예수의 정신이 그런 교회에 살아있을 것 같지 않습니다. 그런 목회자가 어떻게 '하나님 나라'를 말할 수 있겠습니까. 가진 것 없었던 예수를 섬기는 교회이고 교인들이라면 그 생활이 검소해야 마땅한 것이겠지요. 다른 사람들에게는 가진 것을 서로 나누라고 설교하며, 자신은 큰 성의 성주처럼 경호원까지 두고 자가용도 몇 대씩 굴리며 호화롭게 살아가는 목회자가 정말 예수의 제자일까요.

예수는 동전 두 렙돈을 헌금하는 과부를 칭찬하셨지만, 한국 대형교회는 어떠할까요. 반문하는 것만으로도 가슴이 아픕니다.

저는 차라리 만오 스님 같은 분이 예수의 제자와 가깝다고 생각합니다. 만오 스님은 부산에 있는 조그만 사찰 도원사라는 절의 주지스님입니다. 그는 대형교회에 비하면 보잘 것 없는 살림살이지만, 대형교회가 꿈도 못 꿀 일들을 해냈습니다.

스님은 부모 유산에 시줏돈을 더해 4년간 국내외로 16억 원을 기부

곰과 동정녀

했습니다. 개신교계인 굿네이버스가 후원금의 부족으로 중단했던 보건의료지원사업에 2억 원을 기부하였고, 아프리카 케냐에 학교와 우물 자금을 지원하기도 했습니다. 그는 자신을 일러 "신도들 정성 전하는 다리일 뿐"이라고 말하며, "시줏돈이 얼마나 무서운데……. 절 꾸밀 돈 있으면 남 도와야죠."라는 말로 자비심의 실천을 강조했습니다.

일부 개신교 목회자들은 스님을 일러 우상을 섬기는 사탄의 후예쯤으로 생각하지만, 사탄의 후예가 훗날, 하나님으로부터 더 칭찬받지 않을까요.

공평무사(公平無私)는 멀리 제쳐놓고, 특별히 복 받기만을 바라는 한국 교회에 대하여 외치는 소리가 있습니다. 십자가와 예수의 얼굴이 한국 교회에서 사라졌다고 외치는 목소리입니다.

「오늘날 한국 교회에는 십자가는 있지만 십자가를 짊어지고 예수와 함께 갈 참다운 신앙인은 없다. 엄밀한 의미에서, 한국 교회에서 예수의 십자가는 사라졌다. 십자가의 고난과 희생과 헌신의 삶 없이, 영광과 복 받음만을 부르짖는 교회는 엄밀한 의미에서 그리스도의 교회가 아니다. 그것은 예수의 십자가를 사칭하는 사이비 종교집단에 불과하다.

예수의 십자가가 없고, 예수의 삶이 없고, 십자가를 지려 하지 않는 한국 교회, 오직 예수의 보혈만 부르짖는 교회에서 우리는 예수의 얼굴을 볼 수가 없다.」[116]

---

116) 채희동, 〈걸레질하시는 예수〉, 대한기독교서회, 2015, p.46

19. 죽으면 정말 어떻게 될까?

"죽으면 정말 어떻게 될까?" 거의 한평생 교회에 다니고 있는 친구가 장례식장에서 무심하게 내뱉은 말입니다. 그동안 수없이 여러 번 천국과 지옥 이야기를 들으며 교회생활 했을 테고, 그때마다 '아멘'으로 응답했겠지만, 그래도 여전히 남는 의문이 이런 말을 하게 되었으리라 생각합니다.

죽음에 대한 의문은 누구에게나 가장 원초적이며 궁극적인 질문이고, 어느 누구도 죽어본 일이 없기에 답할 수 없는 질문입니다. 살아가면서, 언젠가 닥칠 예비된 큰 슬픔이 죽음이라는 것은 알지만, 대부분의 사람들은 죽음을 의식적이건 무의식적이건 외면하며 삽니다. 그러다 보니 어느 날 갑자기 죽음이 다가오면 그 냉혹한 현실에 당황합니다. 그래서 개인적으로 언제 어디서 죽음이 다가올지도 궁금한 일이지만, 그래도 최대의 의문은 '죽음 이후'일 것입니다.

곰과 동정녀

동양 사상에서는 죽음 이후를 혼백(魂魄)과 귀신(鬼神)으로 설명합니다.

「혼(魂)은 백(魄)과 짝을 이루어 흔히 '혼백'으로 이야기 된다. 어떤 존재를 살아있게 만드는 것이 바로 혼백이다. 즉 혼백은 어떤 신체를 살아있게 만들어 주는 것이다. 따라서 그 존재가 죽으면 혼백은 빠져나온다. 양기인 혼은 올라가고, 음기인 백은 아래로 내려간다. 위로 올라간 혼은 신(神)이 되고, 아래로 내려간 백은 귀(鬼)가 된다. 따라서 귀신(鬼神)은 그 몸을 잃었으되, 비물질적인 동일성은 상실하지 않은 어떤 것이다.」[117]

삶과 죽음의 차이를, 물질적인 동일성은 잃었지만 비물질적 동일성은 유지되는 것으로 봅니다. 이런 관점 때문에 동양에서 조상 제사가 유난히 강조되는 이유일 것입니다. 이는 어떤 이론이라기보다는 차라리 살아있는 사람들의 바람이라고 보는 것이 옳을 것 같습니다.

기독교 신자들도 '죽음 이후'를 알지 못합니다. 다만 믿음으로 앎을 대신하고 있을 뿐입니다. 히브리서 말씀대로 '믿음은 바라는 것들의 실상'이니까요.

기독교 신자들이 바라보는 죽음에는 천국과 지옥이 있습니다. 아니, 기독교뿐 아니라 대부분의 종교는 사후세계가 있게 마련이고, 그 세계는 바람직한 좋은 자리와, 가고 싶지 않은 나쁜 자리로 구분

---

117) 이정우, 〈영혼론 입문〉, 살림출판사, 2006, p.28

됩니다. 죽음 이후의 세계를 어떤 형태로든 믿고 싶어 만든 것이 종교라고 사회학자들은 말합니다.

기독교인의 경우, 구원을 받는다는 말이 사후에 가게 될 천국을 의미한다고 이해하는 사람들이 많습니다. 역으로, 구원을 받지 못하면 지옥을 염려해야 할 것으로 생각합니다. 그래서 구원은 평안과 통하게 되고 사후의 불안과 두려움을 극복하기 위해서라도 구원은 받아야만 하는 어떤 것이 되기도 합니다. 마치 구원이 죽음에서 구원되는 것 또는 불멸의 삶을 예약하는 것인 양 오해되기도 합니다.

사실 '천국과 지옥'에 관해서는 다양한 견해가 있습니다. 경험한 사람이 없기에 사람마다 의견이 다르고 이해가 다를 수밖에 없습니다. 죽음 그 자체에 대해서도 사람마다 생각하는 내용과 형식이 다릅니다. 따라서 어느 누구도 '내 말만 옳다'고 주장할 수는 없겠지만 나름대로의 관점은 갖고 있을 것 같습니다. 일부 자기주장이 강한 사람들이 확신에 차서 죽음에 대하여 이야기하는 경우를 제외하면 대부분의 사람들은 죽음 이후에 대하여는 조심스럽게 대합니다.

소설가 **공지영**은 "죽어서 천국이나 하느님이 안계서도 상관없죠. 내 인생에 미친 영향, 따뜻함과 위로를 주는 종교가 그리스도교니까요."라고 말하며, 불확실한 죽음 이후보다 현재의 삶에 미친 긍정적인 영향에 의미를 둡니다.

성서에 기록된 천국과 지옥도 다양한 모습입니다. 그러나 **앨리스 K. 터너**에 의하면, 성서가 기록되고 전파되던 기독교 초기에 지옥에 관한 교리는 없었다고 합니다.

「최초로 쓰여진 신약성서로 바울서신이 있지만, '영원히 멸망하는 벌'(데살로니가 후서 1:9)이라는 표현 이외에는 사후세계에 대하여 언급이 전혀 없었으며, 요한복음 전체에도 지옥에 관한 이야기가 일체 없고 마가복음 또한 9장 43-46절의 기록 이외에는 지옥에 대한 설명이 없습니다. 따라서 기독교 초기의 신학자들이 지옥 교리를 만들어내지 않았다는 점은 확실한 사실입니다.」[118]

마태복음의 기록자인 **마태**는 거의 유일하게 사후세계에 대한 다양한 정보와 종말론적인 경고를 던집니다.

『그 날이 오면 사람의 아들이 자기 천사들을 보낼 터인데 그들은 남을 죄짓게 하는 자들과 악행을 일삼는 자들을 모조리 자기 나라에서 추려내어 불구덩이에 처넣을 것이다. 그러면 거기에서 그들은 가슴을 치며 통곡할 것이다.』(마태 13:41-42)

『이 저주받은 자들아, 나에게서 떠나 악마와 그의 졸도들을 가두려고 준비한 영원한 불 속에 들어가라.』(마태 25:41)

그밖에 사후세계에 관하여 기록된 성서를 살펴보면 아래와 같습니다.

---

118) 앨리스 K. 터너, 이찬수 옮김, 〈지옥의 역사 I〉, 도서출판 동연, 1998, pp.109-111

『티끌로 돌아갔던 대중이 잠에서 깨어나 영원히 사는 이가 있는가 하면 영원한 모욕과 수치를 받을 사람도 있으리라.』(다니엘 12:2)

『하늘나라는 밭에 묻혀 있는 보물에 비길 수 있다. 그 보물을 찾아낸 사람은 그것을 다시 묻어 두고 기뻐하며 돌아가서 있는 것을 다 팔아 그 밭을 산다.』(마태 13:44)

『얼마 뒤에 그 거지는 죽어서 천사들의 인도를 받아 **아브라함**의 품에 안기게 되었고 부자는 죽어서 땅에 묻히게 되었다. 부자가 죽음의 세계에서 고통을 받다가 눈을 들어 보니 멀리 떨어진 곳에서 **아브라함**이 라자로를 품에 안고 있었다. (중략) 저는 이 불꽃 속에서 심한 고통을 받고 있습니다.』(누가 16:22~23)

『하느님께서는 죄지은 천사들을 용서 없이 깊은 구렁텅이에 던져서 심판 때까지 어둠 속에 갇혀 있게 하셨습니다.』(베드로후서 2:4)

요한계시록 20장 10절과 13절부터 15절의 말씀입니다.

『그들을 현혹시키던 그 악마도 불과 유황의 바다에 던져졌는데 그 곳은 그 짐승과 거짓 예언자가 있는 곳입니다. 거기에서 그들은 영원무궁토록 밤낮으로 괴롭힘을 당할 것입니다.』

『바다는 자기 안에 있는 죽은 자들을 토해 냈고 죽음과 지옥도 자기들

속에 있는 죽은 자들을 토해 놓았습니다. 그들은 각각 자기 행적대로 심판을 받았습니다. 그리고 죽음과 지옥이 불바다에 던져졌습니다. 이 불바다가 둘째 죽음입니다. 이 생명의 책에 그 이름이 올라 있지 않은 사람은 누구나 이 불바다에 던져졌습니다.』

다니엘서는 천국과 지옥을 '영생'과 '수치를 당하는 자'로 구분하였고, **누가**는 천사에 들려 **아브라함** 품에 안겨있는 것으로 천국을 묘사한 반면 지옥을 음부의 불꽃 속에서 심한 고통을 받는 것으로 보았습니다. **마태**는 천국을 가장 귀중한 보물로 보았고, **베드로**는 지옥을 '어두운 구덩이에서 심판 때까지 기다리는 곳'으로 설정했습니다. 요한계시록에서는 '불과 유황 못'으로 지옥을 묘사하며 심판의 결과에 따라 가는 곳이라 했습니다.

성서 기자마다 이렇듯 죽음 이후에 관한 내용이 다른 이유는, 앞서 지적한 바와 같이 특정한 교리로 공감대를 형성하지 못했기 때문이기도 하지만, 어느 누구도 천국과 지옥을 경험한 일이 없기에 다양한 견해는 어쩔 수 없었으리라 생각합니다. 따라서 성서는 죽음 이후의 세계에 대한 일반적이고 구체적인 설명보다는 성서 기자의 독창적인 상상력과 환상적인 이야기로 천국과 지옥을 묘사하여 현실의 삶과 신앙생활에 영향을 주고자 한 것이 아닐까요.

이천 년이 지난 지금, 많은 사람들이 이해하는 천국과 지옥은 중세 시대의 죽음 이후를 다룬 환상문학이나 성극(聖劇), 성화(聖畵) 등의 영향을 받았을 수 있습니다. 지옥과 천국을 다룬 환상문학이 활발했던 중세에, 연극과 그림으로도 말세 이후를 다룬 작품들이 다양하게 발표되었습니다. 작품에 소개된 천국과 지옥에 대한 상세하고 실감나는 묘사는 독자와 관객들에게 희망과 두려움을 전하기에 충분했고, 이러한 시대배경을 바탕으로 단테의 〈신곡〉이 나왔습니다. 1300년경 쓰인 〈신곡〉에서 단테는 영혼을 구원받기 위해 여행을 떠납니다.

「먼저 단테는 지옥, 그 안으로 내려가야 했다. 그곳에서 그는 기독교가 죄악이라 이름 붙인 모든 유형의 죄를 보게 되는데, 그 죄들은 각기 거기에 맞는 형벌이 정해져 있었다. 다음으로 그는 연옥의 산을 오르게 되는데, 거기서 그는 죄를 지었으나 뉘우치는 영혼들, 그리하여 회생의 절차를 밟고 있는 영혼들을 본다. 마지막으로 그는 천국에 가서 다양한 유형의 거룩한 영혼들을 보고, 그들이 성취해 가는 더욱 복된 상태들을 목격한다.」[119]

〈신곡〉에서 묘사되는 천국과 지옥의 모습이 구체적으로 실감 있게 그려짐으로써 설화가 되었고, 이 설화가 오히려 성서보다 더 교인들에게 인식되어 있는 듯 보이기도 합니다. 단테의 지옥도(地獄圖)를 보면 지옥을 9단계로 나누어 살아있을 때 저지른 범죄의 종류에 따라 형벌을 받는 모습이 자세하게 그려집니다.

사실 성서는 죽음 이후에 대하여 일관적인 형식이나 관점을 강조하고 있지 않습니다. 오히려 내용적으로 보면 신약성서에서 가장 강조되는 것은 천국이 아니라 '하나님 나라'입니다.

---

119) 휴버트 드레이퍼스 · 숀 켈리, 김동규 옮김, 〈모든 것은 빛난다〉, 사월의 책, 2017, p.219

「성서에서의 천국은 '천당'이 아닌 '하나님 나라'를 에둘러 말하는 경우가 많습니다. 특히 마태복음에서 천국으로 번역되는 '하늘나라'는 '하나님 나라'의 다른 표현이라고 많은 신학자들이 밝히고 있습니다. 마태는 하나님의 거룩함을 존경하는 의미에서 하나님이라는 이름을 사용하지 않고, 대신에 보통 '하늘나라(天國) - Kingdom of heaven'라는 표현을 썼기 때문입니다.」[120]

이러한 표현은 마치 '하늘에 있는 나라 - Kingdom in heaven'처럼 들려서 '천당'으로 오해하기 쉽게 되었다고 크로산은 말하고 있습니다.

따라서 앞에 예로 들었던 마태복음 13장 44절의 말씀, 『천국은 마치 밭에 감추인 보화와 같으니』의 천국은 천당이 아닌 '하나님 나라'를 지칭합니다.

배철현 교수는 이 말씀을 '지금', '여기'라는 시간과 장소를 강조하는 말씀으로 이해합니다. 일상이 천국 즉 하나님 나라라고 말합니다.

「천국은 마치 들판에 숨겨진 보물과 같다'고 말한다. 천국이 발견되는 장소와 시간은 바로 지금-여기다. 복음서 저자는 '지금-여기'를 그리스 단어 '아그로스(agros)'를 사용하였다. '아그로스'는 흔히 '들판, 밭, 평원'이란 의미다. '아그로스'는 농부에게는 밭이고, 학자와 학생에게는 책과 책상이며, 직장인에게는 직장이다. 자신이 생계를 유지하는 그 일상(日常)이 천국이다. (중략) 누구에게나 공평하게 열려

---

120) 존 도미닉 크로산, 한인철 옮김, 〈예수는 누구인가〉, 한국기독교연구소, 2013, p.85

진 시간과 장소인 일상은, 그것을 깊이 관찰하려는 사람에게 천국이다.」[121]

예수님은 살아생전에 여러 번 '하나님 나라'를 강조했지만 천국을 이야기한 일은 거의 없었습니다.

「'하나님 나라'는 흔히 천국, 또는 천당으로 오해되는 단어이다. 일부 그리스도교인들은 하늘에 있는, 또는 하늘에 붕 떠 있는 나라를 연상하고, 사후에 자기가 갈 어떤 장소라고 믿으며 신앙생활을 하고 있다. 대부분의 목회자들은 '하나님 나라'가 어떤 의미인지 알면서도 교회의 성장과 부흥을 위해, 신자들을 결속하기 위해, 오해를 방조하고 오히려 조장하고 있지는 않은가 의심스럽기까지 하다.」[122]

지옥 또한 마찬가지입니다. 사후세계에 있다는 지옥의 불구덩이를 강조하여 협박하고 위협하는 것이 아닌가 싶을 정도로 이를 강조하는 목회자들이 있습니다. 그들은

『또 오른손이 죄를 짓게 하거든 그 손을 찍어 던져버려라. 몸의 한 부분을 잃는 것이 온 몸이 지옥에 던져지는 것보다 낫다.』(마태 5:30)

라는 말씀을 인용하여 예수도 지옥의 실재(實在)를 인정했다고 말합

---

121) 배철현, 블로그 '배철현과 함께 가보는 심연', '공부'(2019. 3. 31.)

122) 졸저, 〈신앙, 그 넓고 깊은 바다〉, 책과 나무, 2015, p.211

니다.

그러나 위에서 말하는 '지옥'의 희랍어 원문은 '게헨나'입니다.

'게헨나'는 예루살렘 남서쪽에 있는 골짜기 이름으로, 처형당한 죄수와 부랑자들의 시신을 태웠던 곳이고 동물의 사체도 쓰레기와 함께 소각 처리했던 곳으로 알려져 있습니다. '게헨나'는 히브리어로 '힌놈의 아들의 계곡(Gue ben Hinnom)'을 음역한 것으로, 무슬림들의 지옥인 '자한남(Jahannam)'—불구덩이—도 같은 어원에서 유래된 것이라 합니다.

'게헨나'는 '땅 속에 있는 감옥' 또는 '영원한 불구덩이'라고 알고 있는 '지옥'과는 개념상으로 상당한 거리가 있습니다. 당초부터 천국과 지옥이라는 개념도, 유대민족이 바빌론에 포로로 끌려갔을 때, 조로아스터교의 영향으로 생긴 것이고, 영생개념도 마찬가지라 합니다. 천국과 지옥이라는 단어 자체도 바빌론과 유대사람들의 세계관을 반영하고 있는데, 한마디로 이 세계는 땅 속과 지상과 하늘의 삼층천(三層天)으로 이루어져 있다고 알고 있었기 때문에 생긴 언어입니다.

이러한 천국과 지옥을 '움직일 수 없는 사실'이라고 믿는 사람들이 있습니다. 더구나 하나님과 **예수님**을 믿지 않는 사람들은 모두 지옥불에 떨어질 것이라고 저주 아닌 저주를 하는 사람들도 있습니다.

「기독교 신자에게는 천당과 지옥은 둘 중에 하나, 그가 돌이킬 수 없이 곧 들어가야만 하는 엄청난 곳이다. 그러나 외부자에게는 그것들은 신자의 마음 안에 존재하는 관념에 지나지 않는다. 신자들에게는 천당과 지옥은 우주의 일부분임에 반하여 관찰자들에게는 그것은 한 종교의 일부분이다.」[123]

천당과 지옥은 기독교인들의 관념입니다. 자신들의 관념을 신념이나 믿음으로 확신하는 것은 무방한 일이고 마땅히 존중되어야 한다고 생각합니다. 그렇지만, 이를 확대해석하여 자신들만이 옳고, 타종교인이나 일반인들을 장차 지옥으로 갈 '불쌍한 사람'으로 여기거나 '사탄의 자식들'쯤으로 비하하는 일은 없어야 합니다. 자신의 종교와 신앙만이 귀한 것이 아니라 다른 사람의 다른 종교도 당연히 존중되어야 하기 때문이며, 하나님을 독점하는 일은 하나님을 초라한 울타리 안으로 가두는 일이기 때문입니다.

『우리는 이 보화를 질그릇에 담고 있다. 이것은 그 풍성한 능력이 우리에게서 나오는 것이 아니라 하나님에게서 나오는 것임을 보이시려는 것이다.』(고린도후서 4:7)

「보화는 종교적 용어로 하나님이고, 세속적 용어로는 현실입니다. 질그릇들은 (무엇보다) 우리가 알고 믿는 것을 전달하기 위해 우리가 선택하는 언어입니다. 이 구절의 의미는 단순하지만 심오합니다. 우리가 보화를 담기 위해 만드는 모든 그릇은 흙으로 빚어져 유한하고 결함이 있으며, 보화 그 자체와 결코 혼동되지 않습니다. (중략)
어떤 전통을 가진 이들이 자기네 질그릇이 아니면 보화를 담을 수

---

123) 월프레드 캔트웰 스미스, 길희성 옮김, 〈종교의 의미와 목적〉, 분도출판사, 2009, p.180

274   곰과 동정녀

없다고 주장할 경우, 이들은 우상숭배를 범하는 것이며 그로 인해 사람들이 죽기도 합니다. 우상숭배는 모든 종교 폭력을 불러일으키는 요인입니다. 왜 우리는 우상숭배를 할까요? 두렵기 때문입니다. 신념의 새장에서 신성을 해방시켜 야생으로 돌아가도록 놓아주었을 때 우리가 어떻게 변화할지 모르기 때문입니다. 물론 우리는 신성을 가둘 수 없습니다. 하지만 우리가 그렇게 할 수 있다는 망상은 쉽게 사라지지 않지요.」[124]

보화는 어느 그릇에 담겨도 보화라는 사실은 강조하기가 쑥스러울 정도로 진실입니다. 기독교라는 질그릇에 담겨 있는 것은 분명하게 보화입니다. 그러나 보화가 불교라는 그릇에 담겨 있다 해서 무조건 가짜라고 말할 수는 없습니다. 불교라는 그릇에 보화가 없다는 말은 기독교에 보화가 없다는 말과 같으니까요. 그들의 유구한 신앙과 고유한 문화는 그것이 진짜 보화임을 증언하며 전승하고 있지 않습니까.

종교 문화는 그 토양에 따라 모습이 다를 수밖에 없음을 인정해야 한다고 생각합니다. 내 나라에서 자라는 소나무만 나무고, 열대지방의 야자수는 나무가 아니라고 말하는 사람이 있다면, 그런 사람과 입씨름하는 것은 공연한 낭비일 뿐이겠지요.

하나님을 무한한 시간과 공간의 창조주로, 모든 생명과 무생명의 바탕으로 인식하면 할수록, 그래서 하나님 앞에서 겸손해지면 질수록 기독교가 하나님을 독점할 수 없다는 사실은 점점 분명해집니다.

---

124) 파커 J. 파머, 김찬호 정하림 옮김, 〈모든 것의 가장자리에서〉, 글항아리, 2018, p.145

「나는 하나님이 이 세상을 크리스천과 넌크리스천, 신자와 불신자로 나누신다고 생각하지 않는다. 하나님이 그렇게 어리석은 일을 하실 리 없다. 하나님은 우리가 무엇을 믿느냐보다 우리가 어떤 사람인지에 더 관심을 기울이실 것이다.」

「하나님은 확실히 크리스천이 아니시다. 하나님은 당신의 모든 자녀에게 똑같이 마음 쓰신다. 크리스천이 하나님을 독점할 수 없다는 사실은 너무 당연해 진부하게 들릴 정도이다. -데스몬드 투투-」[125]

죽음은 유한한 인간으로서의 삶이 끝나는 점(點)입니다. 살아있는 동안 인간이 누리는 시간도 하나님으로부터, 또는 영원으로부터 잠시 빌린 것일 뿐입니다. 당초부터 '내 것'이 아니었기에 죽음을 '왔던 곳으로 돌아간다.'라고 말하는 것이겠지요. 살아있다는 이야기는 모든 감각이 살아있음으로 해서 시간의 연속성과 기억의 연결을 느끼고 알 수 있다는 말이고, 생명체로서의 생존이 유지된다는 뜻입니다. 죽음은 이런 것들의 종결이니, 더 이상의 기억도 감각도 없는 상태일 것입니다. 아무리 뜨거운 지옥불이라 해도 더 이상 뜨거움을 느낄 감각이 없는 존재에게는 아무런 위협도 되지 않을 것입니다. 길고 긴 고통을 느끼지 않아도 되는 것이, 죽은 후에 우리에게는 시간이란 것이 존재할 리 없기 때문입니다. 죽음은 영원과 잇대어 있을 것이니까요.

---

125) 데이브 톰린슨, 이태훈 옮김, 〈불량 크리스천〉, 포이에마, 2015, p.114

곰과 동정녀

「영원은 시간 이전의 상태이고, 또 그것은 신의 존재양식이다. 즉 영원은 시간이라고 할 수 없다. 그것은 마치 인간이 신이 아닌 것과 같다. 영원이 신의 존재양식인 것처럼 시간은 인간의 존재 양식이다.」[126]

시간과 공간이라는 좌표 속에 살아야 하는 인간이, 이러한 좌표를 벗어나 신의 존재양식 즉 영원으로 들어가는 것이 죽음이라 말할 수 있을 것 같습니다.

배철현 교수는 그의 블로그에서 말합니다.

「로마의 시인이자 철학자였던 **루크레티우스** 역시 인간이 태어나기 전 상태를 걱정하지 않는 것처럼 죽은 후도 걱정하지 말라고 충고했다. 사람이 더 이상 존재하지 않을 때는 아무 일도 일어날 수 없기 때문이다. 20세기 철학자 **비트겐슈타인**은 자신의 저서 〈논리철학 논고〉에서 "죽음은 인생의 사건이 아니다"라고 단언한다. 우리의 죽음은 인간 경험이 제거된 상태로 의식할 수 없다고 주장한다.」[127]

다른 사람의 죽음은, 단지 죽은 사람이 다시는 내 앞에 실제로 모습을 보이지 않으리라는 것 이외는 아무것도 알려주지 않습니다. 영

---

126) 이승우, 〈사막은 샘을 품고 있다〉 도서출판 복있는 사람, 2017. p.181

127) 배철현, 블로그 '배철현과 함께 가보는 심연', 사치료(四治療)(2019. 3. 27.)

원한 이별을 알려 줄 뿐, 죽음의 과정을 알려주지 못합니다. 누구에게나 죽음은 처음 겪어보는 일이 되고, 그 겪음은 마지막 경험이 될 것입니다. 그래서 죽음 앞에서 인간은 가장 겸허할 수밖에 없습니다. 그러므로 죽음조차 파악의 대상으로 삼으려 하는 것 자체가 교만일 수 있다고 생각합니다.

죽음 이후에 관하여 가장 정직한 이야기는 '알 수 없다'이지만, 여기서 '알 수 없다'는 의미는 지적 능력(知的能力)의 부재(不在)라기보다는 하나님 앞에 마주서게 될 피조물로서의 작은 존재를 의미할 것입니다.

마가복음 12장 17절에 나오는 말씀입니다.

『카이사르의 것은 카이사르에게 돌리고 하나님의 것은 하나님께 돌려라.』

물질의 비유지만, 생명과 죽음의 비유도 같지 않을까요.

기독교인의 경우, 삶이 하나님의 것이듯 죽음도 하나님의 것입니다. 하나님의 것이기에 하나님께 돌려 드리는 것이 온당하고, 하나님이 거두어 가시는 것을 겸허한 마음으로 받아들이는 것, 그것이 죽음을 대하는 바른 신앙인의 모습이 아닐까요.

곰과 동정녀

20. 감사와 이기심

『범사에 감사하라. 이것이 **그리스도 예수** 안에서 너희를 향하신 하나님의 뜻이니라.』(데살로니가 전서 5:18 개역 개정판)

많은 사람들이 신앙의 중심에 '감사'를 둡니다. 여러 목회자들도 '감사'야말로 신앙의 핵심이라며 힘주어 강조하고 대다수의 신앙인들도 이에 동의합니다. 감사가 신앙의 궁극적인 가치, 가장 아름다운 삶의 자세로 자리매김되는 것이 당연해 보입니다. 그래서 '범사에 감사하라'는 말씀은 언제 어디서나 옳은 말씀입니다.

그러나 조금 생각해 보면, 보기에 따라서는 '범사'라는 단어에서 구체성을 찾기 힘든 것이 아닌가 싶기도 합니다. 구체적 관계성이 모호한 단어는 한낱 입에 발린 구호에 불과한 경우가 많기 때문입니다. 모든 인류를 사랑한다고 큰소리치는 사람치고 정말로 사람을 사랑하는 경우는 거의 없으니까요. 이런 거창한 말은 사실 아무도 사랑하지 않는다는 말과 같으니까요.

그래서 범사, 즉 모든 것이라는 의미는 때때로 아무 것도 아닌 것이 될 수 있습니다. 자칫 모든 것에 대한 감사라는 말은 아무것에도 감사하지 않는 것과 같은 것으로 변하기 쉽습니다.

'범사'라는 단어는 그렇다 해도, 감사 자체는 너무나 훌륭한 덕목입니다. 문제는 감사가 감사로 끝나는 것이 정말 신앙인의 올바른 모습일까, 아무래도 무엇인가 조금 미흡하다는 생각이 듭니다.

모든 감사의 주체가 '자기 자신'이다 보니, 자신의 역할이 감사로 끝나는 경우가 많을 것 같기 때문입니다. 모든 감사의 중심에는 어쩔 수 없이 '나'가 있습니다. '나'라는 존재의 이기심이 그 중심에 위치하게 마련입니다. **권정생** 선생의 말입니다.

「올림픽에서 금메달 땄다고 하느님께 감사하고, 대학입시에서 수석입학 했다고 감사하고, 복권에 당첨되었다고 감사하고, 취직되었다고, 병 고쳤다고, 외국산 전기밥통 선물로 받았다고 감사하고, 승진되었다고 감사하고, 시집 잘 갔다고 감사하고, 이런 감사는 모두 이기적인 감사다. 내가 금메달 따면 못 따는 사람이 있고, 내가 수석을 하면 꼴찌한 사람이 있고, 내가 당첨되면 떨어진 사람이 있고, 내가 잘되기 위해서는 누군가가 못되는 것을 생각하면 어찌 기뻐할 수 있겠는가. 그런 감사를 하느님은 절대 기뻐하시지도 바라지도 않으신다. 왜 나만이 앞서야 하는지 좀 생각해 보기 바란다.」[128]

조금만 생각해 보아도, 범사에 감사하라는 말씀은 우리들의 이기심을 향해 기울어진 운동장에 대하여 감사하라는 말씀일 수 없습니다. 또 어떤 처지든지 감사하라는 말씀에는 어쩌면 특별한 행운이나 물질적 이익 등 이기심의 충족에만 감사하지 말라는 뜻이 들어있지 않을까요.

이 경우, 범사라는 단어는 '모든 일'이라는 뜻으로 받아들이기보다는 좀 더 근원적이고 근본적인 것을 지칭하는 말이라고 보는 것이 옳지 않을까 생각합니다.

그렇다고 해도 범사에 감사할 때, '범사'라고 판단하는 주체는 앞서 짚은 대로 언제나 '나'일 수밖에 없습니다. 모든 자연 환경, 삶의 행운이나 여건 변화, 누군가의 배려 등 일일이 열거할 수 없는 모든 감사의 제목과 내용의 중심에는 있는 것은 언제나 '나'일 뿐입니다. 역경이나 곤경에 처하더라도 이를 하나님이 나에게 주시는 연단으로 생각하여 느끼는 감사도 마찬가지입니다.

이렇게 보면 감사는 근본적으로 무척 자기중심적이고, 자기편향적인 감정이나 반응이라 할 수 있습니다. 이런 이기적인 감사는 그 자체도 문제이지만, 악용되면 부작용도 있을 수 있고, 사회정의에 역행하는 도구도 될 수 있습니다.

---

128) 권정생, 〈우리들의 하느님〉, 녹색평론사, 2015, p.51

박 총 목사는 그의 책 〈내 삶을 바꾼 한 구절〉에서,

「감사와 자족을 오남용한 역사를 외면할 수는 없다. 현실을 정당화
하려는 모든 시도에 단골로 동원된 것이 이들 덕목이다. 기독교가 인
민의 아편으로 폄하된 것은 불의에는 나 몰라라 하면서 '범사에 감사
하라'를 주문처럼 되뇌었기 때문이다.」라고 그 부작용을 지적하기도
합니다.

또 하나, 감사는 순간적인 감정이 아닌가 싶을 정도로 그 느낌의
깊이나 공명의 여운이 그리 길지 못합니다. 심지어 변덕스럽기까지
합니다. 누군가 나에게 작은 배려를 베풀었을 때의 감사는 그렇다 쳐
도, 감당하기 버거울 만큼의 배려에 따른 깊은 감사라 해도 그런 상
황이 나를 크게 변화시킬 것 같지는 않습니다.

우리 속담에 '날 샌 은혜 없다'라는 말이 있는데, 아무리 은혜를 입
어서 감사하다 해도 하룻밤 지나면 별 것 아니라는 의미일 것입니다.
조금은 과장된 표현이어서 실제로는 은혜에 따른 감사함이 하루 밤
사이에 그렇게까지 알뜰하게 없어지지는 않겠지만, 감사하는 마음의
유효기간이 그다지 길지 않다는 뜻입니다. 대부분의 인간관계에서
감사는 감사일 뿐, 감사가 상대방에 대한 비판이나 불평까지 온전히
덮을 수 없기 때문입니다.

이렇듯 우리들이 느끼는 감사는 대부분 관념적이고, 일시적이고,
즉흥적인 느낌에 머물 뿐이어서, 길고 깊은 여운과 울림으로 오랫동
안 가슴에 남는 일은 흔치 않을 것 같습니다.

우리들이 일반적으로 '감사'라고 말하지만 감사라는 단어는 의미의

폭이 상당히 넓습니다. 생각해 보면 대부분의 추상명사는 그 추상성으로 인하여 일반화하기 어려울 정도를 넓은 의미의 폭을 갖습니다.

'만족'이라는 말을 예로 들면, 표층적이고 순간적이고 값싼 만족을 의미하기도 하지만, 그래서 돼지의 만족이라는 비유를 들어 만족이라는 단어를 폄하하기도 하지만, 한편으로는 '삶의 자족'이라 할 때의 만족처럼 깊은 의미로 쓰이기도 합니다. '신앙'이라는 명사도 표층적이거나 심층적이거나 두루 함께 쓰입니다.

그래서 '감사'라는 단어의 의미 폭을 좀 좁히고 구분하기 위해 이 글에서는 편의상 심층적인 경우에만 '감사'라는 단어를 사용하고, 표층적이고 사소한 의미의 감사함은 '고마움'이라는 단어로 나누어 보겠습니다.

사실 고마움과 감사는 같은 뜻이기에 일상생활에서 자연스럽게 혼용됩니다. 그렇지만 자세히 보면 뉘앙스는 좀 다른 것 같기도 합니다. 이 미묘한 차이가 무엇일까 궁금해서 국어학을 전공하는 친구에게 물어보아도 그냥 같이 쓰일 뿐, 언어학적으로 구체적 사례를 들어 설명하기 어렵다고 합니다.

'감사'와 '고마움'처럼 거의 비슷한 의미를 갖지만 뉘앙스 차이가 있는 단어로는 '수치'와 '부끄러움'을 들 수 있을 것 같습니다. '수치'와 '부끄러움'도 '고마움'과 '감사'처럼 한문과 순우리말로 이루어진 동의어 단어와의 대비라는 점에서 그렇습니다. 한문 숭배경향 탓인지 한문 단어의 의미가 좀 더 크고 깊은 반면, 우리말 단어는 좀 작고 얕은 느낌이 듭니다.

'수치'와 '부끄러움'은 거의 같은 말이지만, 구체적 사례로 비교해 보면 '부끄러움'은 좀 가벼운 느낌에 개인적이고 사소한 일에, 그리고 어린아이들에게 적용하기 쉬운 단어이고, '수치'는 좀 더 규모가 크고 중요하고 치욕스럽고 주로 어른들에게 사용하는 것이 일반적인 용법처럼 보입니다. '어린 아가씨의 부끄러움'과 '어린 아가씨의 수치심'은 조금은 다른 의미가 있는 것 같고, '국가의 수치'라는 표현은 가능하지만 '국가의 부끄러움'은 좀처럼 쓰지 않는 것도 뉘앙스의 차이 때문인 것 같습니다.

이러한 차이는 '고마움'과 '감사'도 비슷해 보입니다. 자식이 잘 자라나서 무엇인가 성취했을 때, 부모는 자식에게 '잘 자라나줘서 고맙다.'라고 말할 수는 있겠지만, 자식에게 '감사하다'라고 말하는 것은 좀 어울리지 않는 언어용법 같습니다.

그래서 앞서 말씀 드린 대로, 편의상 이 글에서는 '고마움'을 사소하고 가볍고 일회적이고 순간적인 감정, 부연하자면 편리함이나 작은 배려 그리고 어떤 대가로 받는 서비스 같은 것에 반응하는 감정이라고 가정하겠습니다. 이에 반해 '감사'라는 단어는 깊은 이해나 연민이나 사랑으로 내게 베풀어진 일, 크고 비중이 있어서 우리의 삶에 의식적이건 무의식적이건 영향을 주는 덕목이라고 나누어 보겠습니다.

이렇게 나눌 경우, '고마움'은 우리들의 일상생활에서 흔하게, 자주 일어나는 일입니다. 누군가 출입문을 열어줄 때, '고맙습니다.' 승용차에 동승한 사람이 차 문을 열어줄 때 '고맙습니다.' 친구나 동료가 밥값을 내줄 때 '고맙습니다.' 등 고마움은 하루에도 여러 번 느낄 수 있고, 얼마든지 '고맙다'고 말할 수 있습니다. 사족 같지만, 고마움에 대한 감수성이 예민하면 할수록 어쩌면 행복한 사람일 수 있겠다고 생각합니다. 살다 보면 큰일보다는 사소한 일에서 더 기쁨을 느끼게 마련이고, 언짢은 시비도 대체로는 작은 일에서 시작하는 경우가 많습니다. 작고 사소한 일에 소홀할 수 없는 이유일 것입니다.

이처럼 고마움과 감사는 우리의 삶을 윤택하게 하는 정서나 관점, 또는 삶을 대하는 자세라고 볼 수 있지 않을까요.

'감사'에 대하여 생각해 보겠습니다.

먼저 예를 한 가지 들겠습니다. A라는 친구가 경제적으로 몹시 어려워서 막다른 골목에 처했는데, B라는 친구의 경제적 도움으로 곤경에서 벗어날 수 있었다면, A는 B의 도움에 대하여 감사한 마음을 잊지 못할 것입니다. 더구나 B가 빚으로 생각하지 말고 앞으로 갚을 생각도 하지 말라고 하면, A는 B를 볼 때마다 그 친구에 대한 감사와 신뢰가 깊어질 것입니다. 친구 B를 생각할 때마다 마음속에 의지가 될 것이고 그 우정에 늘 가슴이 따뜻해지겠지요.

여기서 B를 하나님으로, A를 우리들로 바꿔서 생각해도 마찬가지일 것입니다. 그래서 우리가 하나님을 찬미하고 찬양하는 것이 아닐까요.

그러나 이런 경우라도 '감사'가 그냥 감사로 끝나는 것이라면, 그리고 아무런 구체적 행위나 응답이 없는 감사라면, 자신을 합리화하고 스스로를 위로할 수 있는 소모품 같은 감사가 아닐까 생각합니다.

가슴 깊은 곳의 감사라면, 그래서 '나'를 움직일 수 있는 진정한 의미의 울림이 있는 감사라면, '나'라는 중심을 벗어나서, 이기심에서 한걸음 더 나아가서 감사의 대상에 구체적으로 반응해야 하지 않을까요. 적어도 '감사'가 자신의 삶 속에서 드러나야 마땅하지 않겠습니까.

 감사할 여건을 베푼 상대방에게, 비록 보잘 것 없어도, 무엇인가 되돌아가는 신뢰나 친밀감 같은 것이 없다면, 감사라는 것은 이기심을 포장하는 편리한 포장지에 불과한 것이 아닐까 싶습니다. 누군가가 베풀어 준 호의에 상응할 정도는 아니라 해도, 작용과 반작용처럼 되돌아가는 반응이 있어야 비로소 고립을 벗어날 수 있는 감사일 것 같습니다. 상대방의 무엇이 내게 왔듯, 나의 무엇이 상대방에게 전해져야 아름다운 감사일 것입니다. 이러한 교류를 친밀감이라 할 때, 친밀감을 키우는 것이야말로 감사가 가지는 가장 큰 덕목 중의 하나가 아닐까 생각합니다. 친밀감을 다른 말로 표현하면 사랑일 것입니다. **배철현** 교수는 한문의 '사랑할 자(慈)'라는 글자를 너와 나의 경계가 허물어져서 가물가물(玄玄)해지는 마음(心)상태라고 풀었습니다.

 하나님에 대한 감사도 마찬가지일 것입니다. 하나님께 되돌리는 것 하나 없이, 주어진 모든 것에 대하여 '감사'만으로 받아들인다면, 참 편리한 감정일 수는 있겠지만, 그럴 경우 언제나 하나님은 주시는 하나님이고 나는 언제나 받기만 하는 나일 것입니다. 나와 하나님 사이에 작은 교감이 이루어질 때, 그래서 나와 하나님이 어떤 접속점을 찾아 연결이 되고, 친밀해져서 사랑(慈)의 유대를 맺을 수 있을 때, 비로소 '하나님에 대한 감사'가 의미를 갖는 것이 아닐까요. '범사에 감사'도 중요하지만, 이를 통해 '범사에 하나님과 관계 맺기'가 일상이 될 때, 감사가 빛을 발하리라 생각합니다. 이러한 친밀감 확대를 통한 사랑의 관계 맺기야말로 감사가 맺어야 하는 열매입니다. 아무리 부모에게 감사한 마음이 절실하다 해도, 부모가 어렵거나 늙어

곰과 동정녀

거동이 어려울 때, 아무런 도움도 주지 않는다면 그런 감사가 진정한 감사일 수 없는 것과 마찬가지일 것입니다.

경제적으로 어려웠던 A가 형편이 좋아지고, 반면에 A를 도울 만큼 넉넉했던 B가 사업이 기울어 어려워졌을 때, A가 아무런 도움도 B에게 주지 않는다면, 예전에 A가 느꼈던 감사를 감사라 말할 수 있을까요.

감사의 대상에 대하여 아무리 진심으로 감사를 느낀다 해도 거기에 그치는 감사라면 그런 감사는 순간적으로 자신의 감정을 정리할 수 있는 편리함은 있겠지만, 무책임한 감사이고 진실성 없는 감사입니다.

2, 3년 전쯤의 일입니다. 알고 지내는 모 교수가 독일에 학회 모임이 있어서 다녀온 일이 있었습니다. 다녀온 후, 인사하며 누군가와 나누는 이야기를 옆에서 우연히 들은 적이 있었습니다. "아 참, 공기 오염 때문에 비행기를 타지 말아야 하는데."라고 말하니, 대화 상대방이 "어차피 교수님이 안 타도 비행기는 뜨지 않아요?"라고 대화가 이어졌습니다. 그 물음에 대한 답변이 무척 인상 깊었습니다.

"타는 사람이 적어지면 비행기 편수가 줄어들 테니까요."

저를 포함해서, 대부분의 사람들이 맑은 공기에 감사만 하고 있는 것은 아닐까요.

의식적이든 무의식적이든 대부분의 사람들은 '감사'를 '고마움'으로 바꾸려는 경향이 있는 것 같습니다. '감사'보다는 '고마움'이 훨씬 심리적 부담이 없어 편하기 때문일 것입니다. 마음에도 없는 관계 맺기는 불편할 수도 있으니까요. 그래서 일방적으로 받기만 하는 '감사'는 어느새 '고마움'으로 바뀌어 내성이 생겨버린 감사이기 쉽습니다.

교회 다니는 사람들은 대부분 '하나님 감사합니다.'를 입에 달고 살지만, 그 하나님을 위해 어떻게 살고 있는지, 그 하나님께 무엇을 되돌리고 있는지는 중요하지 않은 것 같습니다. '친밀한 관계'로 발전하는 것은 부담스럽기에 그냥 고마움으로 슬쩍 바꾸는 것이 아닐까 싶기도 합니다.

감사가 고마움으로 바뀌는 또 다른 예를 들겠습니다.

앞서 예를 든 A가 만일 기독교 신자라면 그는 B보다도 가장 먼저 하나님께 감사기도를 올리지 않을까요. '하나님 감사합니다. 제가 하나님의 은혜로 곤경을 벗어날 수 있었습니다.'라고.

이런 기도는, 하나님께 모든 감사를 돌림으로써 자칫 B에 대한 감사를 고마움으로 격하시킬 수 있습니다. 구체성이 있는 친구 B보다 보이지 않는 하나님에게 모든 감사를 돌리는 일은, B가 힘들게 베푼 배려를, B가 결정한 것이 아니라 사실은 하나님께서 결정하신 것이라는 의식 때문일 것입니다. 물론 하나님께 감사를 돌리는 것은 자연스러운 일이고 아름다운 신앙인의 자세입니다. 그러나 이 경우, A가 하는 이런 방식의 기도는 자칫 B를 소외시킬 수 있습니다. B를 하나님의 뜻을 구현하기 위한 도구로 전락시키기 때문입니다. 그래서 삶과 신앙이 분리될 수 있습니다.

'하나님 저에게 B같이 훌륭하고 힘이 되는 친구를 주셔서 감사합니다. 그와의 교제가 깊어지게 하소서. 저로 하여금 그에게 작은 기쁨이라도 줄 수 있게 하소서'라고 기도해야 하나님이 더 기뻐하시지 않을까요. 그런 감사기도가 더 향기롭지 않을까요.

한 가지 더 예를 들겠습니다.

우리들이 밥을 먹을 때, 하나님께 감사기도를 합니다. 밥을 앞에 놓고 하나님께 감사하고 이 쌀을 수확하기까지 수고한 익명의 농부에게도 감사합니다. 아름다운 일이라고 생각합니다. 그러나 밥이 내 앞에 놓이기까지 수고한, 더 가까운 사람을 놓치는 일이 있습니다. 밥하고 반찬 만든 사람을 바로 앞에 놓고, 보이지 않는 농부의 수고와 하나님께만 감사하는 일은 다시 한 번 생각해 볼 일이 아닐까요. 바로 앞에 있는 귀한 사람을 통하여 하나님께 감사하는 것이 더 은혜로울 것 같습니다.

모든 것이 하나님의 은혜라는 신앙고백은 당연하지만, 은혜의 통로인 자연과 사람을 건너뛰는 감사라면 아무런 결실이 없는 공허한 감사, 편리한 감사이기 쉽습니다. 이렇게감사해야 할 상대방을 건너뛰고 직접 하나님에게 연결되는 감사일 때, 배려를 베푼 상대방은 하나님의 뜻을 이루기 위한 도구나 수단에 불과해지기 때문입니다.

적어도 감사가 진실해지기 위해서는, 생활 속에서 상대방과 '사랑이라는 관계'로 맺어지는 구체성이 있어야 할 것 같습니다.

'사랑이라는 관계' 속에는 서로를 위하는 따뜻한 교류와 배려가 있겠지만 그에 못지않게 책임도 따릅니다. 무책임한 관계가 사랑은 아니기 때문입니다. 그러나 책임져야 하는 관계 속에서 사랑하는 일은 결코 쉽지 않습니다. 시인 **정호승**은 이렇게 말합니다.

「성당의 봉사회 회원이 되어 병든 이웃집 노인은 찾아가 돌볼 수 있어도 정작 병든 시어머니는 돌볼 줄 모르는 게 저희들입니다. 사랑에는 책임이 따릅니다. 그런데 우리는 그 책임을 싫어합니다. 책임지지 않아도 되는 사랑, 돌아서면 그뿐인 무책임한 사랑은 할 수 있어도 정작 자신이 책임지지 않으면 안 되는 사랑은 하지 않습니다. 그것은 바로 이기심의 발로일 뿐, 사랑이 아닙니다.」[129]

　무책임한 사랑은 인간적인 관계를 맺지 않습니다. 관계를 기피하는 사랑은 자기위안적 사랑은 될지 몰라도 이기심을 내려놓는 사랑은 아닙니다. 그런 사랑의 관계라면 사소한 고마움은 오갈 수 있어도 감사한 마음과는 거리가 있을 수밖에 없지 않겠습니까. 감사하는 마음은 자세히 살펴보면 무엇인가 받기 때문에 생깁니다. 받는 것이 배려나 행운, 혜택이나 정성, 물질이나 호감일 수도 있겠지만, 그보다 더 귀하고 반갑고 소중한 것이 사람과의 관계가 아닐까요. 관계 맺은 두 사람이 서로에게 감사하는 일보다 더 아름다운 모습은 없기 때문입니다.
　사람과 하나님의 관계맺음도 비슷하지 않을까요. 우연한 행운이나 사소한 성취에 감사할 것이 아니라, 좀 더 근원적으로 하나님이 나를 향하여 계신 것에 감사하며, 나 또한 자신을 열어 하나님을 향할 수 있음에 감사하는 모습이 신앙이리라 생각합니다.
　하나님께서 우리를 향해 베푸시는 모든 것은 '은혜'입니다. 모든 은혜를 감사함으로 받습니다.
　김기석 목사는 그의 책 〈가치 있는 것들에 대한 태도〉에서 은혜를

---

129) 정호승, 〈인생은 나에게 술 한 잔 사주지 않았다〉, 현대문학북스, 2001, p.123

이렇게 정의합니다.

「은혜는 나의 필요가 채워지는 것만이 아닙니다. 내가 누군가에게 필요한 존재가 된다는 것, 남을 위해 자기를 기꺼이 내 줄 수 있는 존재가 된다는 것 자체가 하나님의 은혜입니다.」

이 말에서 '은혜'라는 단어를 '감사'로 바꾸어 보면 제가 말하고 싶은 '감사'의 참모습이 잘 보입니다.

「나의 필요가 채워지는 것에만, 그럴 때에만 감사하는 것이 아닙니다. 내가 상대방에게 필요한 존재가 된다는 것, 감사를 베푼 상대방을 위해 기꺼이 자신을 내어줄 수 있는 존재가 될 수 있다는 것이 '감사'의 본질일 수 있습니다.」라고.

하나님 사랑과 이웃 사랑이 기독교신앙의 두 기둥이라면, 이 두 가지 사랑은 감사함으로 기꺼이 자신을 내어주는 '친밀한 관계'를 벗어나서는 이루어질 수 없을 것입니다.

하나님과 '나'라는 존재가 일방적인 하나님의 사랑과 은혜에 의해서가 아니라, 그 사랑과 은혜에 대한 감사를 통해서 하나님과 '나'와의 신뢰가 이루어지고, 작은 교감이라도 나눌 때, 비로소 하나님과 관계가 깊어지고, 이를 믿음이라고 불러도 무방하리라 생각합니다.

'이웃 사랑'도 마찬가지입니다. '고마움'으로 그치는 이웃 사랑이라면 구태여 신앙의 힘을 빌리지 않아도 얼마든지 가능하겠지만, 그리고 얼마간의 돈을 베푸는 자선으로 이웃 사랑을 실천했다고 자위할 수도 있겠지만, 신앙과 함께하는 이웃 사랑은 좀 다를 것 같습니다. 이웃과 같은 눈높이로 교감하며 느끼는 감사, 그런 감사를 통해 서로가 마주 볼 수 있을 때, 비로소 삶 속에서 서로 연결될 것이고, 이를 통해 구체적인 '친밀함'이 만들어질 때 하나님이 바라시는 구체적 이웃 사랑일 수 있겠다 생각합니다.

따뜻한 관계가 만들어지지 않는 일회성 자선, 일방적 도움은 **정호승** 시인의 지적처럼 자칫 건조한 사랑 흉내, 메마른 감사에 지나지 않을 수도 있을 것 같습니다.

「니체가 기독교인들을 싫어한 이유 중의 하나는, 한두 차례 자비를 베풀며 그것으로 자신들의 책임을 다 했다는 도덕적 우월의식 때문이었다.」

라고 **이정배** 교수는 그의 책, 〈차라리 길 잃은 한 마리 양이 되라〉에서 말하고 있습니다.

그 바탕에 연민이나 감사가 없는 건조한 자선은 자신들의 도덕적 우월의식에 도움은 될지 몰라도 '관계 맺기'에는 아무런 관심도 없습니다. 그런 의미에서 본다면 자선뿐만 아니라 모든 관계를 멀리하는 독선적인 신앙 자체도 믿음이라는 이름으로 포장된 메마른 사랑이거나 나르시시즘의 다른 이름일 수 있겠다고 생각합니다.

감사를 베푼 상대방을 향해 '감사'를 느끼는 것에 그치지 않고 기꺼이 상대방을 위해 애쓰고 노력하고 자신의 일부나마 내어주는 것이

곰과 동정녀

감사를 제대로 받아들이는 모습이 아닐까 생각합니다. 이러한 감사함으로 이루어진 '사랑의 관계'야말로 사랑과 평화를 실현하는 구체적인 모습일 것입니다. 이것이야말로 거창한 구호나 공허한 믿음보다는 진실이나 진리에 더욱 가깝지 않을까 생각합니다. 살아있는 믿음과 사랑은 일시적인 고마움이 아니라 내면의 깊은 '감사'를 통하여 접속하는 관계, 점차 깊어지는 친밀한 관계를 통해서 구현될 것이기 때문입니다.

21. 부활, 그 이해와 오해

사도신경은 교회와 성당에서 주기도문과 함께 가장 많이 암송되는 구절입니다. 누구나 아는 것처럼 개신교의 사도신경은 '몸이 다시 사는 것과 영원히 사는 것을 믿사옵니다.'로 끝납니다.[130]

이 부분을 영어로 보면, 'I believe in (중략) The resurrection of the body, And the life everlasting'인데, 가톨릭에서는 이를, '육신의 부활을 믿으며 영원한 삶을 믿나이다.'로 번역하여 사용합니다. 개인적인 의견으로는 가톨릭 쪽의 번역이 좀 더 원문의 의미에 가깝다고 생각합니다. (그리스어나 히브리어에 무지하기 때문에 영어를 원문이라 표현했습니다.)

좀 더 구체적으로 비교해 보면, 개신교 쪽의 번역인 '몸이 다시 사는 것'은 부활의 의미보다는 소생(蘇生)의 의미에 가까운 듯 보이고,

---

130) 개신교의 사도신경 새 번역은 '몸의 부활과 영생을 믿습니다.'로 바뀌었습니다.

곰과 동정녀

'영원히 사는 것'이라는 표현은 현생의 삶이나 기억이 이어지는 듯한 느낌을 주는 데 반해, 가톨릭 쪽은 '부활과 영원한 삶'을 강조하여 좀 더 폭 넓고 다양한 의미를 담고 있습니다.

가톨릭의 번역인 '영원한 삶'이 시간과 공간의 제한이 있는 현생의 삶과는 별개로 새롭게 시작하는 또 다른 삶을 믿고 있다는 의미로도 해석이 가능한 것처럼, '육신의 부활'도 개신교 쪽 번역인 '몸이 다시 사는 것'과는 조금 다른 뉘앙스가 있는 것 같습니다. '부활'이라는 단어를 사용함으로써 시·공간의 한계를 벗어나는 '예수 부활'의 의미를 신자들에게 투영하고 있는 듯합니다.

일반적으로 교회나 성당에서 이구동성으로 사도신경을 암송하지만, 암송 구절에 대한 견해나 믿음의 스펙트럼은 암송하는 사람의 숫자만큼 다양하리라 생각합니다. 『몸이 다시 사는 것과 영원히 사는 것』을 시간과 공간의 범위 안에서 생각하는 사람들도 있을 것이고, 문자 그대로 믿는 것이 중요하다고 생각하는 사람들도 있으리라 생각합니다.

부활 또한 마찬가지일 것입니다. 사실, 자신의 개인적인 부활을 넘어서, 예수의 부활까지 거론한다면, 정말로 죽었던 예수가 3일 만에 살아나서 거리를 활보했다는 사실을 믿을 사람이 얼마나 될까 궁금합니다. 한국 개신교에서는 이 사실을 믿지 않으면 안 된다고 강권(強勸)하는 교회와 목회자는 많지만, 부활의 깊고 넓은 의미를 살피고 해석해 주는 경우는 별로 없는 듯합니다. 그들은 다만

『만일 그리스도께서 다시 살아나시지 않았다면 여러분의 믿음은 헛

된 것이 되고 여러분은 아직도 죄에서 헤어나지 못하고 있을 것입니다.』
(고린도전서 15:17)

　라는 말씀을 전가의 보도처럼 인용하여 부활을 문자대로 믿지 못하는 많은 신자들의 마음을 불편하게 합니다. 일부 목회자들의 주장대로 '믿는 자의 부활'이 우리들 사후 정말로 실현된다면, 그때에는 '믿는 자'들인 기독교인들만 부활하여 존재하고, 타 종교인이나 불신자들은 흔적조차 없이 사라질 터이니, 현재 인류의 2/3는 지옥 불에 떨어지거나 존재 자체가 없어지겠지요. [131]

　부활의 의미는 앞서 지적했듯, 사람마다 다를 수 있습니다. 나와 다른 의견이나 견해라 하더라도 그것이 틀렸다고 주장하거나 옳고 그름을 판단할 수 있는 사람은 아무도 없습니다. 마치 죽음에 대한 이해와 비슷하리라 생각합니다. 따라서 어떤 사람의 부활에 대한 이해를 오해라고 단언할 수 없고, 어떤 오해든, 나름대로의 이해라고 볼 수 있을 것입니다. 다만 어느 정도 이성적으로, 또 객관적으로 이해될 수 있는 주장이나 견해인가로 판단의 도움은 주고받을 수 있지 않을까 생각합니다.

　부활에 대한 근본인식의 차이를 보여주는 **송기득** 교수와 어느 목사의 대화입니다.

　「"예수의 부활을 믿지 않는다면, 예수께서 부활하신 다음에 많은

---

131) 2017년도 기준 세계 인구는 약 76억 명이고, 그 중에서 기독교인은 25.7억 명으로 약 1/3에 해당한다고 알려져 있습니다. 홍익희, 〈문명으로 읽는 종교이야기〉, 행성B, 2019, p.6 참조

　　　　　　　　　　　　　　　　　　　　　　　곰과 동정녀

사람들에게 나타난 것을 어떻게 설명할 수 있겠습니까?"

"그렇다면 목사님은 예수님의 현현을, 우리와 같은 육체를 입고 나타난 것으로 생각하시는군요. 그렇다면 예수님은 육체를 입은 채 그대로 승천했으므로 지금도 하늘나라에서 육체를 입은 그대로 계시겠군요. 목사님, 예수님이 바울에게 나타나실 때, 육체를 입은 모습 그대로가 아니지 않습니까? 바울이 예수를 만났다고 했을 때, 우리는 거기에서 바울의 신앙체험을 읽어내야죠."

"그렇다면 교수님은 성서를 부인하는 것입니까?"

"성서에 있는 이야기라고 해서 어떻게 글자 그대로 다 믿을 수 있겠습니까? 거기에는 틀리는 것이나, 서로 반대되는 것이 수두룩합니다. 성서는 뜻을 읽어야죠."」[132]

위의 글에서 보듯, 예수가 육체를 입고 다시 살아났느냐 아니냐는 부활에 대한 견해 중에서 가장 대표적인 논쟁거리일 것입니다. 이 지점에서 근본주의(정통주의)가 전자를, 진보적인 신앙이나 종교다원주의자들이 후자를 강조하며 근본적으로 견해를 달리합니다. 두 그룹을 약간 다른 측면에서 보면, 초과학적 사고방식과 과학적 사고방식의 충돌로도 볼 수 있고, 분자생물학적인 사건으로 인식하는 것과 순수하게 영적인 사건으로 받아들이는 것으로 나누어 볼 수 있을 것입니다.

부활한 육신이 살과 뼈를 가지고 있었다고 주장하는 사람들이 제시

---

132) 송기득, 〈하느님 없이, 하느님과 함께〉, 신학비평사, 2012.

하는 가장 확실한 근거는 누가복음 24장 39절일 것입니다.

『내 손과 발을 보아라. 틀림없이 나다! 자, 만져 보아라. 유령은 뼈와 살이 없지만 보다시피 나에게는 있지 않느냐?』

　많은 성서학자들은, 바울서신에 부활에 관한 내용이 먼저 담겼고, 그 후 복음서 등에 부활기사가 뒤늦게 실린 것이라고 선후를 판단하고 있습니다. 감리교 신학대학 이정배 교수는 성서 속에 부활기사가 담기게 된 과정을 아래와 같이 설명합니다.

「Q복음서와 도마복음서는 내용적으로 30% 이상 겹쳐있다. 흥미롭게도 이들 문서 속엔 부활기사가 담겨있지 않다. 주지하듯, 복음서의 부활 기사는 오로지 바울 서신에 토대하고 있는 것이다. 역사적으로 예수를 경험해 본 적이 없었기에 바울 서신들은 예수의 어록과 전혀 무관했다. 바울 식으로 풀어낸 부활에 대한 증언만 무수할 뿐이다. 그럼에도 바울서신이 먼저 쓰여졌고, 그 서신들을 기초로 최초의 복음서가 생겨난 것은 틀림없다. 마가복음서가 쓰인 목적 중 하나가, 어록이 담기지 않은 바울서신에 역사적으로 사셨던 예수의 삶을 덧입히는 것이었다. 이것이 복음서의 기록방식이 바울서신과 달라진 이유이다.

　특히 마가복음 16장 9절부터 20절까지는 마가복음이 처음 기록될 당시에는 없었던 부분이다. AD2세기경, 부활신앙이 교회 내에 보편화되기 시작하면서 예수의 현현기사로 보충된 9절 이하의 내용이 첨

언된 것이다. 이것은 바울서신과는 달리 애당초 **마가**에게 부활이 익숙한 개념이 아니었음을 반증한다.

최초 **예수** 어록을 담지한 Q복음서와 도마복음서 등에 부활에 대한 언급이 전혀 없었다. 그럼에도 복음 기자들은 바울서신을 근간 삼아 확산 중이던 부활개념을 수용했고, 이를 자신들 복음서에 기록하기 시작했다. 최초의 복음서인 마가서에 부활기사가 추후 보충된 것도 이러한 배경 때문이었다. 이 과정에서 바울적인 부활개념과 복음서 기자들의 부활사상 간에 차이가 생겼고 강조점이 달라졌다고 보는 것이 중론이다.」[133]

바울적인 부활개념이 담겨있는 바울 서신에는 살과 **뼈**의 부활은 거론조차 되지 않습니다.

『죽은 자들의 부활도 이와 같습니다. 썩을 몸으로 묻히지만 썩지 않는 몸으로 다시 살아납니다. 육체적인 몸으로 묻히지만 영적인 몸으로 다시 살아납니다. 육체적인 몸이 있으면 영적인 몸도 있습니다. 살과 피는 하느님의 나라를 이어 받을 수 없고 썩어 없어질 것은 불멸의 것을 이어 받을 수 없습니다.』(고전 15:42,44,50)

바울은 '신령한 몸'으로 다시 살아나는 것, '육의 몸'이 아닌 '영의 몸'의 부활을 말하고 있습니다. '영의 몸'이 '육의 몸'으로 바뀐 데 대

---

133) 이정배, 〈차라리 길 잃은 한 마리 양이 되라〉, 도서출판 동연, 2016.

하여 간명하고 명쾌하게 설명한 글이 있습니다.

「부활절 이야기가 무덤에서 걸어 나온 육체적인 몸의 부활을 묘사한 것은 누가복음, 사도행전, 요한복음에서부터인데, 이 복음서들은 기원 후 80년대 말에서 90년대 초에 기록된 것들이다. 그 이전에는 바울이 심지어 (부활한) 예수를 알아보지도 못했으며, 마리아 역시 마찬가지였다. 엠마오로 걸어가던 두 사람도 마찬가지였으며, 예수가 갈릴리 바닷가에 나타났을 때 있었던 일곱 제자들도 마찬가지였다. (행 9:5, 요한 20:14, 누가 24:16, 요한 21:4) 표준적인 모습은 알아차리기 어려운(elusive) 예수였는데, 왜냐하면 그가 세포들의 덩어리가 아니었기 때문이다. 그러나 시간이 지나고 전통이 발전하면서, 이런 비전들이 그 눈부신 성질을 잃게 되고 점차 육신과 뼈를 갖게 되었다.」[134]

개인적으로는 '믿음'이 '부활'이라고 생각합니다. 예수를 이천 년이 지난 지금까지 살아있는 실재로 받아들이는 자체가 부활이기 때문입니다. 만일 예수가 죽었고, 그뿐이었다면 그래서 그 죽음에 따른 추도나 추모만 가능했다면 지금까지 면면히 이어져 내려오는 신앙은 불가능하지 않았을까요. 부활의 증거는 이 사실보다 더 분명한 것이 있을 것 같지 않습니다. '부활이 없다면 믿음이 헛되다'라는 말은 '믿음이 없다면 부활도 헛되다'라는 말로 바꿔도 무방하리라 생각합니다.

많은 사람들이 복음서의 영향으로 '몸의 부활'을 '영적인 부활'이 아

---

134) 로빈 마이어스, 김준우 옮김, 〈예수를 교회로부터 구출하라〉, 한국기독교연구소, 2013, p.119

곰과 동정녀

니라 문자적으로 '몸이 다시 사는 것'으로 받아들입니다. 그러나 **마커스 보그**는 부활이 결코 소생이 아니라고 강조합니다.

「우리가 말할 수 있는 것은 부활이 주검의 소생은 아니었다는 점이다. 여기서 소생과 부활은 그 의미가 사뭇 다르다. 전자는 한 번 죽었던 사람이 되살아나는 것과 그/그녀가 다시 죽을 때까지 일상적인 실존의 조건들을 받아들이는 것을 의미한다. 부활이 뜻하는 것이 무엇이든 간에 부활은 소생이 아니다. 부활은 존재의 다른 양상으로 들어감이지 이전의 존재 양상을 회복하는 것이 아니다.」[135]

부활을 육체적 죽음에서 벗어나는 것으로 생각하는 가장 큰 이유는 삶에의 집착이나 죽음의 공포로부터 벗어나기 위한 개인적인 욕구 때문이리라 생각합니다. 죽음은 모든 관계나 기억의 절대적 단절이니만치 누구나 기피하고 싶기 마련이니까요. 그러나 어떻게 엄중한 자연의 질서인 육체의 죽음을 벗어날 수 있겠습니까.

「어떤 사람은 예수의 부활이 불로초라고 생각한다. 예수의 부활을 믿는 자는 영원히 생존한다고 믿는다. 죽음, 생물학적 죽음이 모든 생명체의 필연적 귀결이지만, 믿는 사람들에게만은 예외라고 생각한다.
이것은 엄청난 이기심, 아집, 집착의 표현이다. 유대인도 자기 신체의 영원한 생존 희망 없이 살다가 죽었고, **소크라테스**도 그러했으

---

135) 마커스 보그, 김기석 옮김, 〈예수 새로 보기〉, 한국신학연구소, 2004, p.254

부활, 그 이해와 오해   301

며, 한국인들도 그러했다. 불교인들은 아예 무(無)로 돌아간다고 가르쳤다. 불교에서는 집착을 가장 큰 고통의 원인으로 규정하고, 해탈한 자는 생사의 사슬에서 해방되어 원초적인 근원인 무와 합일한다고 가르쳤다. 그런데 기독교는 오늘도 우리 자신의 신체가 언젠가 되살아나리라는 집착적 욕망을 부채질하고 있다.」[136]

믿음은 바라는 것들의 실상이니, 집착적 욕망이라 해도 믿음으로 욕망을 실상화 하는 것이 결코 비현실적이라거나 옳지 않다고 비판할 수는 없다고 생각합니다. 그런 믿음으로 한평생 사는 것도 나름대로의 위안이고 기쁨이며 삶의 허무를 충분히 보상할 수 있기 때문입니다. 소생이건 부활이건 죽은 후 다시 산다는 믿음은 현실의 삶 속에서 큰 힘이 되고 의지가 될 것입니다. 어떤 의미에서는 그런 단순한 믿음이 부럽기도 합니다.

그러나 '몸이 다시 사는 것'에 대한 이성적 거부감이 있는 사람들에게는 이런 믿음이 불가능합니다. '육의 몸'이 아닌 '영의 몸'이라면 몰라도, 살과 뼈가 있는 몸으로 부활할 것이라는 사실을 믿음으로 수용하기에는 상식과 과학적 지식이 이를 허용하지 않기 때문입니다. 어쩌면 그래서 부활의 의미를 찾는 것이고, 부활을 해석하고 싶은 것인지도 모르겠습니다. 예수의 부활에 대한 해석들입니다.

「십자가 처형의 충격으로 모두가 지하로 잠적하거나 고향으로 돌아

---

136) 홍정수, 〈'베 짜는 하느님: 풀어 쓴 기독교 신학〉, 한국기독교연구소, 2002, p.251

곰과 동정녀

간 상태에서, 누군가가 하나님 나라를 다시 가르치기 시작하고, 예수의 무상치유와 공동식사를 이어가기 시작했다면, 그리고 그 일을 위해 죽음도 마다하지 않았다면, 사람들은 예수가 다시 살아나기 시작한 것을 느꼈을 것이다. 그 당사자가 예수와는 전혀 다른 얼굴을 하고 있어도, 그가 바로 다시 살아난 예수인 것을 깨달았을 것이다.」[137]

살과 뼈로 다시 살아난 예수가 아니라, 예수정신의 부활을 강조하고 있습니다. 대다수의 신학자들은 예수 정신이 부활하여 꽃피운 첫 현장은 처음 신자들의 '신앙 속'이었다고 말합니다.

「위대한 신약성경학자 루돌프 불트만은 "예수는 케리그마 속으로 부활했다(Jesus rose into the kerygma)"라고 했다. 즉 처음 신자들의 신앙 속으로 부활했다는 말이다. 다시 말해서, 예수가 여전히 자신들과 함께 있다는 제자들의 확신 자체가 부활이라는 말이다. 부활이 진짜인지, 그리고 시체의 소생이 부활의 증거를 뜻하는 것인지를 묻는 것은 현대인의 사고방식과 기준을 과학 이전 시대의 신화와 주술의 문화에 투영하는 것이다.」[138]

부활을 이천 년 전에 있었던 일회성 사건으로 받아들인다면, 아무런 가치도 의미도 없을 것입니다. 남의 이야기이기 때문입니다. 앞

137] 한인철, 〈예수, 선생으로 만나다〉, 연세대출판문화원, 2016, p.233
138] 로빈 마이어스, 김준우 옮김, 〈예수를 교회로부터 구출하라〉, 한국기독교연구소, 2013, p.115

서 이야기하였듯, 부활은 믿음이라고 생각합니다. 믿음이되, 문자나 교리에 얽매이는 형해화(形骸化)된 믿음이 아니라, 예수가 내 속에서 숨 쉬며 나를 움직이는 동인(動因)으로서의 믿음일 때, 그래서 내 삶의 방향과 삶의 방식을 바꿀 수밖에 없을 때, 예수는 부활하지 않을 도리가 없을 것입니다. 따라서 예수의 부활이 '있었다, 없었다'의 논쟁은 자신의 가슴 깊은 곳에 던져야 하는 질문이리라 생각합니다.

「부활을 믿느냐 믿지 않느냐 하는 것은 당시의 목격자들이나 제자들의 문제만이 아닙니다. 그것은 우리들 자신의 실존적 문제입니다. 오늘의 삶 속에서 고백되지 않는 부활은 그야말로 신화일 뿐, 고백하는 자의 인격으로 체화되고 삶으로 육화되지 않는 부활의 신조는 그 실존적 진실성을 인정받을 수 없습니다. 주일학교 때부터 졸졸 외워온 사도신경의 고백이, 또는 비몽사몽간에 찬란한 광채와 함께 흰옷을 입고 나타난 예수님의 환상이 부활의 증거가 될 수는 없습니다. 십자가의 고난 없이는 부활의 영광도 없습니다. 삶을 쇄신하는 부활의 현존재, 인격을 변화시키는 실존의 고백은 십자가의 고난 없이 쉽게 터져 나올 수 있는 것이 아닙니다.」[139]

결국 '거래로서의 신앙(faith as transaction)'에서는 '부활'이 거래되는 품목일 수 있지만, 삶을 쇄신하고 인격을 변화시키는 '변화로서의 신앙(faith as transformation)'에서는 변화가 곧 부활이리라 생각합니다.

---

139) 이우근, 〈불신앙고백〉, 오픈하우스, 2010, p.50

곰과 동정녀

참고 문헌

(인용한 책들)

- 강남순, 〈용서에 대하여〉, 도서출판 동녘, 2017
- 고병권, 〈니체의 위험한 책, 짜라투스트라는 이렇게 말했다〉, 그린비출판사, 2014
- 권정생, 〈우리들의 하느님〉, 녹색평론사, 2015
- 길희성, 〈아직도 교회 다니십니까〉, 대한기독교서회, 2015
- _____, 〈포스트모던 사회와 열린 종교〉, 민음사, 1994
- _____, 〈하나님을 놓아주자〉, 도서출판 새길, 2009
- 김경재, 〈이름없는 하느님〉, 도서출판 삼인, 2010
- 김기석, 〈가치 있는 것들에 대한 태도〉, 비아토르, 2018
- _____, 〈광야에서 길을 묻다〉, 꽃자리, 2015
- _____, 〈끙끙 앓는 하나님〉, 꽃자리, 2017
- _____, 〈삶이 메시지다〉, 포이에마. 2016
- _____, 〈세상에 희망이 있느냐고 묻는 이들에게〉, 꽃자리, 2016
- 김선주, 〈한국 교회의 일곱 가지 죄악〉, 도서출판 삼인, 2009
- 나카마사 마사키, 김경원 옮김, 〈왜 지금 한나 아렌트를 읽어야 하는가〉, 갈라파고스, 2015
- 데이브 톰린슨, 이태훈 옮김, 〈불량 크리스천〉, 포이에마, 2015

- 레프 니콜라에비치 톨스토이, 박홍규 옮김, 〈신의 나라는 네 안에 있다〉 들녘, 2016
- 로빈 마이어스, 김준우 옮김, 〈예수를 교회로부터 구출하라〉, 한국기독교연구소, 2013
- 르네 지라르, 김진식 옮김, 〈나는 사탄이 번개처럼 떨어지는 것을 본다〉, 문학과지성사, 2015
- 리처드 로어, 김준우 옮김, 〈불멸의 다이아몬드〉, 한국기독교연구소, 2015
- 마사 너스바움, 조계원 옮김, 〈혐오와 수치심〉, 민음사, 2018
- 마커스 보그. 김기석 옮김, 〈예수 새로 보기〉, 한국신학연구소, 2004
- 마커스 보그. 김준우 옮김, 〈기독교의 심장〉, 한국기독교연구소 2011
- 박태식, 〈넘치는 매력의 사나이 예수〉, 들녘, 2013
- 박총, 〈내 삶을 바꾼 한 구절〉, 비아토르, 2017
- 배철현, 〈인간의 위대한 질문〉, 21세기 북스, 2015
- 백도기, 〈가룟 유다에 대한 證言〉, 전망사, 1979
- 빌 브라이슨, 이덕환 옮김, 〈거의 모든 것의 역사〉, 까치글방, 2019
- 서공석, 〈예수-하느님-교회〉, 분도출판사, 2003
- _____, 〈하느님과 인간〉, 서강대출판부, 2014
- 성백효 주석, 〈論語集註〉, 사단법인 전통문화연구회, 2002
- 송기득, 〈하느님 없이 하느님과 함께 4〉, 신학비평사, 2012
- 송봉모, 〈상처와 용서〉, 성바오로딸수도회, 1998
- 신영복, 〈담론〉, 돌베개, 2015
- 알프레드 에더스하임, 김기철 옮김, 〈유대인 스케치〉, 도서출판 복 있는 사람, 2016
- 양재오, 〈신앙, 그 넓고 깊은 바다〉, 책과 나무, 2015
- 양희송, 〈세속성자〉, 북인더갭, 2018
- 앨리스 K. 터너, 이찬수 옮김, 〈지옥의 역사 I〉, 도서출판 동연, 1998

- 앨버트 놀런, 유정원 옮김, 〈오늘의 예수〉, 분도출판사, 2011

- 에릭 H. 에릭슨, 송제훈 옮김, 〈간디의 진리〉, 연암서가, 2015

- 오강남, 〈불교, 이웃종교로 읽다〉, 현암사, 2006

- _____, 〈예수가 외면한 한 가지 질문〉, 현암사, 2002

- 윌리엄 슬로언 코핀, 최순님 옮김, 〈나는 믿나이다〉, 한국기독교연구소, 2007

- 윌프레드 캔트웰 스미스, 길희성 옮김, 〈종교의 의미와 목적〉, 분도출판사, 2009

- 유발 하라리, 조현욱 옮김, 〈사피엔스〉, 김영사, 2015

- 윤치호, 김상태 옮김, 〈물 수 없다면 짖지도 마라〉, 산처럼, 2013

- 이민규, 〈신앙, 그 오해와 진실〉, 새물결 플러스, 2014

- 이승우, 〈사막은 샘을 품고 있다〉, 도서출판 복 있는 사람, 2017

- 이우근, 〈바보가 그리운 시대〉, 대교베텔스만, 2007

- _____, 〈불신앙고백〉, 오픈하우스, 2010

- _____, 〈톨레랑스가 필요한 기독교〉, 포이에마, 2009

- 이정배, 〈차라리 길 잃은 한 마리 양이 되라〉, 도서출판 동연, 2016

- 이정우, 〈영혼론 입문〉, 살림출판사, 2006

- 이찬수 외 12인, 〈교회에서 알려주지 않는 기독교 이야기〉, 자리, 2012

- 이찬수, 〈유일신론의 종말, 이제는 범재신론이다〉, 도서출판 동연, 2014

- _____, 〈평화와 평화들〉, 도서출판 모시는 사람들, 2016

- 장일순, 〈무위당 장일순의 노자이야기〉, 도서출판 삼인, 2009

- 정진홍, 〈경험과 기억〉, 당대, 2003

- _____, 〈잃어버린 언어들〉, 당대, 2004

- 조연현, 〈지금 용서하고 지금 사랑하라〉, 도서출판 비채, 2006

- 조찬선, 〈기독교 죄악사 하권〉, 평단문화사, 2001

- 존 도미닉 크로산, 한인철 옮김, 〈예수는 누구인가〉, 한국기독교연구소, 2013

- 존 쉘비 스퐁, 잭 대니얼 스피로 공저, 김준우 옮김, 〈그리스도교 신앙의 뿌리와 날개〉, 한국기독교연구소, 2003
- 채희동, 〈걸레질하시는 예수〉, 대한기독교서회, 2015
- 최태선, 〈행복한 바보 새 되어 부르는 노래〉, 대장간, 2011
- 탁석산, 〈행복 스트레스〉, 창비, 2014
- 텐진갸초, 심재룡 옮김, 〈달라이라마 자서전〉, 정신세계사, 2012
- 파커 J 파머, 김찬호 옮김, 〈모든 것의 가장자리에서〉, 글항아리, 2018
- 폴 틸리히, 김광남 옮김, 〈영원한 지금〉, 뉴라이프, 2008
- 프란치스코 교황 외, 최수철, 윤병언 옮김, 〈교황의 편지〉, 바다출판사, 2014
- 프리드리히 니체, 백석현 옮김, 〈짜라두짜는 이렇게 말했지〉, 야그, 2007
- 하비 콕스, 김창락 옮김, 〈종교의 미래〉, 문예출판사, 2011
- 한스 큉, 정한교 옮김, 〈왜 그리스도인인가〉, 분도출판사, 2010
- 한인철, 〈예수, 선생으로 만나다〉, 연세대출판문화원, 2016
- 홍정수, 〈베 짜는 하느님: 풀어 쓴 기독교 신학〉, 한국기독교연구소, 2002
- _____, 〈사도신경 살아내기〉, 한국기독교연구소, 2009
- 후카이 토모아끼, 홍이표 옮김, 〈신학을 다시 묻다〉, 비아, 2018
- 휴버트드레이퍼스·숀 켈리 공저, 김동규 옮김, 〈모든 것은 빛난다〉, 사월의 책, 2017